中国石油大学（华东）研究生规划教材

能源项目风险管理

主　编◎徐小峰
副主编◎马志强　袁梦琪　白　洋

电子工业出版社
Publishing House of Electronics Industry
北京·BEIJING

内 容 简 介

本书作为一部专注于能源项目风险管理的专业教材，全面介绍了该领域的基础理论、实践方法和管理技巧。从能源项目风险管理的概念、历史沿革、管理流程，到其在项目实施中的重要性，本书为读者构建了一个系统性的认识框架。

本书内容涵盖能源项目风险规划、识别、估计、评价、应对和监控等关键环节，每个环节不仅深入探讨了相关概念和流程，还提供了管理的依据、方法和策略，以及实际案例分析。本书针对性强、案例丰富、易于理解，通过具体案例展示了能源项目风险管理的应用，强调了理论与实践的结合，增强了实用性和可操作性。此外，本书还特别关注了能源项目技术风险管理和能源项目群风险管理，对这些领域的风险管理理论和实践进行了深入探讨。

本书适合全日制研究生、非全日制工程管理硕士（MEM）研究生，以及企业、政府等机构中负责能源项目风险管理的专业人士阅读和参考。

未经许可，不得以任何方式复制或抄袭本书之部分或全部内容。
版权所有，侵权必究。

图书在版编目（CIP）数据

能源项目风险管理 / 徐小峰主编. -- 北京 : 电子工业出版社, 2024. 6. -- ISBN 978-7-121-48838-2
Ⅰ. F407.2
中国国家版本馆 CIP 数据核字第 2024LN7420 号

责任编辑：杜　军
印　　刷：三河市龙林印务有限公司
装　　订：三河市龙林印务有限公司
出版发行：电子工业出版社
　　　　　北京市海淀区万寿路 173 信箱　　邮编：100036
开　　本：787×1092　1/16　　印张：16.5　　字数：410 千字
版　　次：2024 年 6 月第 1 版
印　　次：2024 年 6 月第 1 次印刷
定　　价：55.00 元

凡所购买电子工业出版社图书有缺损问题，请向购买书店调换。若书店售缺，请与本社发行部联系，联系及邮购电话：(010) 88254888，88258888。
质量投诉请发邮件至 zlts@phei.com.cn，盗版侵权举报请发邮件至 dbqq@phei.com.cn。
本书咨询联系方式：dujun@phei.com.cn。

前 言

党的二十大报告指出，要"推动能源清洁低碳高效利用，推进工业、建筑、交通等领域清洁低碳转型。深入推进能源革命，加强煤炭清洁高效利用，加大油气资源勘探开发和增储上产力度，加快规划建设新型能源体系，统筹水电开发和生态保护，积极安全有序发展核电，加强能源产供储销体系建设，确保能源安全"。能源项目作为支撑国家经济社会发展的基石，在推动经济转型升级、保障国家能源安全等方面扮演着至关重要的角色。近年来，随着全球能源格局的不断变化，能源项目的规模与复杂性也在不断增加，如何有效管理能源项目中的风险，确保项目的顺利实施和能源安全，已成为摆在我们面前的重要课题。

本书旨在系统地介绍能源项目风险管理的理论与方法，帮助读者全面理解能源项目风险管理的内涵、特点、管理过程与方法；通过深入分析能源项目的全生命周期风险管理，提升能源项目决策者和实施者的风险管理能力，为保障国家能源安全、促进经济社会可持续发展贡献力量。本书具有能源项目特色鲜明、案例丰富、可读性强等特点，可为读者学习、培养能源项目风险管理知识与能力提供借鉴和参考。

本书聚焦于能源项目风险管理，共包括9章内容。首先，绪论（第1章）重点介绍项目风险管理的概念内涵、历史发展、管理过程及能源项目风险管理的重要意义等内容；其次，本书从能源项目风险规划管理、风险识别管理、风险估计管理、风险评价管理、风险应对管理、风险监控管理6个方面（第2～7章），系统地阐述能源项目风险管理的理论和方法体系，各部分包括引导案例、概念内涵、管理过程、管理依据、管理方法/策略、成果输出、分析案例和复习思考题等内容；最后，针对能源项目风险管理中的技术风险管理和项目群风险管理两个重要内容（第8章和第9章），进行延伸拓展和介绍。其中，徐小峰教授负责全书的整体规划与设计，并负责第1章的编写工作，袁梦琪老师负责第2～4章的编写工作，马志强老师负责第5～7章的编写工作，白洋教授负责第8章和第9章的编写工作。同时，周晓宁、李文昊、刘浩然、岳宗正4位研究生协助完成本书编写。

本书通过系统总结能源项目风险管理的理论与实践，旨在为广大能源工作者提供一本既有理论深度又具实践指导意义的专业教材。本书适合作为高等院校能源类、管理类专业的教材或教学参考书，以及能源企业和研究机构开展风险管理培训的参考资料。

欢迎各位读者在使用本书过程中提出宝贵的意见和建议，以便我们不断完善和改进。

编者

目 录

第1章 绪论 ... 1
 引导案例 ... 1
 1.1 项目与项目管理 ... 2
  1.1.1 项目的定义与特征 ... 2
  1.1.2 项目管理的概念内涵 ... 3
  1.1.3 项目管理知识体系 ... 4
 1.2 风险与项目风险 ... 5
  1.2.1 风险的概念内涵 ... 5
  1.2.2 项目风险的内涵与特征 ... 6
  1.2.3 项目风险的分类 ... 7
 1.3 项目风险管理 ... 8
  1.3.1 项目风险管理的概念内涵 ... 8
  1.3.2 项目风险管理的历史发展 ... 9
  1.3.3 项目风险管理过程 ... 12
  1.3.4 项目风险管理与项目管理 ... 14
 1.4 能源项目风险管理 ... 16
  1.4.1 能源项目的特征 ... 16
  1.4.2 能源项目全生命周期的风险管理 ... 17
  1.4.3 能源项目风险管理的意义与作用 ... 19
 分析案例 ... 19
 复习思考题 ... 26

第2章 能源项目风险规划管理 ... 27
 引导案例 ... 27
 2.1 能源项目风险规划的概念内涵 ... 29
  2.1.1 风险规划的含义 ... 29
  2.1.2 风险规划的目的 ... 29
  2.1.3 风险规划的任务 ... 30
  2.1.4 风险规划的内容 ... 30

2.2 能源项目风险规划过程 32
2.2.1 风险规划过程的含义 32
2.2.2 风险规划过程的目标 33
2.2.3 风险规划过程的定义 33
2.2.4 风险规划过程活动 35
2.3 能源项目风险规划的依据 37
2.3.1 项目范围说明 37
2.3.2 组织管理知识 38
2.3.3 项目管理计划 39
2.3.4 项目干系人的风险容忍度 40
2.3.5 项目环境因素 40
2.4 能源项目风险规划的方法、技术和工具 41
2.4.1 风险规划会议 41
2.4.2 风险管理图表 41
2.4.3 工作分解结构 42
2.4.4 网络计划技术 44
2.4.5 关键风险指标管理法 45
2.5 能源项目风险规划的成果 46
2.5.1 风险管理计划 46
2.5.2 风险规避计划 47
分析案例 48
复习思考题 57

第 3 章 能源项目风险识别管理 58
引导案例 58
3.1 能源项目风险识别的概念内涵 59
3.1.1 风险识别的含义 59
3.1.2 风险识别的作用 59
3.1.3 风险识别的特点 60
3.1.4 风险识别的内容 60
3.2 能源项目风险识别过程 61
3.2.1 风险识别过程的目标 62
3.2.2 风险识别过程的定义 62
3.2.3 风险识别过程活动 63
3.3 能源项目风险识别的依据 67
3.3.1 项目环境因素 67

3.3.2　组织管理经验 67
　　3.3.3　项目范围说明 68
　　3.3.4　风险管理计划 68
　　3.3.5　风险分类经验 68
　　3.3.6　项目管理计划 69
　　3.3.7　项目的前提、假设和制约因素 69
3.4　能源项目风险识别的方法 69
　　3.4.1　检查表法 69
　　3.4.2　预先分析法 73
　　3.4.3　情景分析法 74
　　3.4.4　SWOT 分析法 75
　　3.4.5　德尔菲法 77
　　3.4.6　头脑风暴法 78
　　3.4.7　故障树分析法 78
　　3.4.8　流程图法 79
　　3.4.9　敏感性分析法 79
3.5　能源项目风险识别的成果 80
　　3.5.1　风险记录手册 80
　　3.5.2　风险记录手册的详细内容 80
分析案例 82
复习思考题 92

第 4 章　能源项目风险估计管理

引导案例 93
4.1　能源项目风险估计的概念内涵 94
　　4.1.1　风险估计的含义 94
　　4.1.2　风险估计的概率 95
　　4.1.3　计量标度 98
　　4.1.4　效用和效用函数 99
4.2　能源项目风险估计过程 100
　　4.2.1　风险估计过程的目标 100
　　4.2.2　风险估计过程的定义 100
　　4.2.3　风险估计过程活动 102
4.3　能源项目风险估计的依据 102
　　4.3.1　项目范围说明 102
　　4.3.2　风险管理计划 102

        4.3.3 组织管理知识 102
        4.3.4 风险记录手册 103
    4.4 能源项目风险估计的方法、技术和工具 103
        4.4.1 风险估计的方法 103
        4.4.2 风险估计的技术和工具 117
    4.5 能源项目风险估计的成果 121
    分析案例 122
    复习思考题 129

第5章 能源项目风险评价管理 130
    引导案例 130
    5.1 能源项目风险评价的概念内涵 131
        5.1.1 风险评价的含义 131
        5.1.2 风险评价的目的 132
        5.1.3 风险评价的准则 132
    5.2 能源项目风险评价过程 133
        5.2.1 风险评价过程的目标 133
        5.2.2 风险评价过程的定义 133
        5.2.3 风险评价过程活动 134
    5.3 能源项目风险评价的依据 134
    5.4 能源项目风险评价方法 135
        5.4.1 定性评价方法 135
        5.4.2 定量评价方法 144
    5.5 能源项目风险评价的成果 158
    分析案例 158
    复习思考题 163

第6章 能源项目风险应对管理 164
    引导案例 164
    6.1 能源项目风险应对的概念内涵 166
        6.1.1 风险应对的含义 166
        6.1.2 风险应对的主要工作 166
    6.2 能源项目风险应对过程 167
        6.2.1 风险应对过程的目标 167
        6.2.2 风险应对过程的定义 168
        6.2.3 风险应对过程活动 169

6.3 能源项目风险应对的依据 ... 169
6.4 能源项目风险应对的策略 ... 171
 6.4.1 风险规避 ... 171
 6.4.2 风险缓解 ... 172
 6.4.3 风险转移 ... 173
 6.4.4 风险接受 ... 174
 6.4.5 风险储备 ... 175
 6.4.6 风险利用 ... 177
6.5 能源项目风险应对的原则与策略选择 ... 177
 6.5.1 风险应对的原则 ... 177
 6.5.2 风险应对措施的选择和制定 ... 180
6.6 能源项目风险应对的成果 ... 183
 6.6.1 更新的风险记录手册 ... 183
 6.6.2 更新项目管理计划 ... 184
 6.6.3 风险合同协议 ... 184
分析案例 ... 185
复习思考题 ... 191

第7章 能源项目风险监控管理 ... 192
引导案例 ... 192
7.1 能源项目风险监控的概念内涵 ... 193
 7.1.1 风险监控的概念 ... 193
 7.1.2 风险监控的作用 ... 193
 7.1.3 风险监控的原理 ... 194
 7.1.4 风险监控的内容 ... 194
 7.1.5 风险监控的要求 ... 195
7.2 能源项目风险监控过程 ... 196
 7.2.1 风险监控过程的目标 ... 196
 7.2.2 风险监控过程的定义 ... 196
 7.2.3 风险监控过程活动 ... 197
7.3 能源项目风险监控的依据 ... 198
7.4 能源项目风险监控的方法、技术和工具 ... 199
 7.4.1 审核检查法 ... 199
 7.4.2 监视单 ... 199
 7.4.3 风险报告 ... 200
 7.4.4 挣值法 ... 202

         7.4.5 风险监控系统 205
    7.5 能源项目风险监控的成果 209
         7.5.1 更新的风险记录手册 209
         7.5.2 行动措施 210
         7.5.3 变更请求 210
         7.5.4 更新的项目管理计划 210
         7.5.5 更新的组织管理知识 211
    分析案例 211
    复习思考题 212

第8章 能源项目技术风险管理 214
    引导案例 214
    8.1 能源项目技术风险管理的概念内涵 216
         8.1.1 技术风险的含义 216
         8.1.2 技术风险管理的概念 217
         8.1.3 技术风险管理的作用 218
    8.2 能源项目技术风险管理过程 218
         8.2.1 确定风险基线 219
         8.2.2 风险识别 221
         8.2.3 风险量化 222
         8.2.4 风险控制 223
    8.3 能源项目技术风险分析 224
         8.3.1 技术风险分析报告的形成过程 224
         8.3.2 技术风险分析报告 225
    8.4 能源项目技术成熟度 226
         8.4.1 技术成熟度的概念内涵 226
         8.4.2 技术成熟度评价与风险管理 227
         8.4.3 基于技术成熟度的风险管理分析 228
    分析案例 229
    复习思考题 232

第9章 能源项目群风险管理 233
    引导案例 233
    9.1 能源项目群的概念内涵 235
         9.1.1 项目群的含义 235
         9.1.2 项目群的类型 235

9.2 能源项目群风险管理的概念内涵 ... 236
9.2.1 项目群风险管理的基本含义 ... 236
9.2.2 项目群风险管理的目的和内容 ... 237
9.2.3 项目群风险管理的适用对象 ... 237
9.2.4 项目群风险管理的组织形式 ... 237
9.3 能源项目群风险管理的过程与方法 ... 239
9.3.1 项目群风险规划 ... 239
9.3.2 项目群风险识别 ... 239
9.3.3 项目群风险估计 ... 240
9.3.4 项目群风险评价 ... 240
9.3.5 项目群风险应对 ... 241
9.3.6 项目群风险监控 ... 242
分析案例 ... 243
复习思考题 ... 249

参考文献 ... 251

第 1 章 绪论

引导案例

在项目的执行过程中，项目风险的管理与控制对于项目的最终成败具有决定性的作用。中石油在苏丹 6 区的勘探开发过程就充分说明了这个道理。

在中石油走出国门之前，世界上的油气富集区基本已经被西方跨国石油公司占领。在北部非洲地区，从尼罗河上游到乍得边境的南部苏丹，石油储量极为丰富。早在苏丹政府了解这一情况之前，美国石油公司对此就已了如指掌。至少自 20 世纪 70 年代初，美国主要石油公司就知道苏丹拥有巨大的石油资源量。当时的美国驻联合国大使老布什亲自向苏丹国家领导人加法尔·尼迈里展示了卫星图片，说明苏丹有石油。1979 年，尼迈里断绝了与苏联的关系，邀请美国雪佛龙公司来发展苏丹的石油工业。雪佛龙公司在苏丹南方发现了大型油田，为勘探和试验花费了 12 亿美元。

雪佛龙公司是最早进入苏丹 6 区的国外石油公司，曾在此地完成 2 万多千米的三维地震勘探，钻探井、评价井 32 口。由于苏丹 6 区地质条件复杂，油田总体地质状况为断层发育，构造小、生储盖层不配套，难以发现规模储量，雪佛龙公司在此地仅发现了两个含油构造和几个小油田，因此雪佛龙公司断定该区块属于贫油区块，最终选择了退出。

中石油在成功进入苏丹后，早期主要承接了苏丹 6 区与 1/2/4 区两个石油勘探开发项目。苏丹 6 区项目协议签署于 1995 年，是中石油在苏丹的独资项目。中石油接手该项目后的最初两年，勘探进程并不顺利，先是对雪佛龙公司发现的两个含油构造实施了三维地震勘探及钻井，结果显示这两个构造断层发育、断块破碎、油藏复杂、规模较小，并不具备单独开发的条件，然后转向区域勘探、部署预探井，虽见较好油气显示，但又因为距离生油凹陷较远、盖层条件不好、储层物性差等再度失利。后经多次经验总结与转变思路，采用复杂断块油田滚动勘探开发技术、油藏控水稳油配套技术、注气-气举采油技术、稠油冷采-热采技术、稠油改质及长距离集输技术等系列配套技术，中石油实现了苏丹 6 区勘探的重大突破，探明石油地质储量 7000 多万吨，并已形成年产 300 多万吨的产能。

雪佛龙公司的退出，中石油的成功，吹响了我国央企"走出去"的号角。

1.1 项目与项目管理

1.1.1 项目的定义与特征

1. 项目的定义

关于项目的定义，国内外许多相关组织及学者都尝试着用简单通俗的语言对其进行抽象性概括和描述。在项目管理领域比较传统的是 1964 年 Martino 对项目的定义，即"项目为一个具有规定开始和结束时间的任务，它需要使用一种或多种资源，具有许多个为完成该任务（或项目）所必须完成的相互独立、相互联系、相互依赖的活动"。美国项目管理学会（Project Management Institute，PMI）在其《项目管理知识体系指南（PMBOK 指南）》中将项目定义为"为创造独特的产品、服务或成果而进行的临时性工作"。德国标准化学会（Deutsches Institut für Normung，DIN）在其颁布的 DIN 69901 中指出，"项目是指在总体上符合下列条件的唯一性任务（计划）：具有预定的目标；具有时间、财务、人力和其他限制条件；具有专门的组织"。

随着"项目"一词越来越广泛地被应用于社会经济活动的各个方面，项目的含义有了新的扩展，即"项目是由一组有起止时间的、相互协调的受控活动组成的特定过程，该过程要达到符合规定要求的目标，包括时间、成本和资源的约束条件"。

项目是一系列复合工作的统称，是一项有待进行的活动，不是指完成工作后的最终成果，也不是指组织本身。例如，对于某新产品、新技术的研发，项目指的是研发过程，不是研发者，也不是研发的新产品、新技术。

项目是临时性组织为完成特定的目标所进行的一次性任务。项目的含义极为广泛，可以是建设一项工程，如修建一座水电站、一栋大楼，也可以是从事某项科研工作或开发一项新技术，还可以是举办一次体育活动，甚至可以是写一封信。但是否要作为项目来管理，取决于项目的客观特征和管理目标能否带来一定的效益（经济效益、社会效益或生态环境效益）。许多相对简单、不甚重要的一次性事务未必需要作为一个项目来管理。

2. 项目的特征

（1）一次性。项目的一次性，也称项目的单件性，是项目最主要的特征。就项目任务本身而言，项目的一次性是指没有与这项任务完全相同的另一项任务。因此，只能对它进行单件处理，而不可能成批完成。项目的一次性主要表现在项目的功能、目标、环境、条件、过程、组织等诸多方面的差异。项目的一次性是对项目整体而言的，并不排除项目实施过程中存在重复性工作。

（2）目标明确性。项目的实施是一项社会经济活动，任何社会经济活动都是有目的的。因此，项目必须有明确的目标，即项目的功能性要求，它是完成项目的最终目的，是项目的最高目标，是项目产生、存在的依据。

（3）约束性。项目是一项任务，任务的完成有其限定条件，这些限定条件就构成了项目的约束条件，主要包括时间、质量、资金等方面的限制或要求。没有约束性就不能构成项目。

但是有些项目的约束性是明显的、严格的，有些项目的约束性则是暗含的、宽松的。项目的约束性为完成项目任务提供了一个最低的标准要求。

（4）系统性。一般来说，当某项任务的各种要素之间存在着某种密切关系，只有将他们有机结合起来才能确保其目标的有效实现时，这项任务就需要被作为一个项目来处理，客观上也就形成了一个系统。

（5）相对独立性。项目是相对于特定的管理主体而存在的。对某一主体而言可构成项目，对另一主体而言却未必能构成项目。例如，一栋大楼的施工是承担这项任务的施工企业的一个项目，但对未承担这项任务的施工企业而言就不是一个项目。同样，对于不同管理主体而言，项目的范围也不相同，如对该大楼的投资者而言，其任务不是负责具体的施工活动，而是负责全部的投资活动。这种相对于特定的管理主体而存在的特性就是项目的相对独立性。

（6）生命周期性。项目既然是一次性的任务，就必有起点和终点。任何项目都会经过启动、开发、实施、结束这样一个过程，通常把这个过程称为项目的"生命周期"。

（7）不确定性。项目或多或少包含一些新的、此前未曾做过的事情。因此，项目通常包含若干不确定性因素，即达到项目目标的途径并不完全清楚。项目目标虽然明确，但项目完成后的确切状况却不一定能完全确定，故达到这种不完全确定状态的过程本身也经常是不完全确定的。例如，在石油勘探开发项目中，地面工程、油井井位、集输管线等都可以事先确定，但是地下的地质条件、油藏状况及采用何种工艺开发等还需要在项目实施过程中不断研究和探索，而不能完全确定。这一特征表明，项目的实施不是一帆风顺的，常常会遇到风险，因此必须进行项目风险管理。

1.1.2 项目管理的概念内涵

项目作为一种复杂的系统工程活动，往往需要耗费大量的人力、物力和财力，为了在预定的时间内实现特定的目标，必须推行项目科学管理。项目管理作为一种管理活动，其历史源远流长，人类自从开始进行有组织的活动，就一直在执行着各种规模的项目任务，从事着各类项目管理实践，如我国的长城、故宫、都江堰，埃及的金字塔，古罗马的供水渠等，都是项目管理实践的经典之作。但如何理解项目管理呢？

项目管理，从字面上理解是指对项目进行管理，即项目管理属于管理的范畴，同时也指明了项目管理的对象应是项目。要正确理解项目管理，首先必须对管理的概念内涵有正确的认识。

关于管理的概念，由于管理主体、管理对象、管理环境等具有动态性，因此不同的人对管理有不同的认识。例如，科学管理之父泰勒认为，管理就是确切地知道你要别人去做什么，并使他用最好的方法去做；诺贝尔经济学奖获得者赫伯特·亚历山大·西蒙认为，管理就是决策，决策贯穿管理的全过程；组织管理之父法约尔认为，管理是所有的人类组织（不论是家庭、企业、政府）都会进行的一种活动，这种活动由五项要素组成：计划、组织、指挥、协调和控制。现代管理观点认为，管理是对组织资源进行有效整合以达到组织既定目标与履行责任的动态创造性活动，现代管理的核心在于对组织资源的有效整合。

基于上述认识，所谓项目管理就是以项目为对象的系统管理方法，通过一个临时性的、专门的柔性组织，对项目进行高效率的计划、组织、指导和控制，以实现项目全过程的动态管理和项目目标的综合协调与优化。

项目管理贯穿项目的整个生命周期，对项目全过程进行管理。它是一种运用既有规律又经济的方法对项目进行高效率的计划、组织、指导和控制的手段，并且要求在时间、费用和质量上达到预定目标。

项目的特征也表明它所需要的管理及管理技术和方法与一般的作业管理不同。一般的作业管理只需对效率和质量进行考核，并注重将当前的执行情况与前期进行比较；而在典型的项目管理中，尽管一般的管理技术和方法也适用，但项目管理是以项目经理负责制为基础的目标管理，以项目任务（活动）为基础来建立，以便实施对时间、费用和质量的控制，并对项目风险进行管理。

一般而言，项目管理的对象通常是指技术比较复杂、工作比较繁重、不确定性因素比较多的任务和项目。由于项目具有一次性、不确定性特征，因此项目管理的一个主要方面就是对项目中的不确定性和风险因素进行科学管理。

1.1.3　项目管理知识体系

项目管理知识体系是指涉及规划、执行、完成项目的一系列关键概念、方法、工具和技术的集合。这个体系有助于项目经理和团队有效地组织、协调和控制项目的各个方面，以确保项目在预定的时间内按预定的成本和质量标准成功完成。目前，世界上应用最广泛的项目管理知识体系之一是由 PMI 推出的项目管理知识体系（Project Management Body of Knowledge，PMBOK）。PMI 是一个国际性的非营利组织，《项目管理知识体系指南（PMBOK 指南）》是其制定的项目管理标准和方法学指南。PMI 于 1986 年建构的 PMBOK 是目前世界上公众比较认可的项目管理知识体系。《项目管理知识体系指南（PMBOK 指南）》至今已发布 7 个版本，其中 2012 年版把项目管理划分为 10 个知识领域，项目风险管理是其中的一个知识领域。截至目前，最新版本的《项目管理知识体系指南（PMBOK 指南）》是第 7 版，该版本于 2021 年发布。《项目管理知识体系指南（PMBOK 指南）》第 6 版和第 7 版在内容与结构上都有显著的变化，第 7 版更加注重项目管理原则和方法论，而不是具体的流程和技术。第 6 版在结构上重点强调项目管理框架，包括五大过程组和十大知识领域；在内容上更具体，更注重实际操作方法。第 7 版不再基于过程，而是转变为基于原则的方法论，在结构上关注项目管理的十二大原则及在八大绩效领域获得好的反馈，以实现项目的"价值"；在内容上更抽象，更注重理念，没有太多的实际操作方法。

两个版本相比较，第 6 版涉及的内容集中在五大过程组和十大知识领域，第 7 版涉及的内容集中在三大领域（人员、过程、业务环境）和全新的十二大原则及八大绩效领域内容的转变。转变的核心内容可以分为两部分。

（1）基于原则的内容。

项目管理的五大过程组转变为十二大原则，从"启动、规划、执行、监控、收尾"五大过程组转变为"管家式管理、团队、干系人、价值、系统思考、领导力、裁剪、质量、复杂性、风险、适应性和韧性、变革"十二大原则。

（2）基于交付价值的内容。

项目管理的十大知识领域转变为八大绩效领域，从"整合、范围、进度计划、成本、质量、资源、沟通、风险、采购、干系人"十大知识领域转变为"干系人、团队、开发方法和生命周期、规划、项目工作、交付、测量、不确定性"八大绩效领域。

《项目管理知识体系指南（PMBOK 指南）》第 7 版与第 6 版的内容对比如图 1-1 所示。第 7 版的出版，不是对第 6 版的推翻，也不是对第 6 版的替代，而是对第 6 版中项目管理核心的延伸，是对第 6 版的过程组与知识领域的高层次、高维度承接。

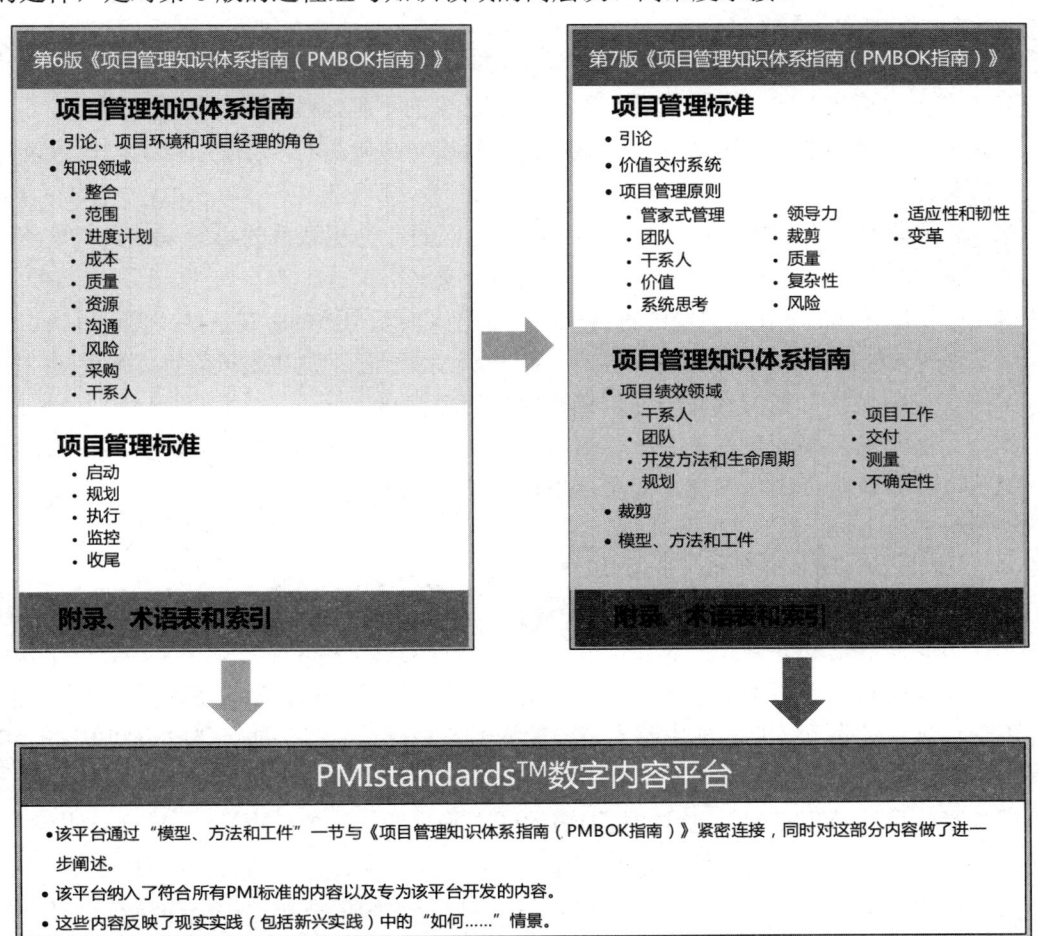

图 1-1 《项目管理知识体系指南（PMBOK 指南）》第 7 版与第 6 版的内容对比

1.2 风险与项目风险

1.2.1 风险的概念内涵

"风险"一词的含义是"损失或伤害发生的可能性"，人们对风险的理解是"可能发生的危险"。风险与事物有关联，如在高速旋转的车床旁工作、从事高空作业等，风险就像隐形杀手一样，导致风险发生的因素客观存在，风险随时可能发生。由此可见，风险是客观存在的，不以人们的主观意志为转移。因此，一般而言风险的基本含义是损失发生的不确定性。

风险是指损失发生的不确定性，是人们对未来行为的决策及客观条件的不确定性可能引起的后果与预定目标发生多种负偏离的综合，可用如下数学公式表示：

$$R = f(p, q)$$

式中，R——风险。

p——风险发生的概率。

q——潜在损失。

肯定有损失后果的事件不是风险，没有损失后果的不确定性事件也不是风险。

上述基于对风险的不同形式的认识从不同的角度对风险进行了描述，要全面理解风险的含义，应注意以下几点。

第一，风险是与人们的行为相联系的。不与人们的行为相联系的风险只是一种危险，而人们的行为受决策左右，因此风险与人们的决策有关。

第二，客观条件的变化是风险的重要成因。尽管人们无力控制客观条件，但可以认识并掌握客观条件变化的规律，并对相关的客观条件做出科学的预测。这也是风险管理的重要前提。

第三，风险是指可能的后果与预定目标发生的负偏离。

第四，必须从后果的角度来系统认识风险。

第五，尽管风险强调负偏离，但实际中也存在正偏离。

1.2.2 项目风险的内涵与特征

1. 项目风险的内涵

项目风险是指项目整个生命周期中的风险，可能导致项目的不确定性。项目风险的影响可能表现为项目的进度落后、成本超支、质量下降或利润减少等。项目风险可能发生也可能不发生。因此，广义的项目风险是与可以实现的项目执行水平有关的显著不确定性影响。该不确定性影响可能是积极的，也可能是消极的或不确定的，积极风险是机会，而消极风险是威胁，影响不确定的风险可能是机会也可能是威胁。针对项目的共同特征，项目风险具有一般意义的风险特征、性质和条件。由于项目具有临时性、约束性和交付物的独特性等，因此不同项目的风险特征也是不一样的。

2. 项目风险的特征

（1）客观性和普遍性。项目风险是不以人的意志为转移且超越人们主观意识的客观存在，而且在项目的生命周期内，项目风险是无所不在的。这也说明为什么虽然人类一直希望认识和控制风险，但直到现在也只能在有限的时间及空间内改变风险存在和发生的条件，降低其发生的频率，而不能也不可能完全消除风险。项目风险的这种客观性和普遍性要求我们必须采取正确的态度来承认风险、正视风险，既不可对它视而不见、漠然置之，也不可在风险面前畏首畏尾、裹足不前，而应积极地去管理风险。

（2）偶然性和必然性。任何一个具体风险的发生都是在项目执行过程中许多风险因素和其他因素共同作用的结果，是一种随机现象，而且只有每个因素的作用时间、作用点、作用方向、作用强度、作用顺序等都满足一定条件，才会导致项目风险的发生。项目风险的偶然性意味着项目风险在时间上具有突发性或渐进性，在后果上往往具有灾难性，从而给人们在精神与心理上带来巨大的忧虑和恐惧，而忧虑和恐惧对人们的影响甚至大于风险所造成的直接财产损失及人员伤亡对人们的影响。个别风险的发生是偶然的、无序的、杂乱无章的，但通过对大量同类风险事故资料的观察和统计分析发现，其呈现出明显的规律性，存在着必然性，这就使人们有可能通过概率分析和损失程度分析去预测、管理风险，这也是项目风险管理迅猛发展的根本原因所在。

（3）可变性。可变性是指在项目执行过程中，各种项目风险在质和量上具有可变的特性。随着项目的进行，有些风险会得到控制，有些风险会发生并得到处理，同时在项目的每个阶段也可能出现新的风险，有些可能会成为机会，尤其是在大型项目中，由于风险因素众多，因此风险的可变性更加明显。

（4）多样性和多层次性。项目，特别是大型项目由于周期长、规模大、涉及范围广、风险因素众多且种类繁杂，因此在其整个生命周期内的风险多种多样，而且大量风险因素之间的内在关系错综复杂，各个风险因素与外界因素交叉影响又使风险显示出多层次性。

（5）可测性。项目风险是不确定的，但这并不意味着人们对它的变化全然无知。项目风险是客观存在的，人们可以对其发生的概率及其所造成的损失程度做出主观判断，从而对发生的风险进行预测和评估。对此，人们可以充分发挥自己的主观能动性，选择适当的客观尺度予以测量。现代的计量方法和技术提供了可用于测量项目风险的客观尺度。人们可以用这些方法和技术近似地预测项目风险的动态规律，为拟定、选择项目风险管理的战略和方法提供科学的依据。

（6）风险影响的两面性。风险影响的两面性是指风险既可以给项目带来机会也可以给项目带来损失。要善于利用管理的手段和方法控制风险损失，发掘和利用风险机会。

1.2.3 项目风险的分类

项目风险的分类方法有很多，不同的分类方法适用于不同的情况。表 1-1 所示为基于风险产生根源的项目风险分类表。

表 1-1 基于风险产生根源的项目风险分类表

风险产生根源		风险时间			
		可研阶段	设计阶段	施工阶段	施工后阶段
项目环境风险	政治风险	战争和内乱、政府征收、政府违约、政府政策干预、政府效率低下、货币汇兑			
	经济风险	通货膨胀、外汇风险、利率变动、金融危机			
	社会文化风险	社会治安不稳、语言沟通不畅、思维差异、社会文化差异、宗教习俗信仰差异、非法行为			
	自然条件风险	暴雨、洪水、暴风雨、飓风、龙卷风、下沉、滑坡、雪崩、极端温度、地震，工地自身条件不良			

续表

风险产生根源		风险时间			
		可研阶段	设计阶段	施工阶段	施工后阶段
项目管理风险	合同风险	合同条款不完备，表述不清		合同变更、合同履约风险	索赔、诉讼
	承包商风险	不充分的可行性研究，仓促工作	咨询机构的专业性，项目前期的融资能力	工作效率及现场管理能力，项目经验，财务水平，选择分包商的风险	工程索赔维权能力
	业主风险	业主的信用程度	业主资金拨付是否及时	业主的财务能力，工程款结算是否及时	业主的财务状况
	监理风险	监理单位的选择	监理单位的工作配合程度	监理单位的管理水平及监理质量	监理单位的工作效率及水平
	设计风险	预算的可行性	设计的规范性、创新性	设计的可行性，即设计缺陷、未被发现的设计错误	设计潜在的适用性风险
	安全风险	施工人员的人身安全，设备运转、维护与保养难度，以及周转性材料的使用能力等方面的风险			
	技术风险	未能充分预料到可能发生的技术问题	新技术风险，机电设备性能不佳，设备、材料的采购风险	工程现场、施工管理、施工技术、施工质量、施工工期风险	施工后的运营风险

1.3 项目风险管理

1.3.1 项目风险管理的概念内涵

1. 项目风险管理的含义

从系统和过程的角度来看，项目风险管理是一种系统过程活动，是项目管理过程的有机组成部分，涉及诸多因素，需要应用许多系统工程的管理技术和方法。根据 PMI 的报告，风险管理有三个定义。

（1）风险管理是系统识别和评估风险因素的形式化过程。

（2）风险管理是识别、控制能够引起不希望变化的潜在领域和事件的形式、系统的方法。

（3）风险管理是在项目运行期间识别、分析风险因素，采取必要对策的决策科学与艺术的结合。

综上所述，项目风险管理是指项目组织对项目可能遇到的风险进行规划、识别、估计、评价、应对、监控的动态过程，是以科学的管理方法实现最大安全保障的实践活动的总称。

项目风险管理是一种综合性的管理活动,其理论和实践涉及自然科学、社会科学、工程技术、系统科学、管理科学等多个学科,项目风险管理在风险估计、风险评价中会使用概率论、数理统计甚至随机过程的理论和方法。

2. 项目风险管理的基本原则

项目风险管理的首要目标是避免或减少项目损失的产生,进行项目风险管理主要遵循以下原则。

(1)经济性原则。风险管理人员在制订风险管理计划时应以总成本最低为总目标,即风险管理要考虑成本。要以最合理、最经济的处置方式把控制风险损失的费用降到最低,以尽可能低的成本达到项目的安全保障目标,这就要求风险管理人员对各种效益和费用进行科学的分析及严格的核算。

(2)"二战"原则,即战略上蔑视而战术上重视的原则。对于一些风险较大的项目,在风险发生之前,对风险的恐惧往往会使人们紧张不安,这种忧虑心理会严重影响人们的工作效率并阻碍其积极性,这时应通过有效的风险管理让人们确信项目虽然具有一定的风险,但风险管理部门已经识别出全部不确定性因素,并且已经妥善地做出了安排和处理,这就是战略上蔑视的原则。而风险管理部门则要坚持战术上重视的原则,即认真对待每个风险因素,杜绝松懈麻痹。

(3)满意原则。不管采用什么方法、投入多少资源,项目的不确定性都是绝对的,而确定性则是相对的。因此,在风险管理过程中允许存在一定的不确定性,只要能达到要求即可。

(4)社会性原则。制订风险管理计划和措施必须考虑周围地区及一切与项目有关且受其影响的单位、个人等对该项目风险影响的要求,同时还应充分注意有关方面的各种法律法规,使项目风险管理的每个步骤都具有合法性。

1.3.2 项目风险管理的历史发展

风险管理起源于第一次世界大战后的德国。第一次世界大战后,战败的德国发生了严重的通货膨胀,造成了经济衰竭,因此有人提出了包括风险管理在内的企业经营者管理问题。后来美国于1929—1933年被卷入20世纪最严重的世界性经济危机,更使风险管理成为许多经济学家研究的重点。1931年,美国管理协会率先倡导风险管理,使风险管理得到了理论探讨和实践应用。但是美国早期的风险管理研究范围比较狭窄,主要以费用管理为出发点,把风险管理作为经营合理化的手段。直到20世纪50年代,风险管理才在美国工商企业中真正受到足够重视并得到推广。主要原因有两个方面:一方面,在美国形成了独立的风险管理理论体系,并且该体系得到了深入实践;另一方面,美国一些大公司发生的风险导致的重大损失使高层决策者认识到风险管理的重要性。同时,随着科学技术的快速发展，技术至上的长期信仰受到了挑战，人们在利用新的科学方法和技术开发新的材料、工艺流程及产品时，也面临着诸多不确定性因素，受到社会、法律、经济和技术等方面的压力，风险管理运动在美国迅速开展起来。1950年，Mowbray 等在 Insurance 一书中较系统地阐述了风险管理的概念。

从 20 世纪 60 年代起，风险管理研究逐步趋于系统化、专业化，使风险管理成为管理领域中一门独立的专业学科和一项特殊职能。风险管理被定义为专门处理那些未发生的事带来的可能的负面影响。随着风险管理被广泛应用到社会经济活动的各个层面，工商界和学术界对风险管理的功能及重要性有了全新认识。风险管理成为现代管理科学的一个重要分支，被视为一种广泛的管理职能，其目标是科学地确定、评估及监控组织内因业务活动而必须承担的所有风险，采取经济有效的风险应对策略，趋利避害，使组织可靠、高效地达到预定目标。在 20 世纪 60 年代到 70 年代，美国许多大学的工商管理学院开设了风险管理课程，传统的保险系也将教学重点转移到风险管理方面，保险仅作为一种风险筹资的工具而被加以研究，有的工商管理学院把保险系改名为风险管理和保险系，越来越多的大学开设有关风险管理的主修课程及相关课程，这些课程不单被列入工商管理学士（Bachelor of Business Administration，BBA）课程，部分著名学府更是将其列入工商管理硕士（Master of Business Administration，MBA）及金融工程学（Financial Engineering）课程。随着风险管理研究和应用的深入，风险管理逐渐发展成一门比较成熟的专业学科。

20 世纪 70 年代，风险管理的思想理论在欧洲、亚洲和拉丁美洲得到了广泛的传播。在欧洲，日内瓦协会（又名国际保险经济学研究会）赞助成立了"欧洲风险和保险经济学家团体"，该学术团体的会员都是英国和其他欧洲国家大学的教授，他们会一起讨论风险管理和保险学术问题。风险管理协会等组织的成立、风险管理教育的普及，表明风险管理已渗透到社会的各个领域。1975 年，美国成立了风险与保险管理协会（Risk and Insurance Management Society，RIMS），其与美国风险与保险协会（American Risk and Insurance Association，ARIA）是美国最重要的两个风险管理协会。1978 年，日本风险管理协会（Japan Risk Management Society，JRMS）成立，英国成立了工商企业风险管理与保险协会（Association of Insurance and Risk Managers in Industry and Commerce，AIRMIC）。到 20 世纪 70 年代中期，美国大多数大学的工商管理学院均开设了风险管理课程，风险管理方面的课程及论著数量大增。美国还设置了 ARM（Associate in Risk Management）证书，授予通过风险管理资格考试者。风险管理协会的活动为风险管理在工商企业界的推广、风险管理教育的普及和人才培养等做出了突出的贡献，促进了全球性风险管理运动的发展，也使风险管理趋于专业化，风险管理由原来的辅助性活动逐渐演变为一个相对独立的行业。在美国，大多数大企业都会设置一个专职部门进行风险管理。虽然企业的人事部门单独或部分管理雇员的福利计划，但其处理社会保险金、养老保险金、医疗保险金、死亡和残疾的抚恤金等则属于风险管理的职能。

1983 年，在 ARIA 年会上，世界各国学者共同讨论通过了"101 条风险管理准则"，这些准则作为风险管理的一般准则，使风险管理更趋科学化和规范化。1987 年，为了推动风险管理理论在发展中国家的推广和应用，联合国出版了关于风险管理的研究报告：*The Promotion of Risk Management in Developing Countries*。

进入 20 世纪 90 年代，随着经济全球化和社会活动的大型化，世界市场趋于一体化，企业外部环境的不确定性显著增加，企业面临的风险种类大大增多，使企业面临一些新的风险挑战，如金融风险、高新技术风险等。金融衍生工具本来是用来管理风险的，但其自身却又引发了风险。由于用户需求的复杂多变、竞争的日趋激烈、高新技术的快速发展、全球贸易和投资的自由化，以及企业频繁和更大规模的并购等增加了企业的不确定性，也引起了企业对风险和风险管理的高度重视，因此全面风险管理研究与实践不断深入。1992 年，COSO（the Committee of Sponsoring Organizations of the Treadway Commission）发布了一套企业全面风险管理的框架雏形——《内部控制——整合框架》。2004 年，COSO 在对 1992 年的框架进行修订的基础上，又发布了全新的《企业风险管理——整合框架》。这套涵盖企业风险管理目标、风险管理要素和风险管理执行层次的框架已逐渐为市场所接受，并由美国证券交易委员会向企业推荐。

我国在恢复保险业务后也开始重视风险管理研究，对风险管理的系统研究始于 20 世纪 80 年代中后期，之后风险管理在工程项目中得到越来越广泛的应用。2006 年 6 月，国务院国有资产监督管理委员会颁布了《中央企业全面风险管理指引》，正式开始在央企推行全面风险管理工作。2008 年 5 月，财政部会同证监会、审计署、银监会、保监会颁布了《企业内部风险控制基本规范》，自 2009 年 7 月 1 日起先在上市公司范围内施行，鼓励非上市的其他大中型企业执行。2009 年，我国注册会计师考试进行了重大改革，新增了"公司战略与风险管理"科目。国内许多高等院校在本科生、研究生等层次上开设了有关风险管理的主修课程和相关课程。

项目风险管理是风险管理的一个新的研究领域。随着科学技术的飞速发展，社会环境瞬息万变，市场竞争日益激烈，使得现代大型工程项目执行所涉及的不确定性因素越来越多，面临的风险也越来越多。特别是高技术大型工程项目，由于具有探索性强、技术复杂、经费投入规模大、环境竞争压力大等特征，因此在项目执行过程中存在着各种不确定性因素，充满了风险。项目一旦成功会带来巨大的社会、经济效益，但一旦因风险而失败也会造成社会、经济、政治等方面的重大损失。因此，项目风险管理受到项目管理者和利益相关者的高度重视。

美国在 20 世纪 60 年代初就开始在一些航天型号研制项目中进行风险管理，如在"阿波罗计划"中成功应用了风险管理技术，并取得了巨大的成功。美国喷气推进实验室于 1994 年对"火星全球勘测者"探测器制订了风险管理计划。美国航空航天局（National Aeronautics and Space Administration，NASA）在 1998 年发布的 NASA 项目规程和指南《计划和项目管理过程与要求》中指出，计划或项目主管人员应将风险管理作为决策手段来保证项目在计划技术上的成功。2000 年 4 月 NASA 又发布了风险管理规程和指南文件,更详细地阐明了风险管理的基本过程,以及风险管理计划制订和实施的基本要求。项目风险管理现已广泛地应用于国防、航天、建筑、石油、化工、矿业、核能等领域。

1991 年,我国成立了风险管理相关的学术组织,项目风险管理研究进入有组织的新阶段,项目风险管理研究与实践不断深入。在工程实践方面,三峡工程项目、大亚湾核电站项目中应用了风险分析技术,特别成功的案例是神舟飞船的风险管理,经过神舟一号到神舟六号的研制后,形成了一套适合神舟飞船的风险管理方法。相信在不久的将来,项目风险管理将更加广泛地成功应用于我国国防、航空、航天、建筑等领域。

项目风险管理的历史发展脉络图如图 1-2 所示。

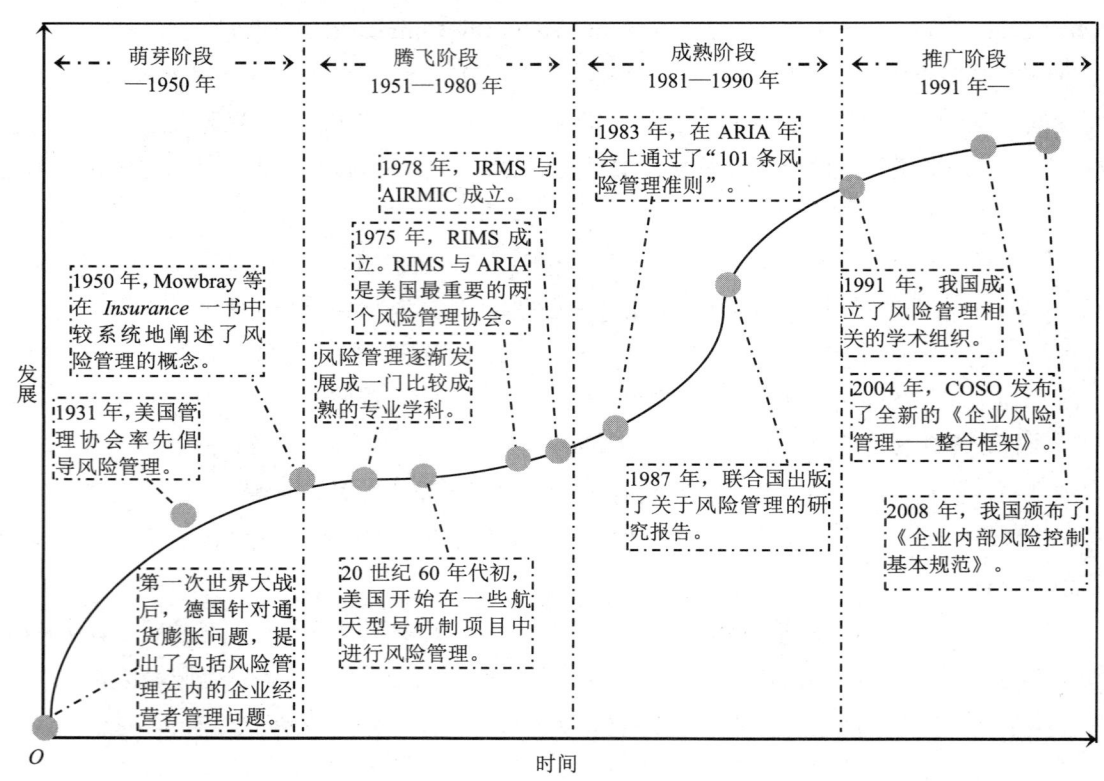

图 1-2　项目风险管理的历史发展脉络图

1.3.3　项目风险管理过程

根据我国项目管理的情况,结合大型高风险项目的实践,可以将项目风险管理过程分为风险规划、风险识别、风险估计、风险评价、风险应对、风险监控 6 个阶段和环节,并实现对项目风险全过程的动态管理。项目风险管理过程示意图如图 1-3 所示,项目风险管理过程 IDEF0 图如图 1-4 所示。

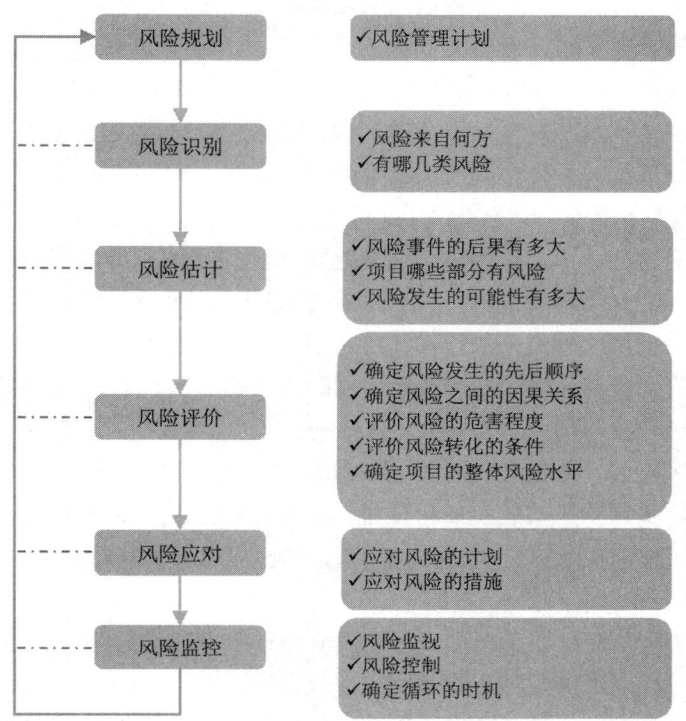

图 1-3　项目风险管理过程示意图

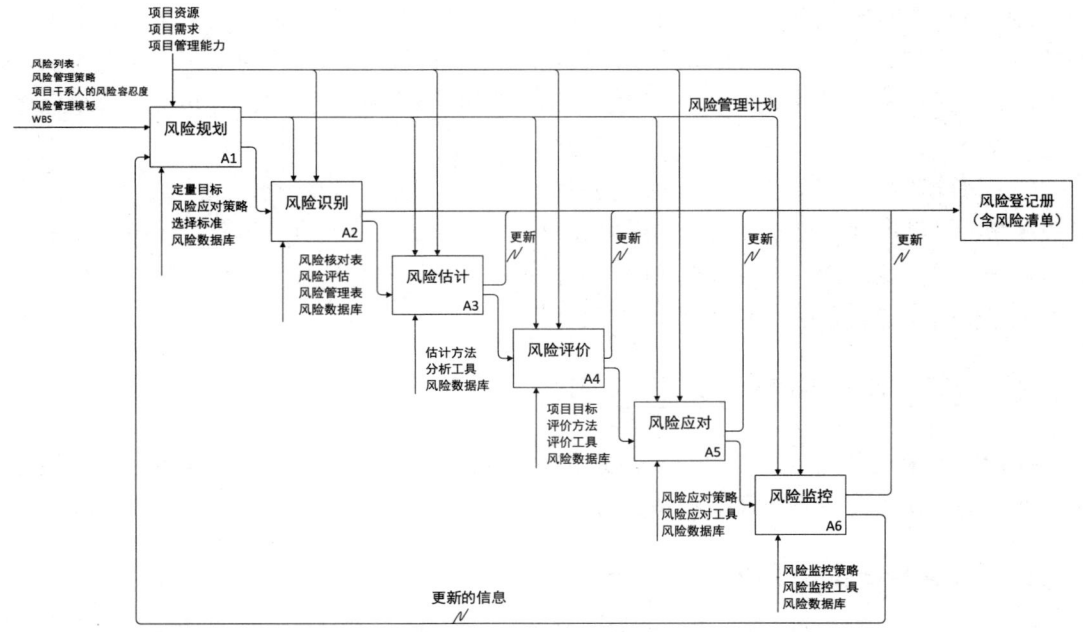

图 1-4　项目风险管理过程 IDEF0 图

（1）风险规划。风险规划是风险管理工作大纲，是项目全生命周期管理总要求的一个组成部分。风险规划是指对项目全生命周期制定如何组织和进行风险识别、风险估计、风险评价、风险应对、风险监控的规划。风险规划包括风险管理方法、风险判断依据、风险评价基准、风险分析人员及信息收集与沟通等方面的内容。

（2）风险识别。风险识别的任务是确定风险来源、风险产生的条件，描述风险特征，确定哪些风险有可能影响本项目。在项目生命周期中，由概念阶段到收尾阶段，项目的信息越来越多，如设计方案由开始的不确定到框架，再到详细方案、执行和收尾，有关设计的信息是由少到多、由不明确到明确的。风险识别在项目初期由于信息等条件限制可能得到的结果是初步的，随着项目的进行，风险识别可以越来越深入，得到的结果也越来越可用、可信。因此，风险识别不是一次就可以完成的，应在项目全过程中定期、不断地进行。

风险识别首先要识别风险种类，如技术风险、费用风险、进度风险、组织风险、社会风险等，其次要对风险进行详细分析。进行风险识别的方法有头脑风暴法、SWOT 分析法、网络图法、敏感性分析法和故障树分析法等。

（3）风险估计。风险估计是指在风险识别的基础上，通过对收集的大量资料进行分析，利用概率统计理论估计和预测风险发生的可能性，并分析风险造成的损失的大小。在风险估计阶段，可以对风险因素进行量化分析，为风险管理者进行决策、管理技术选择等提供科学依据。

（4）风险评价。风险评价是指在风险识别和风险估计的基础上，综合考虑工程项目各风险之间的相互影响、相互作用及其对工程项目的总体影响，并与风险评价基准进行比较，确定是否要对工程项目采取控制措施。风险评价是选择风险管理手段的基础，风险管理者可以根据风险评价的结果采取控制措施以对风险进行管理。

（5）风险应对。风险应对是指针对风险评价的结果，为了消除或减轻风险而制定风险应对措施。风险应对方案必须考虑风险的严重程度、项目目标和风险应对措施所需的费用，综合决策选择风险应对措施。常用的风险应对措施有减小风险、回避风险、转移风险、忽略或接受风险。

（6）风险监控。风险监控是指跟踪已识别的风险，完成风险管理计划的制订。可根据项目执行情况、已出现的风险和可能出现的风险，对风险管理计划进行调整，保证风险管理计划的顺利实施，并评估消除或减轻风险的效果。在风险监控过程中，风险管理者要与项目利益相关者保持沟通，及时了解和通报信息。

1.3.4　项目风险管理与项目管理

项目风险管理是项目管理的一个有机组成部分，其目的是保证项目目标的顺利实现。风险管理与项目管理的关系及风险管理的特征如下。

1. 风险管理是项目管理的一种手段

风险管理是项目管理的有机组成部分。项目主管必须在项目管理过程中发挥积极作用，保证其所采用的管理方法能够均衡利用项目资源，反映其整体管理思路。传统上，一般把风险管理作为工程费用估算工作来进行处理，有时也将其作为一项独立的工作进行处理，以区别于项目的其他职能。目前，人们已经认识到风险管理是项目管理的一种极其重要的手段，其任务是弄清费用风险、进度风险和性能风险的相互关系,其目的是使所有参与项目的人员都能建立风险意识,在设计、研制和部署系统时考虑风险问题,人人都应担负起处理风险的责任。

2. 风险管理是一个系统管理过程

正规风险管理是使风险识别、分析和监控活动系统化的一个有组织的系统管理过程。一个有组织的风险管理过程一旦得到及早、持续且严格的执行,就会给决策和有效地使用项目资源创造一种秩序井然的环境。通过执行这个有序的过程,项目主管就可能发现那些不易发现的风险及较低层级的风险,以免它们累积形成重大风险。

针对风险的多样性和复杂性,越来越需要采用系统的风险管理过程。项目的许多风险往往相互关联、不易弄清,而且将随项目进展发生变化,只有采用系统的风险管理过程,才能有效地划分风险类别,辨识这些风险及其相互关系并从中找出关键风险,找到有效控制风险的方法并使风险管理目标始终与整个项目目标保持一致。

3. 风险管理的前瞻性

实现有效风险管理的先决条件是项目主管必须在潜在问题(风险)发生前就辨识出它们并制定应对策略,增大其向有利方面转化的概率。实现这一原则的基本点是利用系统分析技术以得到前瞻性的评估结果。

早期辨识潜在问题一般涉及两类事件:一类是与项目当前阶段有关的事件,如怎样达到下一个里程碑审查的技术放行标准。另一类是涉及项目未来阶段的事件,如某项目从研制向生产过渡有关的风险事件,通过分析关键事件即可确定一些风险。要做到这一点,必须考虑未来潜在结果的范围及决定这些结果的因素,通过风险处理,项目经理就可以找到并实施减小风险影响和发生概率的措施。

4. 风险管理的目标性

从项目的时间、成本和质量目标来看,风险管理与项目管理目标一致。只有通过风险管理降低项目的风险成本,项目的总成本才能降下来。风险管理旨在将风险导致的各种不利后果的影响减到最小,以满足项目各有关方在时间和质量方面的要求。

5. 风险管理的范围性

项目范围管理的主要内容之一是审查项目和项目变更的必要性。一个项目之所以必要、被批准并付诸实施,无非是因为市场和社会对项目的产品或服务有需求。风险管理通过风险分析对这种需求进行预测,指出市场和社会需求的可能变动范围,并计算出需要变动时项目的盈亏,这就为项目的财务可行性研究提供了重要依据。在项目执行过程中,各种各样的变更是不可避免的。项目变更之后会带来某些新的不确定性,风险管理正是通过风险分析来识别、估计和评价这些不确定性,为项目范围管理提出任务的。

6. 风险管理的计划性

从项目管理的计划职能来看,风险管理为项目计划的制订提供了依据。项目计划考虑的

能源项目风险管理

是未来，而未来充满了不确定性因素。风险管理的职能之一恰恰是减小项目执行过程中的不确定性，这一工作显然对提高项目计划的准确性和可行性有极大的帮助。

7. 风险管理的经济性

从项目管理的成本管理职能来看，风险管理通过风险分析，指出有哪些可能的意外费用，并估计意外费用的多少，对于不能避免但是能够接受的损失也计算出来，列为一项成本。这就为在项目预算中列入必要的应急费用提供了重要依据，从而提高了项目预算的准确性和现实性，能够避免因项目超支而造成项目各有关方的不安，有利于坚定项目各有关方对项目的信心。因此，风险管理是项目成本管理的一部分，没有风险管理，项目成本管理就不完整。

8. 风险管理的可达性

从项目的实施过程来看，许多风险都在项目实施过程中由潜在风险变成实际风险。风险无论是机会还是威胁，都在项目实施过程中见分晓。风险管理就是在认真进行风险分析的基础上，拟定出各种具体的风险应对措施，以备风险发生时采用的过程。此外，风险管理还包括对风险实施有效的控制。

1.4　能源项目风险管理

1.4.1　能源项目的特征

能源项目是指为生产、转换、传输、储存或利用能源而进行的具体计划和实施活动。能源项目旨在满足社会对能源的需求，包括电力需求、热能需求、燃料需求等，其涉及多种能源形式，如可再生能源（太阳能、风能、水能等）和非可再生能源（煤炭、石油、天然气等）。

能源项目有许多特征，本节从政府参与、环境影响、投资规模、风险程度4个方面来详细介绍。

1. 政府参与

能源项目通常受到政府的监管和深度参与。政府通过制定能源政策、环境标准、许可证要求等方式来规范和管理能源项目。政府可能会通过提供财政支持、税收激励或其他形式的补贴来促进能源项目的发展，这种支持可能会影响能源项目的经济可行性和可持续性。

2. 环境影响

能源项目可能会对当地生态系统产生直接或间接的影响，如土地使用、水资源利用、野生动植物栖息地等的改变。同时，能源的生产、使用可能会导致空气和水污染，产生温室气体等。能源项目规划和执行需要考虑最小化环境影响，要采取措施来减小负面影响，并应符合环境法规。

3. 投资规模

能源项目通常需要大规模的投资，涉及勘探、开发、基础设施建设等阶段。在我国，能源项目一般由政府牵头筹划，大型国有企业负责执行，动用的资金量与资源量庞大，可能包括设备采购、人力资源、技术研发等多个方面。投资者需要考虑能源项目的长期回报，因为能源项目的建设和运营周期较长。此外，市场条件和国际能源价格波动也可能会影响能源项目的投资回报。

4. 风险程度

相比一般性项目，如软件工程项目、商业咨询项目，能源项目的风险较高，主要体现在以下 4 个方面：①能源项目容易受到市场条件的影响，如能源价格的不确定性、国际市场竞争等都可能导致能源项目经济效益的波动；②一些能源项目可能涉及先进的技术，技术落后及技术开发的失败或延误可能会对能源项目造成重大影响；③能源项目可能会引起社会关注，社区抵制或环保团体的反对可能会影响能源项目的进展，因此能源项目管理需要考虑社会可持续性和社会责任；④能源项目开展的地点往往远离人群，缺乏基础设施，后勤条件比较差，面对的客观环境非常复杂。

1.4.2 能源项目全生命周期的风险管理

1. 能源项目全生命周期风险管理的原理

图 1-5 所示为能源项目全生命周期风险管理的分阶段原理示意图，从中可以看出能源项目的建设阶段又被划分成了具体的 4 个阶段，即定义与决策、设计与计划、实施与控制和完工与交付。通过这种能源项目具体阶段的划分，人们可以对相关和同类的能源项目工作进行聚类安排，这有利于人们监控和管理能源项目的发展变化及其造成的风险，同时可以使能源项目各阶段有明确的里程碑（见图 1-5 中各阶段下部黑框），以考核和发现能源项目的发展变化和由此造成的成败。这就是人们进行能源项目全生命周期风险管理的基本原理。

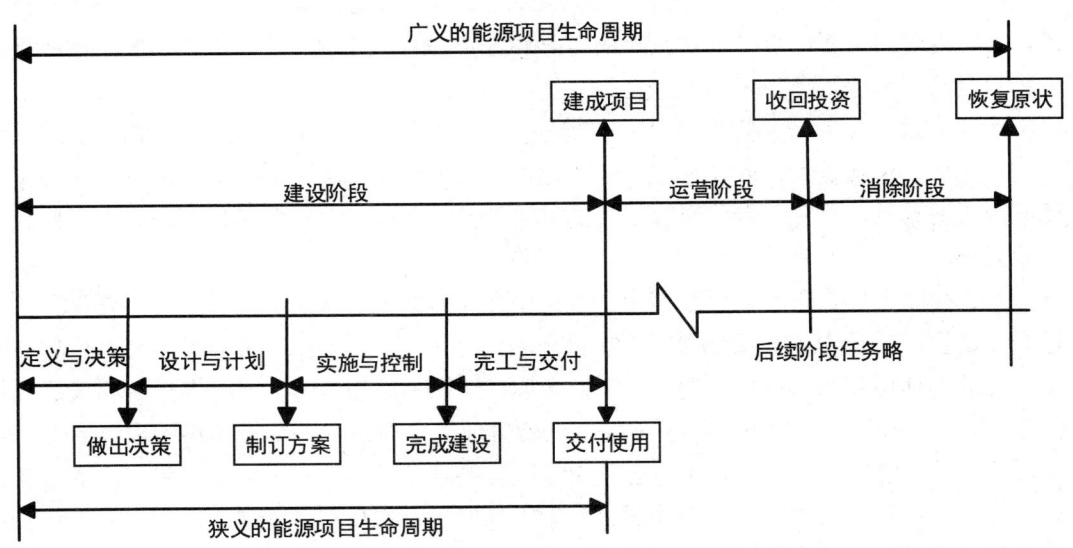

图 1-5　能源项目全生命周期风险管理的分阶段原理示意图

2. 能源项目全生命周期风险管理的主要内容

能源项目全生命周期风险管理包含项目各阶段的风险管理工作，每个阶段因项目环境、工作内容和时间的不同而各有自己的风险管理主要内容。虽然在每个阶段人们都需要开展项目的风险规划、风险识别、风险估计、风险评价、风险应对和风险监控工作，但是每个阶段的风险管理具体内容和侧重点都有所不同，具体分述如下。

（1）定义与决策阶段风险管理的主要内容。

在定义与决策阶段，人们先拟定项目提案并对其进行必要的机遇与损失的项目风险分析和识别，然后提出具体的项目方案并通过项目可行性分析评价项目方案的损益和项目风险，最后做出决策。在这个阶段，风险管理的主要内容是分析和预测项目风险，并通过合理的项目方案规避项目风险。此阶段以规避项目风险为主。

（2）设计与计划阶段风险管理的主要内容。

在设计与计划阶段，人们先为既定项目编制各种计划书（项目的进度、成本、质量、资源和集成计划等），然后开展项目设计并界定整个项目、项目各阶段所需开展的工作和由此生成的项目产出物（包括技术、质量、数量和经济等方面的规定和要求）。在这个阶段，风险管理的主要内容涉及项目风险的规避和应对预案与措施。此阶段仍以规避项目风险为主。

（3）实施与控制阶段风险管理的主要内容。

在实施与控制阶段，人们主要开展项目的实施工作，并在项目实施过程中开展各种各样的项目监控工作，以保证项目实施的结果同项目设计与计划的要求和目标一致。由于这个阶段是项目产出物的形成阶段，所以这个阶段风险管理的核心是确保能生成合格项目的产出物（包括物质和精神产出物），风险管理的主要内容是项目风险的积极应对。

（4）完工与交付阶段风险管理的主要内容。

在完工与交付阶段，人们需要对照项目目标和项目设计与计划要求，全面检验项目的工作和交付的项目产出物。这个阶段风险管理的核心是确保项目最终能够符合项目设计与计划要求，风险管理的主要内容是项目风险的容忍和分担，因为此阶段项目实施已经结束并且形成了项目结果。

上述4个阶段中项目风险的多少和严重程度是不同的，一般认为越靠前的阶段，工作的不确定性越大，风险越大，风险管理的任务越重、要求越高。这就是为什么在定义与决策阶段要开展项目论证与评估，专门研究项目的风险和开展风险管理。到了后续阶段，人们就不再需要开展项目论证与评估这样的风险识别工作了。

另外，在项目各阶段的管理过程和子过程中，人们都需要开展风险管理的工作循环，而且每个项目管理子过程中的风险管理工作循环的内容和侧重点也有所不同，因为每个项目管理子过程的具体内容是不同的。例如，项目管理"计划子过程"的主要内容是编制项目或项目阶段的计划，所以这个项目管理子过程中风险管理的主要内容是分析和识别项目的不确定性及项目风险，度量这些项目风险并选择应对风险的具体措施，进一步安排相应的资源和预算以开展项目风险的应对工作。但是项目管理"实施子过程"与"控制子过程"中风险管理的内容就与此不同了，更多的是开展项目实施与控制过程中的风险识别和度量，制定项目风险应对措施并实施和落实这些项目风险应对措施。

1.4.3　能源项目风险管理的意义与作用

随着科学技术和社会生产力的飞速发展，能源项目的规模化及技术和组织管理的复杂化突出了能源项目管理的复杂性、艰巨性。作为能源项目管理的重要一环，风险管理对保证能源项目实施的成功具有重要的现实指导意义。能源项目风险管理的研究和推广应用对能源项目组织具有重要的现实指导意义，有助于以最经济的资源消耗将能源项目风险损失降到最低，可靠、高效地保障能源项目预定目标的达成。能源项目风险管理的作用主要体现在以下4个方面。

（1）能源项目风险管理能促进能源项目实施决策的科学化、合理化，降低决策的风险水平。

（2）能源项目风险管理能为能源项目组织提供安全的经营环境。

（3）能源项目风险管理能够保障能源项目组织经营目标的顺利实现。

（4）能源项目风险管理能促进能源项目组织经营效益的提高。

能源项目风险管理的研究和推广应用不仅对单个组织有重要意义，还对整个社会发展有积极的作用，具体如下。

（1）能源项目风险管理有利于中国特色社会主义市场经济的健康发展。

（2）能源项目风险管理有利于资源分配达到最佳组合，有利于提高全社会的资金使用效益，从而促进国民经济产业结构的优化。

（3）能源项目风险管理有利于经济社会的稳定发展。

（4）能源项目风险管理有利于创造出能够保障经济健康发展和人民生活安定的社会经济环境。

分析案例

T 光电工程项目投资风险管理

1. T 光电工程项目概况

Z 新能源公司成立于 2007 年，致力于开发风力发电、光伏发电、小型水电及生物质能源等多种新型可再生能源。该公司对每个发电项目都进行全生命周期的跟踪，即负责项目开发、投资、建设、经营和管理的全过程。新能源发电项目是该公司运营的核心业务。该公司由 8 个职能部门组成，包括综合部、发展部、计划部等。同时该公司对各个发电项目实施属地化管理，在赤峰、朝阳、大连、嘉峪关 4 个地级市设立了下属全资子公司。该公司在成立后的十年间，积极响应国家大力发展新型可再生能源的号召，目前装机容量已经突破 54.4×10^4 kW，仅 2016 年发电量就已超过 10×10^8 kW·h，实现碳减排量超过 100×10^4 t。在该公司的十年发展历程中，主营业务一直在风力发电方面，对光伏发电涉猎较少。该公司管理层在 2016 年果断做出决策，大力发展光伏发电项目。该公司现有已备案（或核准）的光伏项目 5 个，其中 2 个项目已经具备开工建设条件。本案例中所研究的 T 光电工程项目非常具有代表性，是 Z 新能源公司进军光伏发电领域的首次尝试。T 光电工程项目拟选场址位于辽宁省朝阳市，朝阳市在全辽宁省范围内是太阳能光照资源最好的区域之一，同时朝阳市土地资源较为丰富，非常适合开发光电工程项目。项目规划拟建设规模为 20MW，本次将先行建设10MW，大约需要占地370亩（1亩≈666.7m²）。项目拟选场址区域已经有成型的电力输送线路，变电站也并未满负荷运转，依然有预留间隔可以安装本项目所需的变电设备，因此电网输送满足条件。Z新能源公司已就T光电工程项目与当地政府签订了开发合作协议，政府将会大力支持此项目的开发。T光电工程项目对于Z新能源公司意义重大，将填补Z新能源公司在光伏领域的发展空白，同时T光电工程项目预计能够给Z新能源公司带来良好的经济效益。因此，研究T光电工程项目，建立健全T光电工程项目的投资风险评估体系，能够给后续开展其他光电工程项目提供帮助，以避免或减少投资风险，这对Z新能源公司今后的长远发展有着深刻的战略意义。

2. T光电工程项目的特点

光伏发电是通过单晶硅、多晶硅等半导体元件，利用光电效应原理，将光能直接转变为电能的一种技术。光伏发电系统主要由包含单晶硅（或多晶硅）薄膜的太阳能电池板及配套的组串式（或集中式）逆变器组成，其主要部件均由电子元器件构成。光伏发电装置是由20个左右的太阳能电池组件经过串联后分成几条回路组成的一个方阵。多个方阵汇聚到一个逆变器低压侧，多个逆变器会接到一条集电线路上，将电力送至电网。在全世界范围内，常规能源均是一次性的化石能源，这些化石能源都是有限的。我国的人均化石能源储量还远低于全球平均水平，我国的化石能源储量大约只占全球化石能源总储量的10%。太阳能资源来源于太阳光的辐射，可以说是取之不尽、用之不竭的清洁可再生能源。太阳能资源分布广泛，同时太阳能电池板的设计寿命长、日常维护成本低，并且太阳能电池板组件的价格持续走低，在长远的能源战略部署中具有重要地位。因此，分析光电工程项目的特点，充分发挥光伏发电的优势，规避其可能存在的风险和不足，对于进行光电项目投资风险分析具有重大意义。T光电工程项目是由Z新能源公司投资兴建的一座并网光伏电站，项目资金构成为部分自筹、部分银行贷款。该项目地处辽宁省朝阳市，该地区太阳能资源丰富，项目拟选场址地势属于荒山荒坡，可利用面积大，不占耕地，没有移民安置问题。同时光伏发电可以与火电、水电互补，起到调峰的作用。具体来说，Z新能源公司T光电工程项目具有如下特点。

（1）项目建设条件优越。T光电工程项目所在区域太阳能辐射量丰富，且年均辐射总量变化很小，可利用价值高，为T光电工程项目的建设提供了优越的自然条件，这是Z新能源公司投资T光电工程项目最基本的条件。项目拟选场址区域范围内地质构造稳定，不易发生泥石流、滑坡等自然灾害，这无疑降低了在项目建设过程中和项目建成以后发生自然灾害，给Z新能源公司带来损失的风险。项目拟选场址地势属于荒山荒坡，可利用面积大，不占耕地，没有移民安置问题，这不但免去了占地赔偿款等成本的支出，而且能在一定程度上避免与附近居民发生冲突。场区附近拥有10条国省干道、6条铁路线路，运输便利，消除了在项目建设过程中运送材料等方面的顾虑。这些优越的环境因素为T光电工程项目的建设提供了便利条件。

（2）项目投资经济效益好。T光电工程项目资金构成为部分自筹、部分银行贷款，比例为1∶4。按上网电价前20年为0.88元/kW·h（税前），后5年为0.3863元/kW·h（税前），贷款偿还期为15年测算，投资的总收益率和项目资金净利润率分别为4.23%、1.55%，投资的内部收益率为8.4%（税前），资金的内部收益率为13.11%，经济效益较好。此外，光伏发电项目投资可以说是"一劳永逸"，原因在于电站一旦建成就可以投入运营，进而带来源源不断的经济收入。同时，光伏发电系统运行的原材料——太阳能资源不需要任何成本，光伏电站本身也不易损坏。当社会发生通货膨胀、货币贬值时，光伏电站可以与物价保持一致，不会贬值，从这个角度来看，光电投资还具有保值性。

（3）项目投资意义深远。近年来受能源危机影响，我国调整了能源发展战略，陆续出台了一些号召开发新能源发电项目的优惠政策，新能源的开发利用成为我国能源发展战略的重要组成部分。在这个大背景下，T光电工程项目的投建不但响应了国家政策，而且能够促进当地电力系统能源结构的改进，意义非凡。兴建光伏电站取代燃煤电站能够降低大气污染物的排放，提高空气质量，有助于居民身体素质的提高和生活质量的提升。尤其是在当前污染日趋严重的情况下，T光电工程项目的建设对于保护当地生态环境、促进经济与环境和谐发展具有积极意义。T光电工程项目建成后，将太阳能资源充分利用起来，不仅能够使用清洁能源为当地电网提供电力，满足当地的用电需求，还能够在一定程度上推动当地其他产业的大力发展，其社会和经济意义显著。

（4）项目投资政策依赖性强。近年来空气质量日趋下降，大气等污染日渐严重，这坚定了我国开发利用清洁能源的决心。光伏发电作为新能源项目的重要组成部分，得到了国家的大力提倡，从2012年下半年起国家优惠力度不断加大，其中的优惠措施包括给定光伏电站上网的指导电价，承诺给予20年的补贴等。这些扶持性政策支撑着光电工程项目的发展。但由于光电工程项目投资大且资金回收周期长，没有政策的扶持短期内很难维系，从这个角度来看，国家政策的调整给T光电工程项目增加了一定的投资不确定性。

（5）项目投资回收周期长。光电工程项目的投资回收周期指的是从项目开始投入资金至全部收回其项目投资所需要的时间。光电工程项目本身的特点决定了其投资回收周期必然较长。项目投资需要经历可行性分析阶段、设计阶段、施工阶段、验收阶段、运行阶段等，可能要花几年的时间。在此期间，银行贷款利率、物价、行业政策变化、宏观经济调整等经济政策因素随时可能发生变化，这无疑会给T光电工程项目的投资带来极大的风险，且风险的大小与项目建设周期的长短成正比。

（6）项目建成后受环境因素影响大。太阳能辐射是光伏发电的直接能量来源，而太阳能辐射量的多少和强弱是受到气候影响的，如在阴雨连绵的时节，太阳能辐射量减少，势必会给发电总量带来巨大影响。此外，环境因素对光电工程项目的影响也不容忽视，比较突出的一点是，空气中的灰尘等悬浮物附着在太阳能电池组件的表面，会对部分光线造成阻挡，从而降低太阳能电池组件的转换效率，进而导致发电量减少，甚至导致太阳能电池板损坏。这也是在进行光电工程项目建设前需要充分考虑的不确定性因素。

3. T光电工程项目投资风险识别

因为诸多风险因素的存在可能会给投资带来一些影响，而且每种风险因素本身也不是一成不变的，各风险因素与其所处的外界环境之间也存在着相互影响，这些影响使得风险呈现多层次性，所以在开始建设之前对T光电工程项目进行风险识别非常有必要。在风险识别过

能源项目风险管理

程中对 T 光电工程项目进行分解归纳，将诸多风险因素拆分，同时对每个风险因素进行量化分析，得到一个具体的、直观的结果，从而为后续的投资提供重要的理论依据，同时引导我们规避风险。常用的风险识别方法可以分为宏观领域中的决策分析（可行性分析、投入产出分析等）和微观领域的具体分析（资产负债分析、损失清单分析等）。常见的风险识别方法举例如表 1-2 所示。

表 1-2 常见的风险识别方法举例

类别	方法名称	方法描述
从主观信息出发	头脑风暴法	在一个专家小组内进行，以宏观智能结构为基础，通过会议讨论，发挥专家的创造性思维，从而获取信息。专家之间通过信息交流和相互启发，产生思维共振，从而产生组合效应，以进行风险识别
	德尔菲法	先选定相关领域的专家，通过与这些专家建立函询联系来收集专家意见，将专家意见进行综合整理后匿名反馈给各位专家，然后再次征询专家意见。反复进行四五轮，逐步使专家意见趋于一致
	情景分析法	根据发展趋势的多样性，通过对系统内外相关问题的系统分析，设计出多种可能的情景，用类似撰写剧本的方法对系统发展态势进行画面描述
从客观信息出发	核对表法	根据项目环境、产品资料、团队成员技能或缺陷等风险要素，把经历过的风险事件及来源列成一张核对表，项目经理对照核对表，对项目的潜在风险进行联想
	流程图法	通过绘制项目流程图，将项目的全部环节展现出来，进而挖掘可能出现的风险因素
	财务报表法	通过分析资产负债表、营业报表及财务记录，识别本企业或项目当前的所有财产、责任和人身损失风险，将这些报表和财务预测、经费预算联系起来，进而发现未来的风险

本案例中采用德尔菲法，通过与 5 名专家建立函询联系，最终根据 Z 新能源公司 T 光电工程项目的特点，结合光电工程项目在投资过程中的各项具体工作，如项目前期工作中遇到的政策变化、工程施工过程中的设计与技术，以及生产运营过程中对地方经济和市场环境的依赖等，对 T 光电工程项目进行了风险识别，将风险因素划分为自然风险、技术与设计风险、经济风险、政治与政策风险、市场风险、组织与管理风险六大类。T 光电工程项目投资风险识别表如表 1-3 所示。

表 1-3 T 光电工程项目投资风险识别表

类别	风险因素
自然风险	太阳能辐射风险
	地理、地质风险
	不可抗力风险
技术及设计风险	技术革新风险
	技术方案设计风险
	技术可替代风险
	勘测误差风险
	施工质量风险
	人员施工安全风险

续表

类别	风险因素
经济风险	成本风险
	融资风险
	盈利能力风险
	资金运转能力风险
	通货膨胀风险
政治与政策风险	政策变化风险
	政府强制行为风险
	政局稳定性风险
	地方政府引导风险
市场风险	市场需求度风险
	产品竞争力风险
	进入壁垒风险
	竞争对手实力风险
组织与管理风险	组织协调风险
	财务管理风险
	人力资源管理风险
	合同管理风险
	退出与终止风险

4. T 光电工程项目风险评估

根据风险识别表，应用层次分析法（Analytical Hierarchy Process，AHP）对 T 光电工程项目中的风险进行评估，可以将各风险因素划分为三个等级，政策变化风险、太阳能辐射风险和地方政府引导风险占比大，为一级风险；二级风险是那些占比大于 1%但影响程度远不如一级风险的风险因素，即成本风险，市场需求度风险，地理、地质风险，盈利能力风险，合同管理风险，竞争对手实力风险，资金运转能力风险，不可抗力风险，组织协调风险，技术方案设计风险，融资风险，以及进入壁垒风险；其余的占比很小的风险因素被统一纳入三级风险的范畴。应用 AHP 对 Z 新能源公司 T 光电工程项目投资风险进行评估可以得出，不同风险因素的权重是有很大差异的。影响 T 光电工程项目的各风险因素的权重如表 1-4 所示。

表 1-4 影响 T 光电工程项目的各风险因素的权重

准则层	子准则层	子准则内的权重	该准则层的权重	总权重
自然风险	太阳能辐射风险	0.748	0.298	0.2229
	地理、地质风险	0.180		0.0536
	不可抗力风险	0.071		0.0212
技术及设计风险	技术方案设计风险	0.413	0.036	0.0149
	勘测误差风险	0.099		0.0036
	施工质量风险	0.244		0.0088
	技术革新风险	0.244		0.0088

续表

准则层	子准则层	子准则内的权重	该准则层的权重	总权重
经济风险	成本风险	0.421	0.142	0.0598
	融资风险	0.092		0.0131
	盈利能力风险	0.331		0.0470
	资金运转能力风险	0.156		0.0222
政治与政策风险	政策变化风险	0.75	0.397	0.2978
	地方政府引导风险	0.25		0.0993
市场风险	市场需求度风险	0.595	0.091	0.0541
	进入壁垒风险	0.129		0.0117
	竞争对手实力风险	0.277		0.0252
组织与管理风险	组织协调风险	0.483	0.036	0.0174
	财务管理风险	0.219		0.0079
	人力资源管理风险	0.219		0.0079
	合同管理风险	0.080		0.0029

5. T光电工程项目风险应对措施

T光电工程项目经理随之制定了相应的风险应对措施。

（1）自然风险应对措施。

在对T光电工程项目进行投资风险分析时，发现自然因素对整个项目的影响程度较大，而自然风险中的太阳能辐射风险的影响程度排在第二位，可见其重要程度。针对自然风险，建议采取如下措施进行应对。

① 查阅数据与实地测量相结合。因为光伏发电项目是以太阳能资源为基础的，太阳能辐射量根据地区不同有着巨大的差异，所以在进行项目场址选择时，首先要到当地气象部门了解当地历年来太阳能辐射量等气象数据，做好统计调查与分析，如果有需要，还可以采用相应的测光设备进行实地观测。同时，在进行项目场址选择时，尽量保证所有建设区域均处在山体阳坡方向，以确保附近没有其他遮挡物。

② 做好地势地形的勘测。拟选场地是否开阔平坦，地质构造是否较为稳定，地层结构是否单一、承重性能是否良好等都是需要充分考虑的方面。良好的地理、地质条件有助于避免或减少地震、泥石流、山体滑坡等极端恶劣自然灾害的发生，规避由不可抗力给项目投资带来的风险。

（2）技术与设计风险应对措施。

在对T光电工程项目进行分析的过程中发现，技术及设计风险对项目的投资影响相对较小，这是因为整个项目的设计将与省内一个非常有实力的设计单位合作，而施工将由一个有着优秀业绩的公司进行EPC总承包，这两个单位有丰富的光电项目设计建设经验，因此可以在一定程度上减少风险的发生。此外，Z新能源公司还应该注意以下几点。

① 加强抽检验收。为了规避施工质量方面的风险，Z新能源公司应加强对项目各部分组件的到货验收工作，同时要做好组件的抽检工作，如进行组件的隐裂检验等。

②注重实地考察。为了避免勘测误差的出现，Z新能源公司应该考虑进行项目的实地考察，通过实地考察和现场实际选点避免这方面风险的出现。在进行方案设计时，也要进行实地考察，同时对于采用集中式逆变器还是组串式逆变器要进行详细的经济测算。此外，在保证施工质量的同时，还要尽可能地优化方案，降低投资成本，适当增大项目的装机规模。

③加强人员培训。针对技术问题，Z新能源公司应该做好相关人员的技术培训。T光电工程项目是Z新能源公司的首个光电工程项目，只有培训到位，才能够保证项目整体设计不出现偏差。

（3）经济风险应对措施。

鉴于光电工程项目自身的特点，项目从筹划到运营的过程中都涉及经济风险。虽然经济因素对T光电工程项目的投资影响不大，但经济风险也是不容忽视的。为了对可能给项目造成影响的经济方面的因素进行掌控，Z新能源公司需要注意以下几点。

① 建立控制中心，节省项目成本。从项目筹备阶段起就应该做好项目财务跟踪工作，建立完善的财务管理制度，按时进行核算。要着重从成本控制、盈利能力等方面入手，在保证项目工程质量的同时，降低成本，同时成本投资必须符合相应的工程标准。通过建立集中控制中心的方式，减少项目需要的人员配备，在节省项目成本的同时还能够提高项目的盈利能力。此外，还要合理优化项目的各项费用支出，避免经济风险的出现。

② 确保项目资金运转正常。Z新能源公司必须结合T光电工程项目的实际情况，编制好投资预算。项目运转过程离不开运转资金的支撑，保持资金链的完整是项目成功的基础。因此，在融资方面，需要项目管理者盘活资金，广泛吸纳各类金融资本，提高融资效能。

（4）政治与政策风险应对措施。

对T光电工程项目而言，政治与政策风险对整个项目的影响最大，因为一个政策的出台，可能导致整个项目无法开展或项目规模急剧缩小。因此，为了规避政治与政策风险，项目管理人员要做到以下几点。

① 提高政策敏锐度。针对国家发布的相关政策，要做到第一时间收集，同时要确保政策解读到位，如果相关政策与本项目有关，则必须做到快速决策、快速调整，这样才能降低风险。

② 加大政策挖掘力度。政策是一把双刃剑，有的政策可能会限制T光电工程项目的发展，但是有些政策却能对T光电工程项目的发展起到很好的促进作用，如国家最近发布的各项简政放权政策，就使得项目在办理相应的手续时能够减少很多中间环节，从而能够加快项目的推进速度。此外，国家现在大力扶持光电工程项目，所以在T光电工程项目中要努力取得国家相关补贴，这样才能够把政策风险转变成政策动力。

（5）市场风险应对措施。

对于T光电工程项目来说，市场因素较为重要，因此在开展项目之前，建议Z新能源公司做到以下几点。

① 做好市场调研等前期工作。一定要做充分的市场调研，并且分析项目所在地的电力消纳情况及弃光限电情况。在项目申请并网之前，一定要做好相应的并网手续办理，确保项目能够顺利并网发电。

② 开拓市场，创新盈利模式。虽然电力行业基本是由国家垄断的，但是作为新型清洁能源的 T 光电工程项目仍有拓宽市场的可能，如申请 CCER 的碳资产交易，这方面虽然不能够增加企业的发电量，但是却可以增加企业的收入。如果 T 光电工程项目出现限电弃光的情况，也可以考虑其他供电模式。

（6）组织与管理风险应对措施。

为了保证项目组织与管理风险的可控，Z 新能源公司需要注意以下几点。

① 成立项目部，明确分工。为了做好人员调配，规避组织管理风险，Z 新能源公司可以在项目所在地成立相应的管理项目部，明确责任分工，避免在今后出现相互推诿责任的现象。可以根据政府部门的设立层级不同，明确分工，责任落实到人，以便于企业管理。建立健全各项规章制度，做好人员的调配，对于一些看似琐碎但又能够对项目的管理起到很大作用的岗位设立专职人员，同时健全人才培养相关制度。

② 加强部门间的协调配合。在明确清晰各部门职责的基础上，还要确保每个部门的管理界面清晰，保证每个部门都能够在各司其职的同时做好相互配合。加强人员的相关培训教育，要着重培养团队协调、协作能力，同时要把经过分析的 T 光电工程项目各项风险宣贯下去，让每名员工都知道风险的存在，快速、有序地推进项目。

最终，T 光电工程项目在各部门的配合及努力下圆满完成，并且为 Z 新能源公司带来了巨大的利润，对 Z 新能源公司的长远发展具有战略意义。

讨论题：

1. 该案例项目风险的特征有哪些？
2. 根据该案例可以看出风险管理中存在哪些环节？
3. 该案例风险管理中各环节分别应用了哪些方法？

复习思考题

1. 什么是一个项目？项目的特征有哪些？
2. 请说明项目风险的分类。
3. 什么是项目风险管理？
4. 能源项目有哪些特征？请说明能源项目风险管理的意义。

第 2 章 能源项目风险规划管理

引导案例

在日本标准时间 2011 年 3 月 11 日 14 时 46 分,日本发生了 9.0 级大地震,震源深度约为 25km(15mile),震中位于仙台以东 130km(81mile)的海域,在东京东南约 372km 处。这次地震造成日本东北海岸 4 个核电厂共 11 个反应堆自动停堆(女川核电厂 1 号、2 号、3 号机组,福岛第一核电厂 1 号、2 号、3 号机组,福岛第二核电厂 1 号、2 号、3 号、4 号机组和东海核电厂 2 号机组)。地震引发了海啸,海啸浪高超过福岛第一核电厂的厂坪标高 14m(45ft)。此次地震和海啸对日本东北部造成了重创,导致约 20 000 人死亡或失踪,成千上万的人流离失所,并对日本东北部沿海地区的基础设施和工业设备造成了巨大的破坏。

地震发生之前,福岛第一核电厂 6 台机组中的 1 号、2 号、3 号机组处于功率运行状态,4 号、5 号、6 号机组正在停堆检修。地震导致福岛第一核电厂所有的厂外供电丧失,3 个正在运行的反应堆自动停堆,应急柴油发电机按设计自动启动并处于运转状态。地震引起的第一波海啸浪潮在地震发生后 46min 抵达福岛第一核电厂。海啸冲破了福岛第一核电厂的防御设施,这些防御设施的原始设计能够抵御浪高 5.7m 的海啸,而当天袭击福岛第一核电厂的最大浪高约达到 14m。海啸浪潮深入到福岛第一核电厂内部,造成除一台应急柴油发电机之外的其他所有应急柴油发电机电源丧失,福岛第一核电厂的直流供电系统也因受水淹而发生严重损坏,仅存的一些蓄电池最终也因充电接口损坏而耗尽电力。福岛第一核电厂所有交流、直流电丧失。

海啸及其夹带的大量废物对福岛第一核电厂现场的厂房、门、道路、储存罐和厂内其他基础设施造成重大破坏。现场操作员面临着电力供应中断、反应堆仪控系统失灵、厂内及厂外的通信系统受到严重影响等未预计到的灾难性情况,只能在黑暗中工作,局部位置变得人员不可到达。事故影响超出了福岛第一核电厂的设计范围,也超出了福岛第一核电厂严重事故管理指南所针对的工况。

由于丧失了把堆芯热量排到最终热阱的手段,福岛第一核电厂 1 号、2 号、3 号、4 号机组在堆芯余热的作用下迅速升温,锆金属包壳在高温下与水发生反应产生了大量氢气,随后引发了一系列爆炸。

事故后,日本政府官员宣布,在东京与其他 5 个县府境内的 18 个净水厂侦测到碘-131 超过婴孩安全限度。2011 年 7 月,在距事故中心 320km 的范围内,人们在包括菠菜、茶叶、牛奶、鱼虾、牛肉等在内的很多食物中侦测到放射性污染。

能源项目风险管理

根据法国放射线防护与原子力安全研究所于 2011 年 10 月发布的报告，从 2011 年 3 月 21 日至 7 月中期，事故大约造成 27PBq 铯-137 释入大海，其中约 82% 是在 4 月 8 日前释入大海的。这是有史以来人们观察到的最大量人造放射性物质释入大海。此外，由于福岛海岸附近海流较活跃，因此造成了放射性物质的大量弥散。

2013 年 2 月，世界卫生组织发布的报告显示，福岛核事故造成的周边人口总癌症发病率预期不会出现显而易见的增加，但是某些特定族群可能会出现较高癌症发病率。例如，居住在浪江町与饭馆村的婴儿在福岛核事故发生后第一年受到 12～25 毫希沃特有效剂量。因此，女婴得乳腺癌、甲状腺癌等的相对概率分别会增加 6%、7%，男婴得白血病的相对概率会增加 7%。另外，在参与福岛核事故救灾的紧急员工中，三分之一罹患癌症的概率会增加。

2011 年 3 月 30 日，由于事故对福岛第一核电厂产生了巨大的影响，因此日本官方宣布永久关闭福岛第一核电厂 1 号、2 号、3 号、4 号机组，并在后期工作过程中制定并修改了福岛第一核电厂未来 40 年的中长期退役路线。

2021 年 7 月，东京电力公司在对福岛第一核电厂存放核废弃物的区域进行调查时发现，其中 2 个容器的容器盖松动出现缝隙，其内部积水中的放射性物质浓度非常高，周边区域也遭到污染。这也是自 3 月份以来，福岛第一核电厂的核废弃物容器第三次发生泄漏。

根据相关国际组织和东京电力公司的调查与分析，导致福岛核事故发生的主要原因有以下 4 个方面。

（1）设计的缺陷与建设时对自然灾难引发的风险评估不足。福岛第一核电厂的 6 个反应堆中，有 5 个是通用电气公司生产的马克Ⅰ型反应堆。但是马克Ⅰ型反应堆起初并未进行足够的测试，存在影响安全的设计瑕疵，在冷却系统出现故障的情况下，马克Ⅰ型反应堆经不起爆炸和氢气膨胀带来的冲击，最终不幸发生了堆芯熔毁的灾难性事故。通用电气公司的设计师并未考虑极端自然灾害发生时的风险，如发生超强地震并伴随海啸时的风险。

（2）核岛设备存在安全隐患。东京电力公司重新模拟了福岛第一核电厂反应堆冷却系统功能停止后的事故现场，经分析后确定，当时反应堆外壳结构的温度至少为 250℃，远远超过正常运行时的温度 60℃，而压力也远远超出设计值。极高的温度和压力似乎造成了福岛第一核电厂中的环氧树脂密封贯穿件失灵，并导致易燃的氢气泄漏。

（3）运营和审查机构失职。福岛第一核电厂 1 号机组在 2011 年已经达到 40 年的商业运营年限，但是东京电力公司考虑到经济利益，决定申请 1 号机组延寿 20 年。在处理福岛核事故的过程中，操作员一直在采取比较保守的冷却方式，即使有机会，但直到爆炸发生他们也没有向堆芯内注入硼水。这一方面是因为他们不希望反应堆就此报废，另一方面是因为他们对反应堆的承受能力抱有侥幸心理。

（4）紧急情况下的应急管理经验缺失。日本民间调查机构"福岛核事故独立验证委员会"的汇总报告称，核事故发生时首相官邸的应对手忙脚乱，无谓的混乱提高了情况恶化的风险。2012 年 3 月 8 日，日本经济产业大臣枝野幸男承认政府在处理福岛核事故时存在信息不畅的现象，影响了核事故的处理进程。

2.1 能源项目风险规划的概念内涵

2.1.1 风险规划的含义

风险规划是指计划和决定如何进行风险管理，并将其形成文件的活动。风险规划为风险管理制订了一整套计划，主要包括明确项目组织开展风险管理的行动方案和方式，提供风险管理的思路、途径和方法，确定风险判断的依据，选择适合的风险管理方法等。风险规划是一个对风险管理活动的计划和实践形式进行决策的过程，是一个从上至下的计划，涵盖风险管理的全过程，也是对风险管理过程的规划。它的结果将是整个风险管理过程的战略性和指导性纲领，决定了项目组织如何开展风险管理活动。严谨、明确的风险规划可以提高风险管理成功的概率，以及风险管理的整体水平。

风险管理本身就是一个项目，有明确的项目目标、过程和工作内容。在风险规划基础上的风险管理，首先要编制一个活动计划，然后要对形成的计划进行定期、持续的监控、修订、总结和记录，以满足项目持续管理的需要。

在进行风险规划时，应考虑的主要因素有项目范围、项目管理计划、项目干系人、风险管理策略、预定的项目角色和职责、项目干系人的风险容忍度，以及可采用的风险管理模板和 WBS 等技术与工具。

在人类的多数活动中，风险是不可避免的，同时风险会以不同形式和程度出现。在一般情况下，风险有下列基本特征。

（1）部分或全部是未知的。

（2）风险随时间而变化。

（3）风险是可管理的，即可以通过人为活动来改变它的形式和程度。

风险规划是针对上述第三项特征，通过下列活动过程，提出风险管理行动详细计划的过程。

（1）制定一份结构相对完备、内容相对全面且相互协调的风险管理策略并形成文件。

（2）确定项目主管实施风险管理策略的方法。

（3）规划相对充足的可供使用的资源。

2.1.2 风险规划的目的

简单地说，项目组织进行风险规划的目的就是通过该过程强化有组织、有目的的风险管理思路和途径，以预防或遏制不良风险事件的发生，减轻或消除风险影响，并为项目找到隐藏的机会。

风险管理工作的第一步就是明确项目组织希望其风险管理具体做什么。风险管理是要付出代价的，为了从与风险管理相关的投入中得到最大的收益，必须制订一个计划，通过这个计划把风险管理工作串起来，使风险管理计划成为一个解决风险问题的整体形式，其中涉及的每项具体工作都可作为这个整体中的有机组成部分。

风险管理的第一个目标和大自然的第一法则一样是生存，即保证项目组织作为在经济中可以运作的一个实体持续存在。对于风险管理中的计划功能来说，计划的目的是多种多样的，其中包括维持项目组织的生存、使风险的代价最小化、防止可能造成人员严重受伤或死亡的事故发生，以及降低风险带来的损失等。在风险管理程序中有一个非常容易被忽视的步骤，即在风险规划阶段就要确定风险管理的目标，没有明确目标会导致许多风险管理的努力失去方向和原则，最终无效或半途而废。

风险是可管理的，即可以通过人为活动来改变它的形式和程度，风险规划阶段所要确定的风险管理的目标具体包括以下内容。

（1）确定风险管理的总目标。
（2）为项目组织提供风险管理的整体框架。
（3）制订若干备选行动方案用于防范风险。
（4）建立时间和经费储备以应对不可避免的风险。
（5）在项目组织内部形成风险管理文化。
（6）进一步发现项目中隐藏的机会。

2.1.3　风险规划的任务

风险规划是指确定一套系统全面的、有机配合的、协调一致的策略和方法并将其形成文件的过程，这套策略和方法可用于辨识和跟踪风险区，拟定风险缓解方案，进行持续的风险评估，从而确定风险变化情况并配置充足的资源。

风险规划阶段主要考虑的问题有两个：第一，风险管理策略是否正确、可行；第二，实施的风险管理策略和手段是否符合总目标要求。因此，风险规划的主要工作包括以下两个方面：一方面是决策者针对项目面对的形势选定行动方案。行动方案一经选定，就要制订执行这一行动方案的计划。为了使计划切实可行，通常还需要再进行分析，特别是要检查计划是否与其他已做出的或将要做出的决策冲突，为以后的决策留出余地。一般只有在获得了关于将来潜在风险及预防其他风险的足够多的信息之后才能做出决策，应当避免过早做出决策。另一方面是选择适合已选定行动路线的风险规避策略。选定的风险规避策略要写到风险管理计划和风险规避策略计划中。

2.1.4　风险规划的内容

要实现上述风险规划的目的，应在风险规划前期、中期和后期重点完成以下工作内容。

1. 风险规划前期

风险规划前期是指制订风险管理计划之前的阶段，是风险规划的启动阶段，该阶段的主要工作内容包括以下两个方面。

（1）明确风险规划的目标。

风险规划的目标是为风险管理和项目管理的目标服务的。风险管理的目标应纳入风险管理策略。风险管理策略不仅要给出风险管理的目标，而且要给出目标实现的措施。在理想情况下，风险管理的目标和策略应该由项目公司董事会制定，因为他们对公司负有领导的责任。当然，在制定风险管理的目标和策略的过程中，董事会成员应听取风险管理经理的意见。

在风险规划前期,还应该明确风险规划要解决的主要问题,以便规划的风险管理策略与方法有助于辨识和跟踪风险,拟定风险缓解方案,进行持续的风险监控和评估,从而确定风险变化情况并配置充足的资源。根据风险管理的需要,风险规划前期主要考虑的目标问题包括风险分析是否充分,风险管理策略是否正确、可行,实施的风险管理策略和手段是否符合项目管理的总目标要求等。

(2) 根据目标问题设计风险规划的内容及程序。

概括而言,风险规划的工作内容就是预先设计一套系统全面、有机配合、协调一致的策略和方法并将其形成文件。

2. 风险规划中期

风险规划中期是指根据规划设计组织实施和控制风险规划的阶段,该阶段的主要工作内容包括以下 8 个方面。

(1) 确定基本方法。

根据风险管理的经验和调查结果,确定项目组织风险管理使用的方法、工具和数据资源,这些内容可以根据项目阶段及风险评估情况进行适当的调整。

(2) 确定风险相关人员。

明确风险管理活动中领导者、支持者及参与者的角色定位、任务分工及其各自的责任和能力要求。不同的人管理风险的能力不同,为了有效地管理风险,项目管理人员必须具备一定管理能力和技术水平。强调基于项目里程碑的风险评估员的参与。

(3) 界定相关的风险时间周期。

界定项目生命周期中风险管理过程的各运行阶段及过程评价、控制和变更的周期或频率,以便于进行可持续的风险管理。

(4) 说明风险类型、级别及内容。

定义并说明风险定性和风险量化的类型级别,明确的定义和说明能防止风险应对策略滞后,保证风险管理过程的连续性和有针对性。

(5) 定义由谁以何种方式采取风险应对行动。

合理的定义可作为一个基准,用于衡量项目团队实施风险应对策略的有效性,以及避免项目业主方与项目承接方对该内容的理解产生偏差。

(6) 选择沟通形式。

规定风险管理过程中应汇报或沟通的内容、范围、渠道及方式。沟通包括项目团队内部的沟通,如项目各个职能部门之间、项目经理与其他工作人员之间的沟通等;还包括项目团队外部的项目利益相关者与项目管理者之间的沟通,如媒体、投资者、政府与项目管理者之间的沟通等。

(7) 跟踪记录。

规定如何以文档的方式记录项目实施过程中的风险及风险管理过程。风险管理文档可用于对当前项目进行管理、监控、经验教训总结,以及为日后的项目提供指导等。

(8) 明确项目相关的基准。

基准可根据项目的最佳惯例确定,如基于风险管理模板的风险识别,项目干系人的风险容忍度,以及基于时间基准线和成本基准线的风险综合评估,其中时间基准线是指基于 WBS 的关键路线确定的优化时间,成本基准线是指基于 WBS 的活动成本预算估计,同时要考虑资金的时间价值。

3. 风险规划后期

风险规划后期是指完成风险规划后的管理实施阶段,重点解决实施决策问题,该阶段的主要工作内容包括以下两个方面。

(1)风险应对措施的执行与调整。

在风险规划后期,项目团队需要将规划阶段制定的风险应对措施转化为具体的行动,并确保这些措施得到有效执行。根据风险管理计划,执行风险应对措施,如风险避免、转移、接受或缓解措施。跟踪风险应对措施的实施效果,确保它们能够按预期减小风险的影响。根据项目实际情况和风险的变化,灵活调整风险应对措施,以应对新出现的风险或变化。与项目团队和利益相关者进行有效沟通,确保他们了解风险应对措施及其影响,同时协调各方的资源和行动。

(2)风险监控与决策支持。

在风险规划后期,还需要持续监控风险,并为项目决策提供支持。建立和维护一个系统化的风险监控机制,实时跟踪风险的发展和变化。利用风险监控工具和技术,如风险矩阵、趋势图等,识别和分析风险趋势。定期更新风险信息,包括风险状态、风险潜在影响和风险应对措施的效果,确保风险信息的准确性和时效性。利用风险监控结果,为项目决策提供数据支持,帮助项目团队做出基于风险的明智决策。根据风险监控结果,优化风险应对策略,提升风险管理的效率和效果。

通过这两个方面的工作,在风险规划后期能够确保风险管理计划得到有效实施,并为项目团队提供决策支持,从而降低项目风险,提高项目成功率。

2.2 能源项目风险规划过程

2.2.1 风险规划过程的含义

风险规划是一个迭代的过程。从活动过程上看,风险规划过程反映了风险管理的全部过程,包括分析、评估、监测、记录、控制风险的各种活动及可采取的思路和方法,以及风险管理活动之间的相互关系,并最终形成项目管理初期的风险管理计划。从过程效果上看,风险规划预先识别了与项目相关的风险,给出了可以采取的风险分析与评价手段,初步制定了风险规避策略及实施措施和手段,并根据上述任务预先分配项目资源。

也可以从内部和外部两个视角来看待风险规划过程。从内部视角来看,风险规划是运用系统动力学的机制将规划系统内部的输入(如风险管理模板)转变为输出(如风险管理计划)的过程活动。从外部视角来看,就风险规划过程控制而言,风险规划与风险管理乃至项目管理是相互作用的,如风险规划是项目管理计划的输入,而项目管理计划也可作为风险规划的输入依据。

因此，风险规划过程并不独立于项目管理。

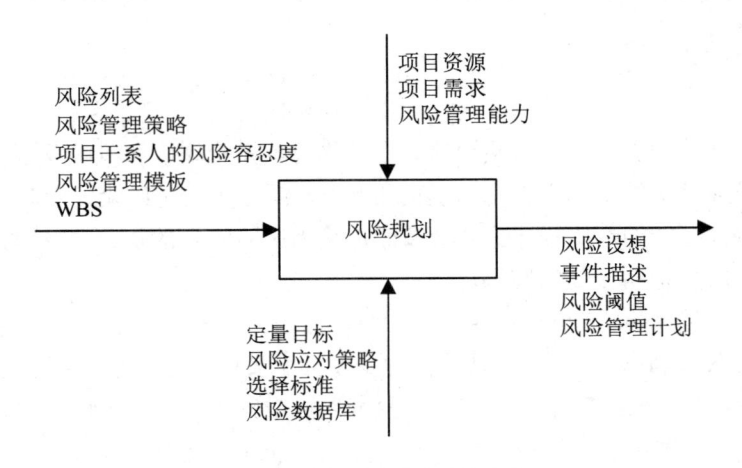

2.2.2 风险规划过程的目标

风险规划过程的基本目标是通过输入信息运用专业方法来制订风险管理计划。风险规划活动要解决的问题包括：谁在为谁进行风险分析？为什么要实施风险管理，即必须获得哪些利益？相关风险的范围是什么？活动的最终目的是形成风险管理过程的战略计划。战略计划的作用在于：首先，它有助于确定风险管理的适当结构和详细程度；其次，它能使项目管理人员意识到在面对项目生命周期中的项目管理问题时，项目管理计划存在局限性，需要进一步实施风险分析和管理。

风险规划过程要解决的问题还包括：在何时使用什么资源？使用什么模型、方法和技术？使用什么软件工具？活动最终目的是形成风险管理过程的战术计划，使过程具有可操作性。此阶段也包括一些重复性的共同管理任务，如记录、核实、评估和报告任务，以及特定的评估任务等，还需要完成选择方法、确定资源、确定时间安排等工作目标。

风险规划阶段提供的可交付成果可能是一个单一的文件或几个文件的部分内容。无论形式如何，综合的、完整的风险规划阶段都应该以所有项目干系人可以理解的方式阐明风险管理过程中的所有重要方面。作为风险管理目标的可交付成果应该是在项目组织对风险管理过程有清晰、明确和一致理解的基础上给出的。

2.2.3 风险规划过程的定义

根据美国 PMBOK 的建议，风险规划过程的定义可用如图 2-1 所示的 IDEF0 图表示。IDEF0 图是一个标准过程定义的符号表示法，主要用于为可预见的风险行动计划描述可重用的过程组件。IDEF0 图描述了风险规划过程的输入、机制、控制和输出。风险规划封装了将输入转变为输出这一过程的所有活动。输入（位于左侧）进入过程，机制（位于底部）支持过程，控制（位于顶部）调节过程，输出（位于右侧）退出过程。

图 2-1 风险规划过程的定义

能源项目风险管理

1. 输入

风险规划过程的输入由风险列表、风险管理策略、项目干系人的风险容忍度、风险管理模板、WBS 等组成。风险规划的依据主要有以下 6 个方面。

（1）项目规划中所包含或涉及的有关内容，如项目目标、项目规模、项目干系人的情况、项目复杂程度、项目所需资源、项目时间段、项目约束条件及项目的前提和假设等。

（2）项目经理及项目组织成员在实践中积累的风险管理经验。

（3）项目决策者、责任方及授权情况。

（4）项目干系人对项目风险的敏感程度及可承受能力。

（5）可获取的项目数据及管理系统情况。丰富的数据资源和可靠的系统基础，有助于风险识别、估计、评价的实施及风险应对策略的制定。

（6）风险管理模板。项目经理及项目组织成员将利用风险管理模板对风险进行管理，从而使风险管理标准化、程序化和科学化。风险管理模板应在应用过程中不断地进行改进。

2. 机制

机制是指为风险规划过程活动提供结构的方法、技术、工具或手段。定量目标、风险应对策略、选择标准和风险数据库是风险规划过程的机制。

定量目标表示了量化的风险目标；风险应对策略（如规避、缓解、转移、接受、储备和利用等）有助于确定应对风险的可选择方式；选择标准是指在风险管理过程中制定风险应对策略；风险数据库中包含风险行动计划等。

3. 控制

风险规划过程主要受项目资源、项目需求和风险管理能力的控制。项目资源涉及人、财、物、时间和信息等，项目资源的有限性决定了风险规划的必要性，同时也给项目管理带来了一定的风险。例如，当时间不够时，项目管理者往往倾向于采用加快进度的方法；当预算不足时，项目管理者可能会倾向于降低项目质量。项目需求对风险规划也有一定的影响，如需求的不明确会使风险规划的有效性明显下降。风险管理能力会直接影响风险规划的科学性和可操作性。

4. 输出

风险规划过程的输出主要由风险设想、事件描述、风险阈值和风险管理计划组成。风险设想是对可能导致风险发生的事件和情况的设想。事件描述是对风险发生时必然导致的后果和使未来事件成为可能的环境描述。风险阈值定义为风险发生的征兆，将预先确定的风险阈值作为需要执行风险行动计划的警告。

风险管理计划是风险管理的导航图，它告诉项目组织，项目怎样从当前所处的状态到达所希望的未来状态。做好风险管理计划的关键是掌握必要的信息，使项目组织能够了解目标、目的和风险管理过程。风险管理计划有些方面可以规定得很具体，如政府和承包商参与者的职责等，而有些方面则可以规定得笼统一些，使项目管理者能够选择最有效的实施方法。例如，关于项目风险评估方法，就可以提出几种建议，供风险评估者在评估项目风险时选用。这样做比较恰当，因为每种方法都有其所长，亦有其所短，要视具体情况选用。

风险管理计划规定了风险记录所选的途径、所需的资源和风险应对的管理程序。

2.2.4 风险规划过程活动

风险规划过程活动是指将按优先级排列的风险列表转变为风险应对计划所需的任务，是一种系统活动。风险规划的早期工作是确定风险管理目的和目标，明确项目的具体领域及有关人员的职责，明确需要补充的技术及专业人员，规定风险评估过程和需要考虑的领域，规定选择处理方案的程序，规定风险评级图，确定风险报告程序和文档需求，规定相应的报告要求和监控衡量标准等。风险规划过程活动主要包括以下内容。

（1）为严重风险确定风险设想。
（2）制订风险应对备用方案。
（3）选择风险应对途径。
（4）制订风险管理计划。
（5）构建风险管理模板。
（6）确定风险数据库模式。

下面简要分析风险规划过程活动，这些活动内容既可以重复使用，也可以同时使用。

1．为严重风险确定风险设想

风险设想是对可能导致风险发生的事件和情况的设想。应针对所有对项目成功有关键作用的风险来进行风险设想。确定风险设想一般有三个步骤。

（1）假设风险已经发生，考虑如何应对。
（2）假设风险将要发生，说明风险设想。
（3）列出风险发生之前的事件和情况。

2．制订风险应对备用方案

风险应对备用方案是指应对风险的备用方案。风险应对策略包括风险规避、缓解、转移、接受、储备和利用等，每种风险应对策略应包括目标、约束和备用方案。风险应对策略的定义和示例具体参见本书第 6 章。

3．选择风险应对途径

风险应对途径缩小了选择范围，并将选择集中在应对风险的最佳备用方案上。可将几种风险应对策略结合为一条综合途径。例如，通过市场调查来获得统计数据，根据调查结果，可能会将风险转移给第三方，也可能使用风险储备，开发新的内部技术。选择风险应对途径有助于确定应对风险的最佳备用方案。

4．制订风险管理计划

风险管理计划详细说明了所选择的风险应对途径，它将风险应对途径、项目所需资源和项目批准权力等编写成文档，一般应包含表 2-1 中列出的要素。

表 2-1　风险管理计划的要素

编号	要素
1	项目批准权力
2	项目负责人
3	项目所需资源
4	项目开始日期
5	项目活动
6	项目预计结束日期
7	项目采取的行动
8	项目取得的结果
9	其他

详细的风险管理计划的格式规范、内容体系可参阅其他资料的相关内容。

5. 构建风险管理模板

风险管理计划并不需要立即实施。在项目实施初期，风险评估倾向于识别至关重要的风险，由于它们并不会立即发生，因此在风险管理计划中比较容易被忽视，这些重要的问题在风险跟踪中也容易被遗忘。除非设置某种机制，否则这些问题会被遗忘，直至产生无法补救的后果。要做到尽早警告，可使用以定量目标和风险阈值为基础的触发器。

风险管理模板规定了风险管理的基本程序、风险的量化目标、风险的警告级别、风险的控制标准等，从而使风险管理标准化、程序化和科学化。表 2-2 所示为美国国防部签订的软件项目合同中的量化目标。

表 2-2　美国国防部签订的软件项目合同中的量化目标

项目类别	目标	标准
去除缺陷率	>95%	<85%
进度落后或成本超出风险储备的范围	0%	≤10%
总需求增长	每个月>5%	每年>50%
总软件项目文档	每功能点的单词个数<1000	每功能点的单词个数<2000
员工每年的自愿流动	1%~3%	≤10%

6. 确定风险数据库模式

风险数据库中应包含若干字段，以全面地描述项目风险。风险数据库设计一般包括数据库结构设计和数据文件设计两部分，风险数据库中应包括项目生命周期中所有的相关活动。风险数据库模式是从数据库结构设计的角度来介绍风险数据库的。风险数据库中包含的字段如表 2-3 所示。

表 2-3 风险数据库中包含的字段

存入号码	项目	风险应对
日期	阶段	决策
状态	功能	风险行动计划
识别者	WBS 元素	定量的目标
风险类型	风险陈述	指标
风险标题	风险场景	阈值
可能性	风险分析	触发器
后果	现在的优先级	成本
时间框架	以前的优先级	节省的成本

2.3 能源项目风险规划的依据

2.3.1 项目范围说明

1. 项目范围的含义

项目范围是指项目的最终成果和产生该成果所需要做的全部工作。

2. 项目范围说明的内容

项目范围说明的主要内容如表 2-4 所示。

表 2-4 项目范围说明的主要内容

编号	内容
1	项目目标
2	可交付成果
3	里程碑
4	技术要求
5	限制和排除条件
6	项目干系人的影响

（1）项目目标。项目范围说明的第一步是确定项目目标。例如，在进行深入的市场调查后，一家计算机软件公司决定开发一款程序，这款程序能自动将中文翻译为英文，项目应在 2 年内完成，成本不应超过 200 万元。项目目标回答了做什么、何时完成和成本为多少的问题。

（2）可交付成果。项目范围说明的第二步是定义可交付成果，即项目生命周期内的期望产出。例如，在软件项目中，项目早期设计阶段的可交付成果可能是一系列规格说明表和设计图形；下一个阶段的可交付成果可能是软件代码和技术手册；再下一个阶段的可交付成果可能是检验原型；最后一个阶段的可交付成果可能是最终经过检验和批准的软件。可交付成果一般包括时间、质量或成本估计的基本数据。

（3）里程碑。里程碑是指项目在某个节点上发生的重要事件。里程碑进度计划仅显示工作的主要段落，表示项目事件、成本和资源的初步估计。里程碑进度计划的制订使可交付成果作为一种标志，用于识别工作的主要阶段和终止日期。例如，产品试生产在项目建成当年的 7 月 1 日开始。里程碑应是项目自然的、重要的控制点。里程碑应很容易被所有项目参与者识别。

（4）技术要求。为了保证具有合适的性能，产品或服务往往有技术要求。例如，个人计算机的技术要求可能是可以接多少伏的交流电或多少伏的直流电，而不需要任何变压器或用户开关。又如，"119"系统应具备识别电话打入者的号码及其所处地点的能力，信息系统要求数据库系统的运行速度和容量及与其他系统的连接性能满足一定要求。从对项目范围的描述中可以看出，项目范围显然是将项目计划中所有元素连起来的基点，项目范围说明中明确了对项目设计关键要素的一般要求。

（5）限制和排除条件。项目范围的限制条件应加以定义，否则会导致错误的预期，从而将资源与时间浪费在错误的事情上。限制条件的例子：产品和材料进出基地的空运外包；系统维护和修理只在最终检查后的一个月内进行；客户要为合同以外的培训付费。项目范围的排除条件应说明哪些内容不包括在内，从而进一步明确项目范围的边界。排除条件的例子：数据由客户负责收集，而不是承包商；房屋建造不包括风景和安保装置；安装软件但不提供培训。

（6）项目干系人的影响。项目范围说明的最后一步是与项目组织内部或外部的项目干系人共同检查。这里主要关注的是对项目期望达成一致意见。例如，项目干系人能否得到其期望的交付成果？项目定义是否明确了关键的成果、预算、时间和绩效要求？限制和排除条件是否得到了考虑？项目干系人在这些问题上的明确沟通对于避免产生索赔或误解是必不可少的。

3. 项目范围说明的应用

对项目范围进行定义是制订项目细致计划的基础，直接影响项目目标的实现。有研究结果明确显示，项目范围或使命定义不当是项目成功最常见的障碍。成功的项目显著表现出具有明确的范围和使命定义，超过 60% 的被访项目经理表示项目失败的主要原因之一是缺少明确的范围或使命定义。在 50% 以上的成功项目中，明确的使命陈述在项目的概念、计划和执行阶段中是一个良好的预测指标，项目主体范围的不当定义对项目成本和进度目标产生的负面影响最大。

在风险规划中，定义项目成果和使命的项目范围说明由项目范围管理人员提供，用于确定项目的主要人员、项目工作、项目目标及环境因素等内容，以便进行风险规划范围的确定和管理方法的使用分析。例如，在风险规划会议中确定参与的人员，以及开展风险影响分析的调查对象范围。另外，项目范围说明中有关产品或服务的信息也提供了获得相关风险经验的途径。

2.3.2 组织管理知识

组织管理知识是指组织管理经验和数据知识库，是组织从已经完成的项目中所获得的经验教训和学习到的知识，其主要内容包括以下两个方面。

1．组织进行工作的过程和程序

（1）标准，如标准与方针（安全健康方针、项目管理方针），标准产品与项目生命周期，以及质量方针与程序（过程审计、目标改进、风险核对表，以及供组织内部使用的标准过程定义）。

（2）评价准则，如产品或服务的国际、行业质量标准等。

（3）模板，如风险管理模板、WBS 与项目进度网络图等。

（4）标准修改的原则或权限。

（5）组织沟通要求，如问题沟通、日常沟通、沟通途径与方式等。

（6）项目收尾的原则。

（7）财务控制的程序，包括财务监测、财务规划、财务变化的管理等。

（8）变更控制的程序，包括修改公司正式标准、方针、计划与程序或任何项目文件，以及批准与确认变更时应遵循的步骤等。

（9）风险控制的程序，包括风险类型的识别、概率与后果的确定、概率与后果矩阵，以及风险处理策略的制定等。

（10）批准和授权的程序。

2．组织整体信息存储检索知识库

（1）测量数据库。

（2）项目档案，包括范围、进度、费用，以及质量基准、实施效果测量基准、项目日历、项目进度网络图、风险登记册、计划的应对行动及确定的风险后果等信息。

（3）历史信息知识库。

（4）问题和缺陷数据库。

（5）管理手册，如风险记录手册等。

（6）财务数据库，包括工时、发生的费用、预算，以及任何项目费用超支等信息。

一方面，在以前与本项目类似的项目中积累的资料及经验教训对于识别本项目的风险非常有用；另一方面，有些组织可能有事先规定的风险分析和应对方法，在对这些方法进行适当的修改后将其应用于具体的项目也是一条便捷且有效的途径。

获取组织管理知识的途径有两条：一是由本项目的组织者提供；二是借鉴其他项目组织的管理知识，但需要核实其有效性，并且评价其是否适应本项目的类型和环境。

2.3.3 项目管理计划

1．项目管理计划的含义

项目管理计划是用于确定项目执行和监控方式、经过组织批准的正式文件，由多个方面的计划组成。项目管理计划的制订受以下内容制约。

（1）在项目范围说明的基础上，依据项目的 WBS 制订项目管理计划。

（2）事先明确的角色与职责及决策权限的层次都会影响项目管理计划。

2. 项目的分部计划

项目的分部计划包括以下几项。
（1）项目范围管理计划。
（2）进度计划。
（3）费用计划。
（4）质量计划。
（5）过程改进计划。
（6）人员配置及管理计划。
（7）沟通管理计划。
（8）风险管理计划。
（9）采购管理计划。

3. 各分部计划的目标

可以借助基准形式给出各分部计划的具体目标，如里程碑清单、资源时间表、进度基准、费用基准、质量基准、风险记录手册等。

4. 项目管理计划的应用

项目管理计划与目标之间可能存在偏差，为了防止在项目实施过程中实际工作与计划工作出现偏差，在进行风险规划时，应该重新核查计划与目标可能出现偏差的原因和偏差程度，并为此风险提供应对和持续管理的措施。可以按照各分部计划管理风险，并落实到相关的负责人，但需要由一个综合管理人员来协调各分部计划的风险，及时向项目管理者提供管理方案。

2.3.4 项目干系人的风险容忍度

项目干系人的风险容忍度指的是组织及个人承受风险的能力和水平。不同组织与不同个人对风险的承受能力各不相同。在风险规划会议中，项目干系人通常会陈述他们的风险管理方针，包括他们能接受的风险水平和相应的风险管理措施。

项目干系人的风险容忍度决定了项目的管理和风险应对策略，对项目干系人的风险容忍度进行测量有助于进行风险的合理分担与管理。例如，项目主要责任人如果可以承担项目的全部风险，则可以选择风险自担。

2.3.5 项目环境因素

项目环境因素是指存在于项目周围并对项目成功有影响的事件和因素，包括项目的组织结构与组织文化，政府主管部门和行业的标准，组织拥有的基础硬件设施，现有的人力资源、人事管理制度、公司考核制度，项目市场情况，利害关系者的风险承受能力，商业数据库，以及项目管理信息系统等。

项目环境因素可以为分析项目的风险来源提供依据，也可以为监测风险的发展趋势提供依据。

2.4 能源项目风险规划的方法、技术和工具

2.4.1 风险规划会议

风险规划的主要方法是召开风险规划会议。通过风险规划会议，相关人员可以确定风险管理的技术、工具、报告和跟踪形式，以及具体的时间计划等。有效的风险规划有赖于建立科学的风险管理机制，以及充分利用风险规划的技术和工具，如 WBS 等。

风险规划会议是项目组织通过若干次会议完成风险管理计划制订的活动，是一种群体决策的活动方式。风险规划会议是开展风险规划活动的非常有效的方法，包括以下两个方面的内容。

1. 会议准备

风险规划会议的参加者包括项目经理、项目班子领导、组织中负责管理风险规划和实施活动的人员、关键利害关系者，以及其他人员。

在会议期间，将确定风险管理活动的基本计划，以及风险费用因素和所需要的进度计划，并分别将其纳入项目预算和进度计划，同时对风险职责进行分配，并根据具体的项目对一般通用的组织风险管理类别和词汇定义等模板文件进行调整。这些活动的内容将在风险管理计划中进行汇总。

2. 任务流程

（1）确定参加会议的人员。
（2）明确会议目标。
（3）介绍和解释风险管理经验。
（4）制订初步的风险管理计划。
（5）对计划内容进行评估与补充。
（6）制订正式的风险管理计划。

2.4.2 风险管理图表

风险管理图表是将输入转变为输出的过程中所用的工具，它包含在风险管理计划中，有助于人们清楚地看到风险信息的组织方式。三个重要的风险管理图表是风险核对表、风险管理表和风险数据库。

1. 风险核对表

风险核对表可对各个侧重点进行分类，以便于人们理解风险的特点。风险核对表可帮助

人们彻底识别特定领域的风险，如在关键路径上的项目便可组织成一个亟待管理的进度风险核对表，可以选用风险分类系统或 WBS 作为风险核对表。软件风险分类系统如表 2-5 所示。该系统主要分为三类，各类又分为若干元素，各个元素通过其属性来体现特征。WBS 的相关内容将在后文中介绍。

表 2-5　软件风险分类系统

产品工程	开发环境	项目约束
1. 需求	2. 开发过程	3. 资源
a. 稳定性	a. 正规性	a. 进度
b. 完整性	b. 适宜性	b. 人员
c. 清晰	c. 过程控制	c. 预算
d. 有效性	d. 熟悉程度	d. 设施

软件风险分类系统是一个结构化的风险核对表，它将已知软件开发风险按通用的种类和具体的风险属性组织起来。

2. 风险管理表

风险管理表中记录着风险管理的基本风险信息。风险管理表是一种系统地记录风险信息并跟踪到底的方式。任何人在任何时候都可使用风险管理表，也可匿名评阅。

3. 风险数据库

风险数据库表明了识别风险和相关信息的组织方式，它将风险信息组织起来供人们查询、跟踪状态、完成排序和报告。一个简单的电子表格可作为风险数据库的一种实现方式，因为它能实现排序、报告等的自动化完成。风险数据库中的实际内容不是风险管理计划的一部分，因为风险是动态的，会随着时间而变化。

2.4.3　工作分解结构

工作分解结构（Work Breakdown Structure，WBS）是将项目按照其内在结构或实施顺序逐层分解而形成的结构示意图，它可以将项目分解至相对独立、内容单一、便于管理、易于进行成本核算与检查的工作单元，并且能把各个工作单元在项目中的位置与构成直观地表示出来。

1. WBS 单元的级别

WBS 单元是指构成 WBS 的每个独立的组成部分。WBS 单元按所处的层次划分级别，从顶层开始依次为 0 级、1 级、2 级等，一般可以划分为 6 级或更多级别。

工作分解既可以按照项目的内在结构进行，也可以按照项目的实施顺序进行。由于不同项目的复杂程度、规模大小各不相同，因此形成了 WBS 的不同层次。根据项目及项目管理的相关术语定义，6 级 WBS 的基本层次如图 2-2 所示。

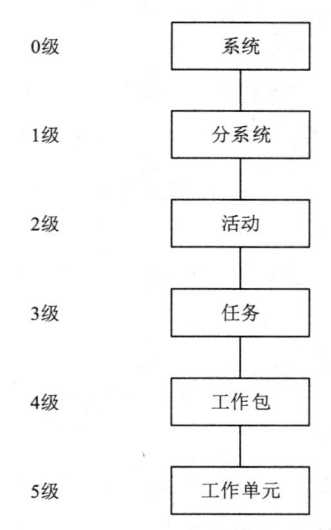

```
0级        系统

1级       分系统

2级        活动

3级        任务

4级       工作包

5级      工作单元
```

图 2-2　6 级 WBS 的基本层次

在实际的 WBS 中，有的层次较少，有的层次较多，不同类型的项目会有不同的 WBS，如房屋建筑项目的 WBS 与航天载人项目的 WBS 就是完全不同的。

2. WBS 的建立

在对项目进行工作分解并建立 WBS 时，一般应遵循以下主要步骤。

（1）根据项目的规模及其复杂程度，确定工作分解的详细程度。如果分解得过粗，则可能难以体现计划内容；如果分解得过细，则会增加制订计划的工作量。因此，在进行工作分解时要考虑下列因素。

① 分解对象。若分解的是大而复杂的项目，则可分层次分解，对于最高层次，分解可粗略一些，逐级往下，层次越低，分解可越详细；若分解的是相对小而简单的项目，则分解可详细一些。

② 使用者。对于项目经理，分解不必过细，只需能让他们从总体上掌握和控制计划即可；对于计划执行者，分解应详细一些。

③ 编制者。编制者对项目的专业知识、信息、经验掌握得越多，越可能使计划的编制粗细程度符合实际要求；反之，则有可能失当。

（2）根据工作分解的详细程度，对项目进行分解，直至分解成确定的、相对独立的工作单元。

（3）根据收集的信息，对于每个工作单元，尽可能详细地说明其性质、特点、工作内容、资源输出（人、财、物等），进行成本和时间估算，并确定负责人及相应的组织机构。

（4）责任者对工作单元的预算、进度、资源需求、人员分配等进行复核，并形成初步文件上报至上级机关或管理人员。

（5）逐级汇总以上信息，并明确各工作单元实施的先后次序，即逻辑关系。

（6）项目最高层次将各项成本汇总成项目的初步概算，并作为项目预算的基础。

（7）将时间估算及工作单元之间逻辑关系的信息汇总为项目总进度计划，这是项目进度网络图的基础，也是项目详细工作计划的基础。

（8）将各工作单元的资源使用信息汇总成资源使用计划。

（9）项目经理对 WBS 的输出结果进行综合评价，拟定项目的实施方案。

（10）形成项目计划，履行审批程序。

（11）按项目计划实施项目，根据实际进展与控制要求不断修改、补充和完善项目计划。

3. WBS 在风险管理中的应用

WBS 广泛地应用于项目管理的各个领域，在风险规划过程中也常常利用它进行研究。WBS 主要可应用于如下两个方面。

（1）在项目的早期，制定风险规划之前，应及早建立项目的 WBS，为风险规划工作提供必要的依据。WBS 作为规划未来的系统工程管理、分配资源、编制经费预算、签订合同和完成工作的协调工具，可提供很多有关项目的信息，如项目复杂程度、所需资源等，它还能够将项目分解成系统、分系统、活动、任务、工作包、工作单元等不同层次，风险规划的决策者可以根据这些内容来模拟项目的实施过程，分析可能存在的风险。

（2）在制定风险规划的过程中，需要详细描述风险管理如何实施。风险管理过程涉及风险管理的人员安排、资源安排、时间安排、风险跟踪和汇报任务安排等，这些管理内容也必须通过 WBS 来进行协调。通过 WBS，可得到风险管理过程全部活动的清单，从而可以对风险管理各项工作的时间和资源进行安排；根据风险管理的 WBS 建立责任分配矩阵，从而可以对风险管理的组织和人员进行安排。

综上所述，在风险规划过程中，WBS 是一种有效的辅助工具。

2.4.4　网络计划技术

网络计划技术是利用图论和网络分析的方法编制、优化、实施项目计划的一种技术，以缩短工期、提高效能、节省劳动力、降低成本为目标，通过网络图来表示预定计划任务的进度安排及其各个环节之间的相互关系，在此基础上进行系统分析，计算时间参数，找出关键线路，并利用时差进一步改进实施方案，以实现工期、资源、成本等的优化。

网络计划技术的兴起和发展是从第二次世界大战开始的，目前世界上广泛应用的网络计划技术有甘特图（横道图）法、关键线路法（Critical Path Method，CPM）、计划评审技术（Program Evaluation and Review Technique，PERT）、决策关键线路法（Decision Critical Path Method，DCPM）、图解评审技术（Graphical Evaluation and Review Technique，GERT）。在相对较新的技术中，应用比较广泛且深受欢迎的是 CPM 和 PERT。

CPM 是美国杜邦公司为建造新工厂进行计划与管理的研究而提出的，并在其 1958 年的建厂工作中初步显示出优越性，而后美国加泰迪克公司在 47 项大小工程中使用了 CPM，平均节约时间 22%，节约资金 15%，效果显著。CPM 以网络图的形式表示各工序之间在时间和空间上的相互关系及各工序的工期，并通过时间参数的计算，确定关键线路和总工期，从而制订系统计划并指示出系统管理的关键所在。

PERT 是由美国海军特种计划局、洛克希德公司和汉密尔顿公司于 1958 年 1 月联合开发的一种计划管理技术，其首次应用便使美国"北极星"导弹潜艇工程的工期由原计划的 10 年缩短为 8 年。PERT 与 CPM 并无根本性的区别。由于 PERT 为军事部门所创，CPM 为民用部门所创，所以前者偏重时间控制，后者偏重成本控制。此外，后者各工序的执行时间一般是确定的，而前者各工序的执行时间往往受各种因素影响，是随机的。从这一点来看，如果认为确定性问题是随机问题的特例，则 CPM 网络是 PERT 网络在工期不受随机因素干扰时的特例。但 PERT 也有其相应的缺点。PERT 的复杂性增加了计划实施的难度。由于一个以 PERT 组织的优化工作需要规模庞大的数据支持，因此 PERT 的维护费用高昂，经常在大的复杂计划中被采用。许多公司正在努力寻找 PERT 在小项目中应用的方法，在不少著作中也出现了将 PERT 应用到大而复杂的项目之外的多样化方法。

网络计划技术自产生以来得到了广泛应用，并取得了良好的效益。在我国，网络计划技术也得到了应用和推广。1963 年，在我国著名科学家钱学森等的主持与倡导下，某部首先应用了网络计划技术，对我国导弹技术的迅速发展起到了一定的促进作用。多年来网络计划技术的实际应用表明，它是一种十分有效的科学管理技术。在组织现代化的生产中，要全面规划、统筹安排，使各个环节互相配合、协调一致，使完成任务的效率和效益都得到提高，不是单凭经验或稍加分析就可以做到的，而必须应用网络计划技术。

应用网络计划技术的一般步骤如下。

（1）确定目标，做好计划的准备工作；任务分解，列出全部工作逻辑关系明细表；确定各个工序的持续时间（工期）、先后顺序和相互关系，绘制网络草图。

（2）通过手算（图算法、表算法、矩阵法）或电算，计算各个工序最早开始、最早结束的时间，以及总时差和局部时差，并判断出关键工序和关键线路。

（3）在满足既定要求的条件下，按某一衡量指标（时间、成本、资源等）寻求最优方案，保证在计划规定的时间内用最少的人力、物力和财力完成任务，或者在人力、物力和财力限制的条件下，用最短的时间完成计划。

（4）在计划执行过程中，不断收集、传送、加工、分析信息，使决策者能做出最优抉择，及时对计划进行必要的调整。

2.4.5　关键风险指标管理法

一个风险事件可能有多种成因，但关键成因往往只有几种。关键风险指标管理法是对风险事件的关键成因指标进行管理的方法，具体操作步骤如下。

（1）分析风险事件的成因，从中找出关键成因。

（2）将关键成因量化，确定其度量标准，分析确定风险事件发生（或极有可能发生）时该成因的具体数值。

（3）以该具体数值为基础，以发出风险预警信息为目的，加上或减去一定数值后形成新的数值，该数值即关键风险指标。

（4）建立风险预警系统，即当关键成因数值达到关键风险指标时，发出风险预警信息。

（5）制定出现风险预警信息时应采取的风险控制措施。

（6）跟踪监测关键成因数值的变化，一旦发出风险预警信息，就采取风险控制措施。

以易燃易爆危险品储存容器泄漏引发爆炸的风险管理为例，容器泄漏的成因有使用时间过长、日常维护不够、人为破坏、气候变化等，其中使用时间过长是关键成因。例如，一个容器最高使用期限为50年，人们发现当使用时间超过45年后，该容器易发生泄漏，这个"45年"就是关键风险指标。为此，制定使用时间超过45年后需要采取的风险控制措施，一旦使用时间接近或达到45年，就发出风险预警信息，并采取相应的措施。

关键风险指标管理法既可以管理单个风险的多个关键成因指标，也可以管理影响项目主要目标的多个主要风险。在使用该方法时，要求风险关键成因分析准确且易量化、易统计、易跟踪监测，通过对关键风险指标的分析，可以统筹项目风险，从而制订科学、合理的风险管理计划。

2.5　能源项目风险规划的成果

风险规划的成果是一份风险规划文件。在制订风险管理计划时，应当避免用高层管理人员的愿望代替项目现有的实际能力。风险规划文件中应当包括风险形势估计、风险管理计划和风险规避计划。

在风险规划阶段，应该根据风险分析的结果对风险形势估计进行修改。修改时应对已经选定的风险规避策略的有效性进行评价，重点放在这些策略会取得哪些成果上。风险形势估计将最后敲定风险规避策略的目标，找出必要的策略、措施和手段，并对必要的应急和后备措施进行评价。风险形势估计还应当确定为实施风险规避策略而使用的资金的效果和效率。

2.5.1　风险管理计划

风险管理计划在3个风险规划文件中起控制作用。风险管理计划要说明如何把风险分析和管理步骤应用到项目中。风险管理计划要详细说明风险识别、风险估计、风险评价、风险应对和风险监控过程的所有方面。风险管理计划还要说明项目整体风险评价的基准是什么，应当使用什么方法及如何参照风险评价基准对项目整体风险进行评价。风险管理计划的一般格式如表2-6所示。

表 2-6　风险管理计划的一般格式

第一部分　描述	3.3.1　适用的技术
1.1　任务	3.3.2　执行
1.2　系统	第四部分　应用
1.3　系统描述	4.1　风险识别
1.4　关键功能	4.2　风险估计
1.5　要求达到的使用特性	4.3　风险评价
1.6　要求达到的技术特性	4.4　风险应对
第二部分　工程项目提要	4.5　风险监控
2.1　总要求	4.6　风险预算编制
2.2　管理	4.7　偶发事件判定为风险的规则
2.3　总体进度	第五部分　总结
第三部分　风险管理方法	5.1　风险过程总结
3.1　定义	5.2　技术风险总结
3.1.1　技术风险	5.3　项目变更风险总结
3.1.2　项目变更风险	5.4　保障性风险总结
3.1.3　保障性风险	5.5　费用风险总结
3.1.4　费用风险	5.6　进度风险总结
3.1.5　进度风险	5.7　结论
3.2　机制	第六部分　参考文献
3.3　方法综述	第七部分　批准事项

2.5.2　风险规避计划

风险规避计划是在风险分析工作完成之后制订的详细计划。不同的项目，风险规避计划的内容不同，但是至少应当包含如下内容。

（1）对所有风险来源的识别，以及每个来源中的风险因素。

（2）对关键风险的识别，以及关于这些风险对实现项目目标影响的说明。

（3）对已识别出的关键风险因素的评估，包括从风险估计中摘录出来的发生概率及潜在的破坏力。

（4）已经考虑过的风险规避方案及其代价。

（5）建议采取的风险规避策略，包括每个风险规避策略的实施计划。

（6）各单独风险规避计划的综合，以及分析各风险耦合作用可能性之后制订出的其他风险规避计划。

（7）风险形势估计、风险管理计划和风险规避计划三者综合之后的总策略。

（8）实施风险规避策略所需资源的分配，包括关于费用、进度及技术的说明。

（9）风险管理组织及其责任，在项目中安排风险管理组织、使之与整个项目协调的方式及负责实施风险规避策略的人员。

（10）开始实施风险管理的日期、时间安排和关键的里程碑。

（11）成功的标准，即何时可以认为风险已被规避，以及待使用的监控办法。

（12）跟踪、决策及反馈的时间，包括不断修改、更新需优先考虑的风险一览表、计划和各自的结果。

（13）应急计划，即预先计划好的、一旦风险事件发生就付诸实施的行动步骤和应急措施。

（14）对应急行动和应急措施提出的要求。

（15）项目执行组织高层领导对风险规避计划的认同和签字。

风险管理计划和风险规避计划是整个项目管理计划的一部分，并无特殊之处。按照计划取得所需的资源，实施时要满足计划中确定的要求，事先把项目不同部门之间在取得所需资源时可能发生的冲突找出来，任何与原计划不同的决策都要记录在案，落实风险管理计划和风险规避计划，行动要坚决。如果在计划实施过程中发现项目风险水平上升或未像预期的那样降下来，则必须重新进行风险规划。

分析案例

未雨绸缪，科学管控：BZ-KL 油田群岸电应用工程调试项目风险管理之路

2021年12月1日上午，冬日的暖阳透过落地窗洒向位于半山坡的办公室，办公桌上的绿萝散发着蓬勃生机，坐在办公桌旁的调试经理孙云宁正在埋头梳理刚完工项目的总结材料，一阵急促的电话铃声突然响起。

电话那头传来部门经理张丰健的声音，"云宁，向你表示祝贺，刚刚完工的岸电一期项目，在你的带领下，调试团队出色地完成了既定目标，整个团队表现出了迎难而上、攻坚克难的良好精神面貌，很棒！"

张丰健停顿了一下接着说道，"这个项目是我国首个海上岸电应用项目，意义重大。我们部门负责的调试工作顺利完成，说明我们部门已经初步具备此类项目的调试能力。岸电二期项目明年就要落地了，该项目总共包括四个组块，工作量约是岸电一期项目的两倍，设备和系统也与岸电一期项目有所不同。昨天公司会议上领导决定将岸电二期项目调试工作继续交由我们部门负责。云宁，你们有没有信心完成？"

"我们有信心！调试团队这周正在总结岸电一期项目的经验教训，我们准备把在岸电一期项目中遇到的问题和风险因素汇总一下，并召开一个总结交流会，好好总结一下岸电一期项目的成功经验和做法，改进不足，在提升团队能力的同时，也为下一个项目做好准备工作。"孙云宁在电话中对张经理做出了保证。

"那就好，你们先做好岸电一期项目的总结工作，开总结交流会时提前通知我，我也参加。你们要尽早熟悉岸电二期项目的资料，把准备工作做足，提前识别岸电二期项目调试工作中存在的风险点，并制定应对措施。"张丰健嘱咐完挂断了电话。

放下电话，孙云宁从办公椅上站了起来，透过玻璃窗望着建造场地，心中难掩激动和兴奋。作为一个刚成立不久的调试团队，能得到公司的肯定是莫大的荣耀。岸电二期项目是一个难得的机会，拿下岸电二期项目必然能使团队调试水平再上一个台阶。

孙云宁平复了一下心情，又急忙坐回到办公椅上，手指快速敲打着键盘。他要把这个好消息告诉团队成员，主要目的有两个：一是做好岸电二期项目动员工作；二是提醒团队成员尽快完成岸电一期项目的总结工作，期望大家在总结交流会上碰撞出思想火花，为岸电二期

项目蓄力。

邮件发出后，孙云宁的内心逐渐平静下来，他靠在办公椅上陷入了沉思。成立不久的调试团队人力不足，在面对岸电一期项目两个组块的调试时已相当吃力，而岸电二期项目共有四个组块，调试工作量预估是岸电一期项目的两倍，到时候如何应对人力资源短缺问题？如何化解调试风险？如何解决岸电二期项目中新系统的调试问题？这些问题困扰着孙云宁。

1. 案例背景

在国家大力推进绿色低碳发展的大背景下，海上油气行业也在积极进行能源结构转型升级，即将海上油气田自发电模式改为岸电供电模式。岸电工程是指把陆地电网的电通过海底高压电缆传输到海上油气田。岸电工程的建成投用，既能降低对进口发电机组的依赖，保障海上油气田的连续平稳运行，又能降低原自发电模式下对原油和天然气的大量消耗，从而显著降低二氧化碳的排放量。

BZ-KL 油田群岸电应用工程项目是岸电二期项目，该项目是中国海上岸电应用工程项目中油田覆盖面最广、工程量最大、用电负荷最大的项目之一，每年可减少二氧化碳排放量达百万吨。该项目的建成投用，将极大地丰富 H 海域油田岸电电网，对提升海上供电稳定性、优化能源结构、推进绿色低碳转型发展、加快实现"双碳"目标具有重要意义。

该项目由 A 公司负责。岸电工程在交付使用前需要进行调试。调试工作是岸电工程建设中的重要一环，与设计、建造和安装一样，需要由具有强大协调能力的专业化团队完成。调试过程涉及生产、设计、安全、采办、检验等多个部门，同时需要业主和供货商紧密配合，共同按计划完成工作目标。调试工作包括检验设备系统的安装状态、检查设备的功能和性能是否符合设计要求、确保系统的完整性等。在调试过程中，需要解决并完善设计、建造和安装阶段遗留的问题。调试工作是否顺利完成直接影响着岸电工程能否正常交付使用。

为了提升公司的综合能力，满足公司的战略需求，A 公司决定组建一支专业化的调试队伍。孙云宁曾在同属单位担任过项目调试经理，调试经验较为丰富，所以接下了此项重任。在组建调试队伍时，孙云宁从原技术部门中的机械、管线、电气、仪表、舾装等几个科室抽调了具有丰富现场经验的工程师。针对岸电平台上电气专业工作量大的特点，在人员占比上，调试团队中的电气工程师占比较大。

2. 未雨绸缪，提前施策

（1）总结经验，蓄势待发。

由于经验不足，在岸电一期项目调试过程中，年轻的调试团队在各个专业方面都遇到了很多困难，同时也积累了一定的经验。基于此，岸电一期项目结束后，调试经理孙云宁决定召开一次岸电一期项目调试总结交流会，重点对调试过程中遇到的困难及积累的经验进行总结和交流，以期为岸电二期项目调试工作做好准备。

2021 年 12 月 8 日，岸电一期项目调试总结交流会如期举行，参加会议的除调试经理孙云宁和调试各专业工程师以外，还有部门经理张丰健。

"在调试前期，我们没有预想到液压油采办周期这么久，导致吊机调试延期，好在我们调整了调试计划，将散泵调试工作前置，吊机调试工作后移，最终化解了调试工作延期的风险。"机械专业调试负责人率先发言。

"对于岸电这类项目，电气专业工作量很大，岸电一期项目在调试高峰期投入了 10 个人，约占电气室总人力的一半。电气室承揽着数个项目的技术工作，由于人力的抽调，其他工程项目进展受到影响。"电气专业调试负责人继续说道，"岸电二期项目的工作量几乎是岸电一期项目的两倍，在岸电二期项目调试高峰期依然会存在多个项目同时进行的情况，如何应对人力资源短缺问题是我们面临的一大挑战。"

"虽然我们通过岸电一期项目的历练，对调试工作流程有了较深入的理解，但毕竟我们团队中大多数人都是设计出身，调试经验相对较少。"安全专业调试工程师继续补充道，"在岸电一期项目中，受建造进度影响，安全专业高压细水雾系统调试延期，在项目出海前夕才完成调试。在岸电二期项目中，建议调试团队提前介入工作，通过督促、反馈，使建造进度与调试计划相匹配，这样既能推动建造进度，又能保证调试工作的顺利实施。"

在会议过程中，各专业调试负责人和工程师踊跃发言，阐述了岸电一期项目调试工作中遇到的痛点、难点，也分享了积累的工作经验，并对岸电二期项目进行了展望，提出了许多合理化的建议。

"大家都从各自专业角度进行了总结，讲述得很客观。"部门经理张丰健最后补充道，"的确，岸电一期项目我们克服了很多困难才取得这份成绩。岸电二期项目开工在即，调试团队将面临更大的困难，需要大家提前进行规划并识别风险。期待大家制定出切实可行的风险应对措施。"

（2）遍寻方法，应对挑战。

在岸电一期项目调试总结交流会结束后的几天，调试经理孙云宁一直在思考当前最棘手的问题——人力资源短缺。他认真研究了岸电二期项目四个组块的建造计划（BZ34-1 EPP、BZ35-2 EPP 和 KL10-1 三个组块同时建造，BZ19-6 组块错后半年建造），发现调试高峰期是三个组块同时调试，与岸电一期项目相比，调试高峰期人力需求增加约 50%。

2021 年 12 月 12 日，孙云宁走进电气室主任的办公室，就岸电二期项目调试高峰期人力调配问题与其进行沟通，想从电气室再抽调数名工程师，以应对调试工作量的增加。电气室主任拿出了 2022 年度科室人力资源分配计划，表示目前该科室抽调的人力已经对设计工作产生了一定影响，在岸电二期项目调试高峰期，也正值其他几个工程项目的设计小高峰期，再抽调人力将严重影响其他项目的顺利运行。

孙云宁也与机械、安全等几个科室的主任就本专业人力需求进行了沟通，但得到的答复如出一辙。2022 年，公司同时运行的项目多达十几个，生产任务很重，这样的沟通结果其实孙云宁早已预料到。

如今，依靠自有人力解决人力资源短缺问题已不太现实，而岸电二期项目即将开工，人力资源短缺问题的解决已迫在眉睫。孙云宁一边带领着调试团队进行岸电二期项目前期调试材料采办等准备工作，一边不停思索着人力资源短缺问题的解决方案。最后，孙云宁想到了一个解决当前问题的好办法——将其中一个组块的调试工作进行分包。

2022 年 1 月 20 日一早，孙云宁走进部门经理办公室，就岸电二期项目面临的人力资源短缺问题进行了详细汇报，并提出将其中一个组块的调试工作进行分包的设想。"鉴于目前的情况，分包是一个可行的建议。"部门经理张丰健对分包方案表示了肯定，并补充道，"你们团队要尽快把调试工作量梳理出来，编制一份详尽的调试分包策略及可行性分析文件，并按规定报公司审批。招标耗时较长，你们要把工作留足余量，以免对项目工期造成影响。"

走出部门经理办公室，孙云宁长舒了一口气，摆在调试团队面前最大的人力资源短缺问题总算有了突破口。

（3）汇总分析，制定策略。

2022年1月21日，孙云宁与各调试专业负责人参加了岸电二期项目启动会。会上孙云宁强调各专业要加强协同配合，要求在20天内编制出分包策略、可行性分析文件及招标所需的其他文件，并梳理出各自专业的调试工作量。

在接下来的20天里，各专业各司其职，紧锣密鼓地编制调试分包所需的文件材料，经反复校审后提报公司，最终分包申请顺利获批。时间来到2022年2月11日，距离岸电二期项目开工越来越近了。

各专业根据现有资料，对岸电二期项目BZ34-1 EPP、BZ35-2 EPP和KL10-1 EPP三个组块的调试工作量进行了汇总整理，发现三个组块调试系统基本一致，但与岸电一期项目的系统有很多不同点。为了防范风险，调试经理孙云宁从同属单位邀请了几位调试专家，与各专业调试负责人一起展开了一场关于调试风险的头脑风暴。最终，基于调试团队的经验及该项目各系统的特点，孙云宁对岸电二期项目调试系统风险等级进行了划分，将其分为高风险、中风险、低风险三类，如表2-7所示。

表2-7　BZ-KL油田群岸电应用工程项目平台调试系统风险等级划分

序号	系统名称	子系统名称	单位	数量	风险等级
1	正常低压配电系统	正常低压配电盘和马达控制中心	EA	15	中
2	应急低压配电系统	应急低压配电盘和马达控制中心	EA	7	中
3	导航系统	雾笛导航系统	Set	1	低
4	小功率系统	正常照明小动力配电盘	Set	2	低
		应急照明小动力配电盘	Set	1	
		400V降压变压器	Set	3	
5	电伴热系统	电伴热电盘	Set	1	低
		400V降压变压器	Set	1	
6	火气系统	Fire & Gas Detection and Alarm System	Point	838	低
7	HVAC系统	通风空调监控系统	Set	1	低
		空调	Set	17	
		风机	Set	39	
		风闸	Set	24	

续表

序号	系统名称	子系统名称	单位	数量	风险等级
8	泡沫灭火系统	泡沫罐	Set	1	低
		消防水/泡沫软管站	Set	16	
		消防水软管站	Set	10	
9	高压细水雾系统	高压细水雾灭火系统	Set	1	中
10	FM200 系统	FM200 灭火系统橇 1	Set	1	低
		FM200 灭火系统橇 2	Set	1	
		FM200 灭火系统橇 3	Set	1	
11	救生艇	Lifeboat 救生艇	Set	1	高
12	事故油系统	事故油罐、加热器、泵	Set	1	低
13	吊机	电动吊机	Set	1	中
14	回收水系统	回收水罐、加热器、泵	Set	1	低

为了最大限度地降低调试过程中的风险，调试专家组与调试团队共同制定了风险应对措施，要求各专业严格按照调试程序及调试表格进行调试，针对不同风险等级的系统采取不同的控制措施：对于低风险系统，调试前召开安全风险分析会，在安全风险分析会上邀请安全员对调试方法进行审查；对于中风险系统，采取"编制详细调试方案+内审"的措施，在安全风险分析会上邀请安全监督专家对调试方案进行把关；对于高风险系统，采取编制详细调试方案并报批的措施，在安全风险分析会上邀请安全、调试专家对调试方案进行把关，在现场调试过程中邀请安全监督专家旁站监督，以将调试风险降至最低。

3. 科学管控，有序推进

（1）如期开工，前期顺利。

2022 年 2 月 29 日，伴随着首个甲板片钢板顺利切割，BZ-KL 油田群岸电应用工程项目如期开工。项目陆地建造工期为 7 个月，陆地调试工期为 32 个工作日，海上调试工期为 40 个工作日。该项目建造所用的钢板、管线、电缆等材料由总包方负责采购，甲板上部分设备设施由业主方负责采购。公司根据施工方案、施工图纸等，并充分考虑材料到货周期，在项目正式开工之前就对部分材料制订了采购计划。项目开工后，结构专业按计划率先开展工作，首层甲板片吊装作业在 2022 年 4 月 25 日按计划顺利完成。同时，底层甲板上的管线、电仪等专业施工作业也在稳步推进。一切工作都在按计划有序进行，项目建造进展比较顺利。

陆地现场调试时间计划为 2022 年 8 月 1 日。自从项目开工后，调试工作也在按计划稳步推进，各专业调试工程师早已熟悉相关资料并着手编制调试文件。调试工作分为陆地调试和海上调试，其中陆地调试包括文件编制和陆地现场调试两个阶段。当调试工作全面展开时，已经到了工程完工的最后阶段，没有退路可言。调试工作能否顺利完成，直接影响到整个工程能否按期交付。调试工作时间紧、任务重，需要严密组织和各方人员密切配合才能完成。

2022 年 5 月 20 日，BZ34-1 EPP 组块调试分包实施进展顺利，经过公司招投标，选定了一家分包商。为了推进调试工作，调试经理孙云宁召开了交底会，向分包单位调试负责人及各专业工程师介绍了整个项目概况，并就 BZ34-1 EPP 组块调试进行技术、安全及质量等方面的交底。在会议上，要求分包商在 1 个月内提交调试文件报批，2022 年 7 月末入场展开现场调试。

（2）科学施策，应对风险。

调试工作是岸电二期项目的最后一环，调试工作能否按期完成，在很大程度上取决于各系统建造工作能否按进度如期完成。这就要求生产管理部门和施工部门保证施工计划和调试计划的严肃性，确保每个设备和系统都按计划完工，从而使调试工作顺利开展。

① 提前介入，督促建造。

受制于疫情导致的材料采办周期延长的情况，项目建造后期没有前几个月那么顺利，项目进度出现了落后的迹象。按照建造计划，中层甲板片原定于 2022 年 6 月 5 日进行结构总装作业，但实际总装日期推迟到了 6 月 10 日，这将导致中层各设备安装工作延期。调试经理孙云宁就建造进度落后对调试的影响与建造经理张衡进行了沟通，督促建造经理张衡加强沟通协调，保证建造进度。建造经理张衡也深知建造进度落后对调试的影响，于是第二天他就召开会议与项目管理及施工人员研究应对策略。经讨论研究，他决定增加设备安装人力，将落后的进度赶上来。

通过增加设备安装人力暂时缓解了结构总装延期导致的工期延误风险，但好景不长，由于疫情的影响，截至 6 月 19 日，建造进度已落后 5%。同时，供应商表示，吊机及部分管线可能会延期交付。管线直接影响着泵类系统调试，而吊机作为一种重要设备，在平台出海前必须完成负载测试，其到货延期将造成调试出海前的工作量积压，这给调试经理孙云宁带来了很大的心理压力。

开始进行陆地调试的时间日趋临近，6 月 20 日，孙云宁决定再找建造经理张衡聊一聊。孙云宁走进张衡的办公室，坐下后简单整理了一下思绪，开口说道，"现在建造进度落后，部分管线及设备又出现到货延期问题，这可能会导致部分调试工作无法在陆地完成，但如果等到出海再调试，恐怕会带来一系列问题。海上调试工期本就非常紧张，再加上海上厂家动员及设备、材料运输困难等问题，海上调试工作量增加不仅会导致调试费用倍增，还会影响工程如期投入使用。"

"确实是这样，目前受疫情影响，部分厂家的产能下降，项目组也在积极沟通，努力寻找其他渠道解决材料短缺问题。"张衡继续说道，"我们也在重新对建造计划进行调整，将材料充足的建造工作前置，将吊机安装工作后移，尽量降低部分管线及设备到货延期对工程建造的影响。"

孙云宁点头表达认同，同时补充道，"我们调试团队也将依据最新的建造计划对调试计划进行调整，按照调试系统优先级，制订切实可行的计划。同时，我们打算从下周开始参加建造工作日会，依据调试计划推进现场施工进度。" 孙云宁说完后，张衡也觉得这是一个好方案，可以让后期建造工作更有侧重点。

在 6 月 23 日的建造工作日会上，孙云宁代表调试方参加了会议，除项目组、施工方外，张衡还组织了业主参加会议。会上孙云宁介绍了调试工作的总体安排，并强调关键系统的施工作业应依据调试计划有针对性地重点施工，集中资源对前期需要调试的系统进行突击调试，尽最大可能降低建造进度落后对陆地调试的影响。各方经讨论后认为此项建议具备可实施性，但由于整体建造进度落后，陆地现场调试时间可能推迟，因此调试计划需要根据设备到货计划及当前建造进度进行调整。

② 调整计划，应对延期。

从6月24日开始，孙云宁安排调试各专业负责人轮流参加建造工作日会，并着手对调试计划进行调整优化。调试工作需要遵循逻辑顺序，以电气专业为始发点，电气专业打通后，机械、仪表、通风等专业才具备调试的先决条件。

孙云宁认真梳理了调试顺序。电气专业作为"领头羊"，主要工作是配电系统调试，其中，应急低压配电系统、正常低压配电系统、中高压配电系统需要依次进行调试，小功率系统、导航系统调试在应急低压配电系统调试完毕后开始，电伴热系统调试在正常低压配电系统调试完毕后开始。对仪表专业而言，火气系统调试在正常低压配电系统调试完毕后才能开始，整个调试周期较长。对机械专业而言，高压细水雾系统、FM200系统、救生艇等安全消防系统调试在应急低压配电系统调试完毕后才能开始，而回收水系统、事故油系统及吊机调试在正常低压配电系统调试完毕后才能开始。对舾装专业而言，HVAC系统调试在正常低压配电系统调试完毕后才能开始。

同时，岸电二期项目具有一定的特殊性：平台上电气专业调试工作占比很大，而且有中高压配电系统，调试风险较大；受调试电力资源影响，中高压配电系统调试安排在海上完成；机械、HVAC、安全等系统调试工作并没有严格的先后顺序，但受现场完工状态及调试工程师人力资源限制，这些系统的调试通常按照一定的顺序依次进行。例如，高压细水雾系统、FM200系统、泡沫灭火系统调试只能依次进行，即FM200系统调试（任务13）的前置任务是高压细水雾系统调试（任务12），泡沫灭火系统调试（任务14）的前置任务是FM200系统调试（任务13）。

岸电二期项目调试工作共涉及14个大系统及若干个子系统，调试工作量较大，调试工期较短。原调试计划工期为32个工作日，其甘特图如图2-3所示。项目调试工作是否顺利，在很大程度上取决于建造进度及调试计划的合理性，同时需要调试团队在调试前期做好调试文件、人力、材料、工机具等的准备工作。

标识号	任务名称	工期	开始时间	完成时间	前置任务	资源名称
1	应急低压配电系统	5个工作日	2022年8月1日	2022年8月5日		
2	正常低压配电系统	5个工作日	2022年8月8日	2022年8月12日	1	
3	导航系统	5个工作日	2022年8月8日	2022年8月12日	1	
4	小功率系统	5个工作日	2022年8月16日	2022年8月22日	1	
5	电伴热系统	5个工作日	2022年8月15日	2022年8月19日	2	
6	火气系统	22个工作日	2022年8月15日	2022年9月13日	2	
7	事故油系统	6个工作日	2022年8月15日	2022年8月22日	2	
8	回收水系统	6个工作日	2022年8月24日	2022年8月31日	2	
9	吊机	6个工作日	2022年8月15日	2022年8月22日	2	
10	救生艇	6个工作日	2022年9月1日	2022年9月8日	2	
11	HVAC系统	15个工作日	2022年8月15日	2022年9月2日	2	
12	高压细水雾系统	11个工作日	2022年8月8日	2022年8月22日	1	
13	FM200系统	11个工作日	2022年8月23日	2022年9月6日		
14	泡沫灭火系统	5个工作日	2022年9月7日	2022年9月13日		

图2-3 BZ-KL油田群岸电应用工程项目调试计划甘特图（单个组块）

由图2-3可以看出，原调试计划中关键路径有两条，持续时间为32个工作日。两条关键路径分别如下。

关键路径①：应急低压配电系统—正常低压配电系统—火气系统。

关键路径②：应急低压配电系统—高压细水雾系统—FM200 系统—泡沫灭火系统（考虑由于资源约束而形成的任务间的前置、后置关系）。

原调试计划中，共有 4 条主调试路线，分别代表电气专业、仪表专业、机械专业、安全专业。

根据目前的建造进度，保守估计，调试需要延期至 8 月 5 日开始。因此，调试周期压缩需要先从两条关键路径入手。

原调试计划关键路径①：应急低压配电系统—正常低压配电系统—火气系统。

仪表专业火气系统调试工期受机械专业调试进度影响，当所有与火气系统相连的机械设备上的仪控点调试完成后，火气系统调试才能收尾。经分析，火气系统调试的前期准备工作可以前置，这样可以保证火气系统调试开始时间不受调试延期影响。

原调试计划关键路径②：应急低压配电系统—高压细水雾系统—FM200 系统—泡沫灭火系统（考虑由于资源约束而形成的任务间的前置、后置关系）。

安全专业高压细水雾系统、FM200 系统、泡沫灭火系统调试持续时间较长，经分析，适当增加人力可以缩短调试时间。在高压细水雾系统调试前期及泡沫灭火系统调试后期，机械专业人力较多，此时，将机械专业的多余人力调配至安全专业，辅助进行高压细水雾系统和泡沫灭火系统的调试，这样可以使这两个系统的调试时间缩短。对于机械专业，由于吊机到货晚，因此将吊机调试工作后置，从而使设备延期到货对调试的影响降至最低。

经过调整优化后，岸电二期项目调试计划甘特图如图 2-4 所示。优化后的调试计划关键路径发生了变化，项目调试总工期由 32 个工作日缩短为 28 个工作日。优化后，不仅人力资源配置更为均衡，而且降低了不利因素导致调试延期的可能性。

标识号	任务名称	工期	开始时间	完成时间	前置任务
1	应急低压配电系统	5 个工作日	2022年8月5日	2022年8月11日	
2	正常低压配电系统	5 个工作日	2022年8月12日	2022年8月18日	1
3	导航系统	5 个工作日	2022年8月19日	2022年8月25日	1
4	小功率系统	5 个工作日	2022年8月26日	2022年9月1日	1
5	电伴热系统	5 个工作日	2022年9月2日	2022年9月8日	2
6	火气系统	22 个工作日	2022年8月15日	2022年9月13日	
7	事故油系统	6 个工作日	2022年8月19日	2022年8月26日	2
8	回收水系统	6 个工作日	2022年8月29日	2022年9月5日	2
9	吊机	6 个工作日	2022年9月6日	2022年9月13日	
10	HVAC系统	15 个工作日	2022年8月12日	2022年9月1日	1
11	救生艇	6 个工作日	2022年9月2日	2022年9月9日	2
12	高压细水雾系统	8 个工作日	2022年8月12日	2022年8月23日	1
13	FM200系统	11 个工作日	2022年8月24日	2022年9月7日	1
14	泡沫灭火系统	4 个工作日	2022年9月8日	2022年9月13日	1

图 2-4　BZ-KL 油田群岸电应用工程项目优化后的调试计划甘特图（单个组块）

优化后的调试计划关键路径：应急低压配电系统—高压细水雾系统—FM200 系统—泡沫灭火系统。

7 月 1 日，孙云宁与所有调试人员、调试分包商、项目组计划工程师等人员共同参加了调试计划分析会，大家在会上对优化后的调试计划进行了讨论，认为此方案具备可行性，但要想实现陆地调试工作的最优化，必须保证最迟于 8 月 5 日启动陆地现场调试工作。

在接下来的 1 个月中，调试团队一边做调试前的文件、材料及工机具的准备工作，一边积极参加建造工作日会，督促建造进度沿着调试计划有序推进。

③ 科学管控，降低风险。

在调试团队和建造团队的共同努力下，8 月 5 日陆地现场调试工作正式开始。调试团队各专业工程师分头行动,按照调试计划推进调试工作。为了保证陆地现场调试进度与调试计划吻合,各专业工程师在进行陆地现场调试的同时,实时梳理后续待调试系统的施工状态,对影响调试的施工制约因素进行记录,形成调试检查清单,每日更新,并在建造工作日会上继续推进。

电气专业调试多为中风险作业,调试团队通过召开安全风险分析会等方式确保电气专业调试工作的顺利铺开。孙云宁在调试前组织业主、第三方、厂家、检验方、施工方、项目组等几方人员参加了安全风险分析会。在会议上,电气专业调试负责人对电气系统调试方案进行了详细介绍,各方对调试过程中存在的风险进行识别与分析;安全监督专家对风险应对措施进行把关。在电气专业调试工作面打开后,机械、仪表、舾装、通风等专业调试工作也按计划稳步实施。针对中风险系统高压细水雾系统和吊机,采取与电气专业相同的控制措施,将调试过程中的风险降至最低。

在调试过程中,调试团队科学施策。针对部分管线到货延期问题,调试团队提前制定了应对措施,采办了临时软管总成。将到货的管线优先安装在罐体泵类出口,确保各个泵的入口管线连接完成,出口采用可拆卸的临时软管总成。通过这样的方式,确保每台泵构成循环回路,进而使事故油系统、回收水系统及高压细水雾系统的调试工作顺利完成,降低了管线到货延期对调试进度的影响。

对于调试过程中的高风险作业——救生艇调试,调试团队慎之又慎。救生艇调试需要进行多次超载测试,风险大,而调试团队又缺乏相关经验。在制订方案时,针对负载试验内容,孙云宁邀请了结构专家对方案进行把关。在专家指导下,负载试验方案反复优化多次,以确保方案无纰漏。在方案实施前,孙云宁邀请了安全监督专家及调试各参与方对方案实施风险点进行分析,明确了调试实施的风险及控制措施。在方案实施过程中,在现场又进行了技术和安全交底,并邀请安全监督专家旁站,最终救生艇调试工作顺利完成。

(3)顶住压力,顺利收尾。

2022年9月13日,伴随着吊机、泡沫灭火系统及仪表系统最后一个仪表测试完成,岸电二期项目陆地调试工作正式结束。在业主、第三方、建造方、检验方、调试团队及厂家等各方人员的推动下,陆地调试工作按计划节点顺利完成。陆地调试工作结束后,组块拖拉装船及海上安装作业按计划有序进行。

在接下来的半个月时间内,调试团队并没有放松,大家都在争分夺秒地为海上调试做准备。孙云宁带领调试团队从海上工作量、所需物资、人力、工机具等方面逐条梳理,并制订了详细计划。恰临国庆佳节,调试团队奔赴海上一线,并按计划将人员分配到三个平台上。得益于陆地调试工作的顺利完成及海上调试计划的周密安排,海上调试工作进展顺利。11月底,调试团队顺利完成了所有系统的调试工作,为平台顺利投产打下了基础。

4. 完美收官,未来可期

2022年12月1日夜晚,岸电二期工程送电成功,唯美的灯光点亮了整个平台。从远处望去,平台宛若一颗漂浮在海上的明珠。孙云宁站在甲板上,望着远处渔船上闪着的点点灯光,心里既充实又欣慰。这支年轻的调试队伍针对岸电二期调试项目中的风险因素,未雨绸缪，科学管控，实现了项目风险的有效应对与项目目标的完美达成。这支调试队伍已经破茧成蝶，未来可以承接更多、更复杂的项目，也会有更大、更好的发展。

讨论题：

1. 结合本案例，试概括风险规划的流程与步骤。
2. 本案例中采取了哪些措施来应对岸电二期项目人力资源短缺及设备、材料到货延期的风险？
3. 如何根据不同的风险等级制定有针对性的风险控制措施？

复习思考题

1. 什么是风险规划管理？它在风险管理中的作用是什么？
2. 风险规划管理的依据是什么？
3. 如何理解风险规划是一个过程？
4. 风险规划管理的具体方法是什么？
5. 风险管理计划和风险规避计划有何区别？

第 3 章 能源项目风险识别管理

引导案例

S 集团是肩负重要国家使命的中央企业,是全球最大的水电开发运营企业之一、国内的一流清洁能源集团。P 光伏项目是 S 集团全资二级子公司投资建设的光伏项目,是 S 集团在云南省最大的光伏项目,也是 2021 年云南省第一个在林地上开工建设的项目。P 光伏项目位于云南省楚雄彝族自治州元谋县平田乡和新华乡,分为 4 个片区、3 个标段。项目规划装机总容量 450MW,概算总投资 27.6 亿元,用地约 9500 亩。项目建成投产后,将有效助力经济社会全面绿色转型。

按照科学合理、全面系统、长期持续及具备可操作性和通用性等风险识别原则,S 集团 P 光伏项目风险初始清单依据主要来源于两个方面:一是收集以前尤其是 P 光伏项目所在地附近区域光伏电站前期、开发、建设和运维的历史资料及相关记录数据。二是通过查阅相关文献,根据 S 集团其他光伏电站的可研报告、初设报告、行业规范及标准,收集、整理光伏发电项目风险管理的相关管理成效和研究成果。

首先,基于上述资料和相关文献,进一步辨识出 S 集团 P 光伏项目的主要风险,其可分为自然、社会、经济、管理四大类共 18 个风险因素。自然风险包括自然条件风险、环境风险;社会风险包括对占地方案及补偿标准不满的风险、群体性事件风险、政策风险;经济风险包括能效风险、初始投资成本风险、市场风险、融资风险、效益风险;管理风险包括安全管理风险、并网风险、经营管理风险、维护风险、技术性风险、施工风险、管理者决策风险、合同风险。

其次,基于德尔菲法确定 P 光伏项目的最终风险因素,主要步骤如下。

(1) 专家遴选。本次遴选专家的标准有三条:一是从事光伏项目风险研究 8 年及以上;二是愿意配合完成德尔菲法多次专家函询;三是具有与风险管理、技术管理等相关专业本科及以上学历或高级专业职称。基于上述标准,结合 P 光伏项目实际情况,遴选光伏领域内具备一定权威性、专业性和代表性的专家、学者 50 名,专家、学者主要从与 S 集团合作的设计院、科研院、参建单位、高校中选出。

(2) 开展专家函询。对初步识别的四大类共 18 个风险因素按是否适用于 P 光伏项目、发生的概率、破坏程度三个指标分别进行打分,打分区间为 1~5 分。指标分数越高,说明风险因素越适用于 P 光伏项目。第一轮函询后将打分低于 1 分的指标删除或修正。第二轮函询时将第一轮函询的意见反馈给专家,看专家是否同意前一轮函询的删除、修改,并进行修改。经过三轮函询后，最终确定 S 集团 P 光伏项目的风险因素。

（3）风险因素结果。根据由德尔菲法得出的专家函询结果可知，群体性事件风险、合同风险、管理者决策风险 3 个风险因素不适用于 S 集团 P 光伏项目。P 光伏项目建设公司组织研究讨论会，结合 S 集团 P 光伏项目风险管理实际情况，认为群体性事件风险、合同风险、管理者决策风险不适用于 S 集团 P 光伏项目。经研究确定，S 集团 P 光伏项目最终把风险分为自然、社会、经济、管理四大类共 15 个风险因素。自然风险包括自然条件风险、环境风险；社会风险包括对占地方案及补偿标准不满的风险、政策风险；经济风险包括能效风险、初始投资成本风险、市场风险、融资风险、效益风险；管理风险包括安全管理风险、并网风险、经营管理风险、维护风险、技术性风险、施工风险。

3.1 能源项目风险识别的概念内涵

3.1.1 风险识别的含义

风险识别（Risk Identification）是风险管理的基础和重要组成内容。风险识别是指确定何种风险事件可能会影响项目，并将这些风险的特性整理成文档。

风险识别是项目管理者识别风险来源、确定风险发生条件、描述风险特征并评价风险影响的过程。风险识别需要确定三个相互关联的因素。

（1）风险来源（Risk Sources）：主要包括时间、费用、技术、法律等。

（2）风险事件（Risk Event）：给项目带来积极或消极影响的事件。

（3）风险征兆（Risk Symptoms）：又称为触发器（Triggers），是指实际的风险事件的间接表现。

从理论上来讲，风险识别可以从原因查结果，也可以从结果反过来找原因。所谓从原因查结果，是指先找出本项目会有哪些事件发生，再判断这些事件发生后会引起什么样的结果。例如，在项目执行过程中，用户的需求会不会发生变化？需求变更会引起什么样的后果？所谓从结果反过来找原因，是指根据事情的结果找出其对应的原因。例如，网络设备涨价将会引起项目超支，哪些因素会引起网络设备涨价？又如，项目进度拖延会造成诸多不利后果，造成进度拖延的常见因素有哪些？是项目执行组织最高管理层犹豫不决，还是政府有关部门审批程序烦琐复杂？是开发单位没有经验，还是手头的项目太多？

3.1.2 风险识别的作用

风险识别是风险管理的基础，没有风险识别的风险管理是盲目的。只有通过风险识别，才能使理论联系实际，把风险管理的注意力集中到具体的项目上来。通过风险识别，可以将那些可能给项目带来危害和机遇的风险因素识别出来。风险识别是制订风险应对计划的依据，其作用主要有以下几点。

（1）风险识别可以帮助风险管理者找出最重要的合作伙伴，为风险管理打下基础。

（2）风险识别是进行风险分析的第一步，可以为风险分析提供必要的信息，是风险分析的基础性工作。

（3）通过风险识别，可以确定被研究的体系或项目的工作量。

（4）风险识别是系统理论在项目管理中的具体体现，是项目计划与控制的重要基础性工作。

（5）通过风险识别，可以帮助项目组成员树立项目成功的信心。

3.1.3 风险识别的特点

项目风险的最大不确定性存在于项目前期，这是因为在项目前期决策者对项目的了解和认知还很缺乏，决策建立在不够精确的预测和分析、评估的基础上，决策者的知识水平及价值观也容易使决策结果产生极大的不确定性，这都必然使项目今后的开展和项目目标的实现受到较大的影响。当项目逐步向前推进时，许多原来的不确定性因素日益明朗，结合建设经验的总结与积累，旧的风险随之消失或减少，项目面临的不确定性大大减小，新的风险因素在管理的难度和强度上都呈递减趋势。因此，项目风险随时间的延续和决策问题的减少呈递减趋势。

风险识别具有如下一些特点。

（1）系统性。项目风险无处不在、无时不有，这决定了风险识别具有系统性，即项目生命周期中的风险都在风险识别的范围内。

（2）动态性。风险识别并不是一次性的，在项目计划、实施甚至收尾阶段都要进行风险识别。根据项目内部条件、外部环境及项目范围的变化情况，适时、定期进行风险识别是非常有必要和重要的。因此，风险识别在项目开始、每个项目阶段中间、主要范围变更批准之前进行，它必须贯穿项目全过程。

（3）全员性。风险识别不只是项目经理或项目组个别成员的任务，而是需要项目组全体成员参与并共同完成的任务。这是因为每个项目组成员的工作都会有风险，每个项目组成员都有各自的项目经历和风险管理经验。

（4）信息依赖性。风险识别需要做许多基础性工作，其中十分重要的一项工作是收集相关的项目信息。信息的全面性、及时性、准确性、动态性决定了风险识别工作的质量及结果的可靠性和精确性，风险识别具有信息依赖性。

（5）综合性。风险识别是一项综合性较强的工作，除在人员参与、信息收集和范围等方面具有综合性特点以外，在风险识别过程中还要综合应用各种风险识别的方法、技术和工具。

3.1.4 风险识别的内容

风险识别的内容包括4个方面：项目全过程风险的识别、项目全要素风险的识别、项目全团队风险的识别和项目环境与条件发展变化的识别。同时，风险识别还可以按照项目风险是内部因素造成的还是外部因素造成的进行分类并予以识别。一般项目内部因素造成的项目风险相对比较好控制和管理，而项目外部因素造成的项目风险相对比较难控制和管理。另外，风险识别还必须包括对风险损失和风险收益两个方面可能产生的后果的识别，以便能够在制定风险应对措施和开展风险监控工作的过程中努力减小风险损失、提升风险收益。有关风险识别的内容分述如下。

1. 项目全过程风险的识别

由于项目风险存在于项目全过程中，所以人们可以先按照项目阶段、项目工作包和项目活动进行风险识别，识别出各个项目阶段、项目工作包及项目活动中可能存在的风险。然后对这些项目风险进行初步的评估，以明确项目各个风险的基本情况。项目全过程风险识别的另外一层含义是，风险识别活动不仅要在项目起始阶段进行，还要随着项目执行过程不断地跟踪进行，即在项目全过程的各阶段迭代地进行风险识别。

2. 项目全要素风险的识别

由于项目目标是由项目目标四要素，即范围、进度、成本、质量要素构成的，所以风险识别要识别对项目目标四要素造成影响的项目风险事件和系统性项目风险要素。又由于项目所需的信息资源、人力资源和物力与财力资源是项目资源三要素，这些项目资源要素受到项目环境与条件的影响会出现各种风险，所以风险识别还包括对项目资源要素带来的风险进行识别。

3. 项目全团队风险的识别

风险识别还需要识别项目全体相关者，即项目全团队的期望和要求发生变化所引起的项目风险事件或系统性项目风险要素，这项风险识别主要是指分析项目中"人们主观意愿变化"因素所带来的风险。项目相关者在与项目相关的主观判断上会出现失误、信息不完备和各种博弈行为，这些都会给项目带来风险。例如，项目经理可能会主观上认为某些项目风险事件不值得重视，项目合同双方的疏忽或项目沟通不善可能会引发项目相关者的纠纷从而带来项目风险等，这些原因造成的项目风险也需要识别。

4. 项目环境与条件发展变化的识别

导致项目风险发生的主要原因是项目环境与条件的发展变化，即实际的项目环境与条件和制订的项目计划中人们假设的项目环境与条件出现了巨大差异，从而导致了项目风险的发生。因此，项目环境与条件的发展变化是引发项目风险的关键因素，也是风险识别的主要内容之一。项目环境与条件主要包括政治、经济、社会、技术、法律和自然环境等方面的环境与条件，它们的发展变化很多时候就是系统性项目风险要素。

3.2 能源项目风险识别过程

风险识别过程描述发现风险、确认风险的主要活动和方法。风险识别过程可以看作一个系统，我们可以从两个视角来描述风险识别过程：从外部视角详细说明风险识别过程的输入、机制、控制和输出；从内部视角详细说明通过机制将输入转变为输出的风险识别过程活动。

3.2.1 风险识别过程的目标

当风险识别过程达到下列目标时，说明它是充分的。
（1）鼓励利益相关方输入已经发现的风险。
（2）当有时间采取行动时，及时识别风险。
（3）揭示风险和风险来源。
（4）捕捉风险，并以文档方式记录它们。

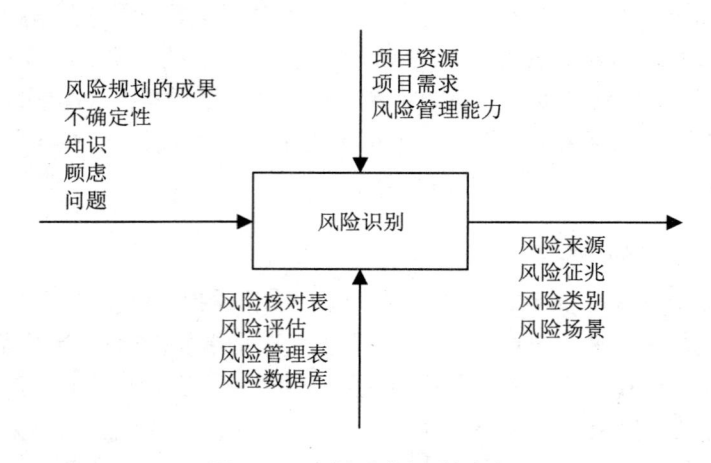

3.2.2 风险识别过程的定义

风险识别过程的定义如图 3-1 所示。

图 3-1 风险识别过程的定义

1. 输入

风险识别过程的输入包括风险规划过程的输出、不确定性、知识、顾虑和问题等。不确定性是指人们所不知道的事，项目的一次性特征决定了项目包含一定程度的不确定性。知识是指已知的事，项目管理者必须利用自己以前在工程系统方面的经验和当前项目的知识来识别项目风险。顾虑是指项目管理者忧虑的事，它们会引起项目管理者的担心、不安或担忧，顾虑经常会与风险发生关系。问题是指尚未解决的事，需要项目管理者协同工作来解决，当出现多种折中方案难以抉择时，问题就有可能演变成风险。

2. 机制

机制是为风险识别过程活动提供结构的方法、技术、工具或手段，风险核对表、风险评估、风险管理表和风险数据库构成了风险识别过程的机制。

（1）风险核对表包括与风险核对主题相关的典型风险区域。风险核对表能通过各种形式组织风险，如合同类型、成熟度级别、生命周期模型、开发阶段、组织结构、项目大小、应用域或技术等，有助于在指定区域里完全识别风险。

（2）风险评估是进行风险识别的一种严格方法，它在类似面试的会议上使用结构化的风险核对表。

（3）风险管理表是一个通过填空的模板系统地处理风险的机制。

（4）风险数据库是一个已知风险和相关信息的仓库，它将风险输入计算机，并分配下一个连续的号码给这个风险，同时维持所有已识别风险的历史记录。

3. 控制

项目资源、项目需求和风险管理能力用于控制风险识别过程。成本、时间和人员等项目资源用于限制风险识别的范围。当成本有限时，可以用更便宜的方法来识别风险；当时间不够时，可以用更快的方法来识别风险；当人员不够时，可以邀请更少的人参与风险识别。如果因为项目资源不足而采取了缩减措施，则会产生影响风险识别过程效果的风险。合同的需求和组织标准对项目需要在何时实施风险识别有一定的影响。组织标准要求在评审项目时报告风险，故可在组织标准中定义风险识别的需求。合同的需求能直接说明风险评估的需求。风险管理能力则详细说明了谁有责任和权力进行风险管理活动。

4. 输出

风险识别过程的输出是风险描述和与之相关的风险场景。风险描述是指用标准的表示方法对风险进行简要说明，如风险来源、风险征兆、风险类别，以及风险发生的可能性、将会产生的后果和影响等。风险描述的价值就在于建立了风险识别的基础。风险场景提供了与风险描述相关的间接信息，如事件、条件、约束、假定、环境、有影响的因素和相关问题等。

（1）风险来源。在风险来源列表中将所有已识别的风险罗列出来并对每个风险来源加以说明，至少要包括如下说明：风险事件的可能后果、风险事件的预期、风险事件的发生频数等。

（2）风险征兆。风险征兆有时也被称为触发器或预警信号，是风险已经发生或即将发生的外在表现，是风险发生的苗头和前兆，如项目管理没有按照计划程序去执行、项目组成员矛盾重重、沟通欠缺、施工组织混乱、关键项目资源没有应急获取措施等都是风险征兆。

（3）风险类别。为了便于进行风险分析、量化、评价和管理，还应该对识别出来的风险进行分组或分类。进行风险分组或分类有多种角度，可以按项目阶段进行划分，也可以按管理者进行划分。

3.2.3 风险识别过程活动

风险识别过程活动的基本任务是将项目的不确定性转变为可理解的风险描述，作为一个系统过程，风险识别有其自身的过程活动。风险识别过程一般分为五步。

第一步，明确风险识别目标。

第二步，确定参与风险识别的人员。

第三步，收集资料。

第四步，风险形势估计。

第五步，根据直接或间接的风险征兆将潜在的风险识别出来。

下面对风险识别的主要过程活动进行阐述。

1. 风险识别过程示意图

风险识别过程示意图如图 3-2 所示。需要强调的是，风险识别不是一次性的工作，需要更多系统的、横向的思考。质量管理工具和沟通工具都可以有效地应用到风险识别过程中。

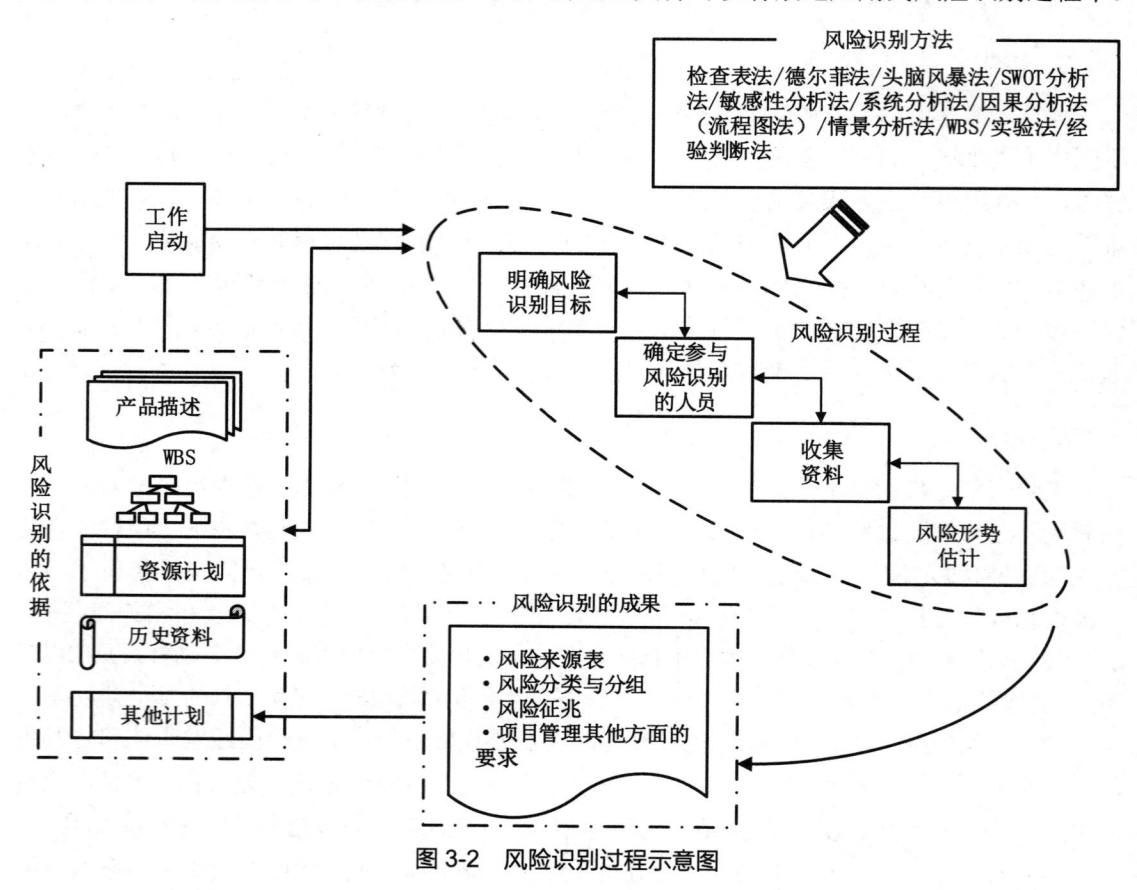

图 3-2 风险识别过程示意图

2. 收集资料

在收集资料之前，一般要明确风险识别目标并确定参与风险识别的人员，这是风险识别首先要进行的组织工作。

风险识别是风险管理的基础性工作，其目标是明确的。然而根据项目组性质的不同、项目类型的差别，项目组风险管理应该是各有侧重的。根据项目管理规划，项目发起人项目组、设计项目组、监理项目组、施工项目组、承包商项目组等要分别确定本项目组风险管理的范围和重点。根据项目组风险管理的范围和重点，确定参与风险识别的人员。项目经理不仅要了解项目的信息，还要了解相关人员，包括项目组的核心人员、高层管理人员、职员，以及为风险识别提供信息的每个人。项目经理应具有经营及技术方面的知识，了解项目目标及面临的风险。项目组成员必须具有沟通技巧和团队合作精神，要善于分享信息，这对风险识别非常重要。广义地说，风险识别需要项目组成员共同参与。

风险识别应该收集的资料大致有以下几类。

（1）项目产品或服务的说明书。

项目产品或服务的性质具有多种不确定性，如项目产品投入市场的不确定性、项目产品市场需求的不确定性等，这在某种程度上决定了项目可能遇到什么风险。因此，识别项目风险可以从识别项目产品或服务的不确定性入手。项目产品或服务的说明书正好可以提供大量风险识别所需的信息。通常情况下，应用较新技术的项目产品或服务可能遇到的风险比应用成熟技术的项目产品或服务多。

项目产品或服务的说明书可以从项目章程、项目合同中得到，也可以参考用户的需求建议书。

（2）项目的前提、假设和制约因素。

可以通过审查项目其他方面的管理计划得到项目的前提、假设和制约因素。

① 项目范围管理计划：审查项目成本、进度目标是否定得太高等。

② 人力资源与沟通管理计划：审查人员安排计划，确定哪些人对项目的顺利完成有重大影响。

③ 项目资源需求计划：除人力资源外，项目所需的其他资源，如特种设备或设施的获取、维护、操作等对项目的顺利完成是否会造成影响。

④ 项目采购与合同管理计划：审查项目合同采取的计价形式，不同计价形式的合同对项目组要承担的风险有很大影响。通常情况下，成本加酬金合同对业主是不利的，然而如果项目所在地的人工费、材料价格预期会下降，则成本加酬金合同也可能对业主有利。

（3）与本项目类似的案例。

借鉴过去类似项目的经验教训是识别项目风险的重要手段。一般公司会保存所有项目的档案，其中包括项目的原始记录信息等。通常可以通过如下渠道来借鉴过去类似项目的经验教训。

① 查看项目档案：可能包括整理过的经验教训，其中说明了遇到的问题和解决问题的办法，以及项目利害关系者或组织中其他人的经验。

② 阅读公开出版的资料：对于许多应用领域，可以利用商用数据库、学术研究结果、基准测试和其他公开出版的研究成果。

③ 采访项目参与者：向曾经参与过类似项目的有关各方征集有关资料。

3. 风险形势估计

（1）风险形势估计的目的。

风险形势估计的目的是明确项目的目标、战略、战术，以及实现项目目标的手段和所需资源，以确定项目及其环境的变数。此外，风险形势估计还要明确项目的前提和假设。通过风险形势估计，项目管理者可以将项目规划阶段没有意识到的前提和假设找出来。明确项目的前提和假设可以减少许多不必要的风险分析工作。

(2) 风险形势估计的内容。

通过风险形势估计，判断和确定项目目标是否明确，是否具有可测性，是否具有现实性，有多大不确定性；分析保证项目目标实现的战略方针、步骤和方法；根据项目资源状况分析实现项目目标的战术方案存在多大不确定性，彻底弄清项目有多少可以动用的资源，这对于实施战术方案，进而实现战略意图和项目目标是非常重要的。表 3-1 所示为风险形势估计的内容。

表 3-1 风险形势估计的内容

分类	内容
1. 项目及其分析	(1) 为什么要做这个项目？本项目的积极性来自何方？ (2) 本项目的目标说明。 (3) 将本项目的目标同项目执行组织的目标进行比较。 (4) 研究本项目的目标。 ①明确项目目标，包括经济目标、非经济目标。 ②说明本项目对项目执行组织的目标的贡献。 ③说明本项目的主要组成部分。 ④说明本项目的前提、假设和制约因素。 (5) 说明本项目同其他项目或项目有关方面的关系。 (6) 说明总的竞争形势。 (7) 归纳项目分析要点
2. 对行动路线有影响的各方面的考虑（对于每个因素，都应该说明它对项目的进行产生怎样的影响）	(1) 总的形势。 (2) 项目执行过程的特点。 ①一般因素：政治、经济、组织。 ②不变因素：设施、人员、其他资源。 (3) 研究项目的要求。 ①比较已有资源和项目对资源的需求。 ②研究项目的质量要求和复杂性。 ③研究组织的现有能力。 ④研究时间和预算因素。 (4) 对外部因素进行评价。 ①查明缺乏哪些信息资料。 ②列出优势和劣势。 ③初步判定已有资源是否足够
3. 分析阻碍项目的行动路线	(1) 分析阻碍项目成功的因素。 ①列出并衡量阻碍项目成功的因素。 ②衡量阻碍项目成功的因素发生作用的相对概率。 ③如果阻碍项目成功的因素发生作用，则估计其严重程度。 (2) 项目的行动路线。 ①列出项目的初步行动路线。 ②列出项目行动路线的初步方案。 ③检查项目行动路线及其初步方案是否合适、是否可行、能否被人接受。 ④列出保留的项目行动路线及其初步方案。 (3) 分析阻碍项目的行动路线。 以下步骤可反复进行，每次反复都经过以下四步： ①列出可能会促进上述阻碍项目成功的因素出现的行动。

续表

分类	内容
3. 分析阻碍项目的行动路线	②当上述阻碍项目成功的因素出现时，为了实施上述行动路线，仍然必须采取行动。 ③列出因上述两种行动而发生的行动。 ④针对上述行动的可能后果得出结论，以此为基础判断上述行动路线是否可行、能否被人接受，并将其与其他行动路线进行比较
4. 项目行动路线的比较	（1）列出各行动路线的优缺点。 （2）最后检查行动路线及其初步方案是否合适、是否可行、能否被人接受。 （3）衡量各行动路线的优缺点并选定项目的行动路线。 （4）列出项目的目标、战略、战术和手段

3.3 能源项目风险识别的依据

风险识别不是一次性的工作，需要更多系统的、横向的思考。几乎所有关于项目的计划和信息都可作为风险识别的依据，如项目进度及成本计划、WBS、项目范围、类似项目的历史信息等。需要注意的是，并非所有的风险都可以通过风险识别来进行管理。风险识别只能发现已知风险，而某些风险由于项目的独特性，不可能在其发生前预知，这些风险即未知风险，也就是风险来源、风险事件及其影响均未知的风险。

要正确识别项目的风险因素，首先要具备全面且真实的项目相关资料，并认真、细致地对这些资料进行分析和研究。一般说来，风险识别的依据包括以下主要内容。

3.3.1 项目环境因素

在风险识别过程中，所有存在于项目周围并对项目成功有影响的环境与制度都必须加以考虑，通常包括以下内容。

（1）项目团队的文化与组织结构。
（2）现有的人力资源，如技能人员、专家、管理人员等。
（3）政府或行业标准，如管理部门的规章制度、产品标准、质量标准等。
（4）项目利害关系者的风险承受能力。
（5）商业数据库，如标准的费用估算数据库、行业风险研究信息与风险数据库等。
（6）项目管理信息系统，如信息自动化软件工具、进度管理软件工具、配置管理系统、信息收集与分发系统等。

以上内容有助于在风险识别过程中确定关键人员，以及提供和传递有效信息。

3.3.2 组织管理经验

风险识别的重要依据之一是组织管理经验。在进行风险识别时，有利于项目成功的任意一份资料都可以从组织管理知识库中查找，包括实际数据和经验教训资料。具体来说，从组织进行工作的过程与程序中,可以获得初步的风险识别经验;从组织整体信息存储检索知识库中,可以获得类似项目的风险识别经验。

3.3.3　项目范围说明

项目范围说明直接或间接地包括项目目标、产品范围说明、项目要求说明、项目边界、产品验收标准等。它还详细地说明了项目的可交付成果和为提交这些可交付成果而必须开展的工作。通过项目范围说明,可查到项目假设条件信息,如产品价格假设、天气条件假设、材料供应假设等,从而可对有关项目假设条件的不确定性进行评估,这也是识别项目风险的重要依据。

3.3.4　风险管理计划

风险管理计划是规划和设计风险管理活动过程的计划。从风险管理计划中可以确定以下内容。

（1）风险识别的范围。
（2）获取信息的渠道、方式。
（3）风险识别过程中应遵循的规范及识别方法。
（4）项目组织成员在风险识别过程中的角色及职责分配。
（5）预算和进度计划中纳入的风险管理活动因素。
（6）风险类别。
（7）风险识别成果的形式、信息传递和处理程序。

据此可以确定项目组织及成员风险管理的行动方案,并且选择适当的风险管理方法。风险管理计划一般是通过召开计划编制会议来制订的。在风险管理计划中,应该对整个项目生命周期内的风险识别、风险估计、风险评价及风险应对等方面进行详细的描述。

3.3.5　风险分类经验

由于在项目中可能会遇到的风险有很多,因此对风险识别提出了很高的要求,在处理风险时要尽量考虑全面,这样才能在进行风险控制时采取行之有效的方法以减小损失、利用机会。明确、合理的风险分类有利于避免在进行风险识别时产生误判和遗漏,突出关键的因素,发现那些对项目目标实现有严重影响的风险源。

例如,在工程项目生命周期的四个阶段识别的风险因素如表3-2所示。

表3-2　在工程项目生命周期的四个阶段识别的风险因素

概念阶段	设计阶段	实施阶段	收尾阶段
没有做可行性研究	没有风险管理计划	工人素质低	质量不合格
总体目标不明确	缺少管理层支持	材料来源不稳定	费用超支
对问题界定不清	职能分工不明确	天气变化	进度拖延

续表

概念阶段	设计阶段	实施阶段	收尾阶段
缺少相应的技术专家	项目团队缺乏经验	项目范围变更	客户不能接受
⋮	⋮	项目进度改变	⋮
		项目环境变化	
		⋮	

3.3.6 项目管理计划

项目管理计划中的项目目标、任务、范围、进度、费用、质量管理计划，以及项目实施计划、方案等都是进行风险识别的依据。通过对其他知识领域内风险识别过程的成果进行审查，可以确定可能影响整个项目的风险。特别是这些计划中的各种假设和约束条件及项目利害关系者的相关利益等，它们是风险产生的主要原因。以项目管理计划作为风险识别的依据，可以避免或有效控制内在风险。

3.3.7 项目的前提、假设和制约因素

项目建议书、可行性研究报告、设计和实施方案等项目规划及计划性文件内容一般都是在若干前提、假设条件下估计或预测出来的。这些前提和假设在项目实施期间可能成立也可能不成立，故前提和假设中隐藏着可以识别的风险。项目环境必然受到国家的法律法规和规章等项目主体无法控制的因素制约，其中也隐藏着风险。因此，项目的前提、假设和制约因素，应当作为风险识别的依据。

3.4 能源项目风险识别的方法

风险识别一般要采用一些方法，这样不但识别风险的效率高，而且操作规范，不容易产生遗漏。风险识别方法主要有检查表法、预先分析法、情景分析法、SWOT分析法、德尔菲法、头脑风暴法、故障树分析法、流程图法和敏感性分析法等，在具体的风险识别过程中要结合项目的具体情况组合采用这些方法。

3.4.1 检查表法

检查表（Checklist）是项目管理中用来记录和整理数据的常用工具。当用检查表进行风险识别时，需要将项目可能发生的许多潜在风险列在一个表中，供风险识别人员进行检查核对，以判别某项目是否存在表中所列或类似的风险。检查表中所列的都是历史上类似项目曾发生过的风险，是风险管理经验的结晶，对项目管理人员具有开阔思路、启发联想的作用，一个成熟的公司或项目组织要掌握风险识别的检查表法。检查表中可以包含多种内容，具体如下。

（1）项目成功或失败的原因（见表3-3）。

表3-3 项目成功与失败的原因检查表

项目成功的原因	项目失败的原因
项目目标清楚，风险应对措施切实可行： （1）与项目各参与方共同决策。 （2）项目各参与方的责任和承担的风险明确划定。 （3）项目所有的采购和设计、实施都进行了多方案比较论证。 （4）对项目规划阶段进行了潜在问题分析（包括组织和合同问题）。 （5）委派了非常敬业的项目经理并对他进行了充分的授权。 （6）项目团队经过精心组织，展现出优秀的沟通和协作等能力。团队成员共同深入讨论了项目中的重大风险问题。 （7）制订了针对外部环境变化的预案并及时采取了行动。 （8）进行了项目组织建设，表彰和奖励及时、有度。 （9）对项目组成员进行了有计划和有针对性的培训	项目决策前未进行可行性研究或论证： （1）项目提出非正常程序，从而导致项目业主缺乏动力。 （2）沟通不够，决策者远离项目现场，项目各参与方责任界定不清。 （3）规划工作做得不细，计划无弹性或缺少灵活性。 （4）项目分包层次太多。 （5）把工作交给了不称职的人来做同时又缺乏检查、指导。 （6）变更不规范、无程序，或者负责人的责任、项目范围或项目计划频繁变更。 （7）项目决策前的沟通和信息收集不够，未征求各方意见。 （8）未能对经验教训进行分析。 （9）其他错误

（2）项目其他方面规划的结果（范围、融资、成本、质量、进度、采购与合同、人力资源与沟通等计划成果）。

（3）项目产品或服务的说明书。

（4）项目组成员的技能。

（5）项目可用的资源。

制作检查表的过程如下。

（1）对问题确定一个准确的表述，确保达到意见统一。

（2）确定资料收集者和资料来源。

① 资料收集者根据具体项目来确定，资料来源可以是个体样本或总体。

② 资料收集者要有一定的耐心、时间和专业知识，以保证资料的真实可靠。

③ 收集资料的时间要足够长，以保证收集到的资料能够体现项目风险规律。

④ 如果在总体中有不同性质的样本，那么在抽样调查时要进行分类。

（3）制作一个方便、实用的检查表。

经过系统地收集资料，并进行初步的整理、分类和分析后，即可着手制作检查表。

在复杂工作中，为了避免重复或遗漏，采用工作核对表，每完成一项任务就要在工作核对表中标出记号，表示任务已结束。

表3-4、表3-5、表3-6给出了一些项目风险检查表示例，在实际工作中要结合具体项目的实际情况制作专业化的项目风险检查表。

表 3-4 项目融资风险检查表

项目融资成功的条件	项目融资风险
项目融资只涉及信贷风险，不涉及资本金： （1）切实地进行了可行性研究，编制了财务计划。 （2）项目使用的产品或材料费用要有保障。 （3）价格合理的能源供应要有保障。 （4）项目产品或服务要有市场。 （5）能够以合理的运输成本将项目产品运往市场。 （6）要有便捷、通畅的通信手段。 （7）能够以预想的价格采购建筑材料。 （8）承包商富有经验且诚实可信。 （9）项目管理人员富有经验且诚实可靠。 （10）不需要未经考验的新技术。 （11）合营各方签订了各方皆满意的协议书。 （12）具有稳定、友善的政治环境，已办妥有关的执照和许可证。 （13）项目产品或服务不存在被政府没收的风险。 （14）国家风险令人满意。 （15）主权风险令人满意。 （16）对于货币、外汇风险事先已有考虑。 （17）主要的项目发起者已投入足够的资本金。 （18）项目本身的价值足以充当担保物。 （19）对资源和资产已进行了评估。 （20）已向保险公司交纳了足够的保险费，取得了保险单。 （21）对于不可抗力已采取了措施。 （22）成本超支的问题已经考虑过。 （23）投资者可以获得足够高的资本金收益率、投资收益率和资产收益率。 （24）对通货膨胀率已进行了预测。 （25）利率变化预测现实、可靠	（1）工期延误，利息增加，收益推迟。 （2）成本费用超支。 （3）技术失败。 （4）承包商财务失败。 （5）政府干涉过多。 （6）未向保险公司投保人身伤害险。 （7）原材料涨价或供应短缺、供应不及时。 （8）技术陈旧。 （9）项目产品或服务在市场上没有竞争力。 （10）项目产品或服务生命周期比预期短。 （11）项目管理不善。 （12）对于担保物的估计过于乐观。 （13）项目所在国政府无财务清偿能力

表 3-5 项目演变过程中可能出现的风险检查表

生命周期	可能出现的风险
全过程	（1）对一个或更多阶段的投入时间不够。 （2）没有记录下重要信息。 （3）尚未结束一个或更多前期阶段就进入下一个阶段
概念阶段	（1）没能书面记录下所有的背景信息与计划。 （2）没有进行正式的成本-收益分析。 （3）没有进行正式的可行性分析。 （4）不知道是谁首先提出了项目创意
设计阶段	（1）制订项目计划的人过去没有做过类似项目。 （2）没有制订项目计划。 （3）遗漏了项目计划的某些部分。 （4）项目计划的部分或全部方面没有得到所有关键成员的认可。 （5）指定完成项目的人不是制订项目计划的人。 （6）未参与制定项目计划的人没有审查项目计划也未提出任何疑问

续表

生命周期	可能的风险因素
实施阶段	（1）主要客户的需求发生了变化。 （2）收集到的有关进度情况和资源消耗情况的信息不够完整或不够准确。 （3）项目进展报告不一致。 （4）一个或更多重要的项目支持者有了新的任务。 （5）在项目实施期间更换了项目团队成员。 （6）市场特征或需求发生了变化。 （7）进行了非正式变更，并且没有对它们带给整个项目的影响进行一致性分析
收尾阶段	（1）一个或更多项目驱动者没有正式批准项目成果。 （2）在项目工作尚未全部完成的情况下，项目团队成员就被分配到了新的项目组织中

表 3-6　合营或合资项目的组织风险检查表

风险	防范措施
（1）合作各方目的不一致。 合作各方对于建立合资或合营体的目的有不同的理解或解释	在建立合资或合营体时，合作各方就应该把建立合资或合营体的原因和目的弄清楚，并取得一致的看法
（2）合作各方的需求和风险发生变化。 在项目进行过程中，合作各方的需求和风险发生变化。为了完成项目，合作各方之间的合作关系会变得越来越复杂	在合作各方明确各自的管理责任和就管理系统达成一致意见之前不要签订合同或开始项目。在建立合资或合营体时，合作各方就应该商量好当其合作关系变得越来越复杂时，合资或合营体的组织结构应该怎样做出相应的变动
（3）合作各方之间的利益分歧。 合资或合营体建立容易、维持难。如果建立合资或合营体的目的是分担项目费用或风险，那么合作各方之间出现利益分歧的风险会很大	建立一个由合作各方负责人组成的领导小组。领导小组制订合资或合营计划，并任命一个单独的管理班子，赋予其监督合作各方履行义务和承担责任的权力
（4）风险资金的准备。 合作各方往往对合资或合营体的风险估计不足，其在合资或合营体中要承担的风险比在一般业务中要承担的风险高。无经验的一方不能正确地估计这些风险	合作各方应共同对费用风险进行估计，避免重复考虑风险费用。合资或合营体的风险应当划分为两类，其中合作各方共同的风险应由合资或合营体的管理班子考虑，而其各自的风险应由自己考虑
（5）合资或合营体的利益平衡。 合资或合营体项目只是合作各方项目的一部分。合作各方在合资或合营体中的利益不相同，其部分或全部利益可能会发生变化	当合作各方是同行时，在制定合资或合营体的经营规划时就必须考虑到利益的冲突。如果合作各方是同行，他们之间就容易互相理解，易于共同克服困难。如果合作各方不是同行，他们之间的依赖性就大，但他们之间的互相理解不如是同行的情况，在这种情况下，需要建立一个科学的规划和控制系统
（6）对待项目的态度不同。 合作各方在合资或合营项目和风险方面所具有的经验不同，故他们对代表的授权不尽相同，而被授权的代表对待项目的态度也不相同	对于合作各方不是同行的合资或合营体，合作各方应各派一人加入合资或合营体的领导小组

3.4.2　预先分析法

预先分析法是指在每个项目活动（如设计、生产等）开始以前，对项目存在的风险因素类型、风险产生的条件、风险的后果预先进行概略分析。其优点在于，对项目风险因素的预测和识别是在活动开始以前进行的，若发现风险因素，则可立即采取防范措施，以避免由于考虑不周而造成的损失。预先分析法特别适用于新开发项目。一般来说，人们往往对新开发项目存在的风险因素缺乏足够的认识。因此，风险管理者必须重视对风险因素的预先分析。做好风险因素预先分析的关键在于，对生产目的、工艺过程、原材料、操作条件和环境条件要有充分的了解，通过预先分析找出可能造成损失的所有风险因素。为了使风险因素不遗漏，以及预测和识别工作能有条不紊地进行，必须按系统、子系统一步一步地进行分析。预先分析法的运用过程如下。

（1）分析项目可能发生的风险类型。通过对国内外相关项目风险进行广泛的调查研究，了解与本项目相关的、曾经出现过的风险；听工程技术人员、操作人员讲述经验、教训和建议；深入调查系统的外部环境（如地理位置、气候条件、社会环境等），以了解外部环境可能给项目带来的风险；仅凭经验可能还无法发现潜在的风险（特别是新材料、新工艺等可能导致的风险），因此还必须对所用原材料和成品的物化性质、工艺流程等从理论上进行深入分析，了解其可能导致的风险应属于哪种类型。

所有项目风险都具有潜在的性质，为了迅速而又不遗漏地找出项目可能存在的风险，可从以下3个方面进行分析。

① 有害物质：若项目中使用的原材料、半成品、成品有毒，则当毒物泄漏时，就可能造成人员生命、财产受损和环境污染。

② 外力作用：外力是指自然力或项目系统发生的事故波及项目而对项目系统产生的作用力，外力作用是否会导致风险取决于项目系统所处的地理位置和外部环境，因此要分析外力作用可能导致的风险，如环境变化等。

③ 能量失控：能量是人类赖以生存的条件，能量失控通常有化学形式和物理形式两种，由能量失控而造成的事故主要有火灾和爆炸。

（2）深入调查项目的风险源。弄清楚风险因素存在于哪些地方，确定风险源。在进行风险源调查时，风险管理者应具有丰富的知识，如必须了解物质的毒性、腐蚀性、可燃性、爆炸性及爆炸条件、安全规程等。因此，风险源的调查必须系统、规范，以免遗漏，一般需要采用风险核对表。表3-7所示为波音公司确定风险源的风险核对表。

表3-7　波音公司确定风险源的风险核对表

风险源	风险对象		
燃料	推进器	点火剂	炸药
充电后的电容器	蓄电池	静电电荷	压力容器
弹簧装置	悬挂系统	气体发生器	发电机
射频电源	放射性能源	落体	弹射体

续表

风险源	风险对象		
加热装置、核装置等	泵、风机等	旋转机械	执行机械
危险的工艺及事件	腐蚀	化学分解	爆炸
	着火	泄漏	氧化
	化学置换	机械振动	
	湿度（高湿度、低湿度）		
	热与温度（高温、低温、温度变化）		
	压力（高压、低压、压力迅速变化）		
	电过程（电击、电热、错误通电、电源切断、电磁）		
	辐射（热辐射、电磁辐射、致电离辐射、紫外线）		

（3）系统识别风险转变条件。风险只是一种危害或损失的可能性，风险转变为危险状态或风险事故还需要特定的条件。风险转变条件有些可能是单一的，有些可能是多样的，而这些条件的产生原因有可能是多种多样的。因此，在明确风险源的基础上，还必须系统分析风险转变的内部、外部的各种条件，准确掌握风险事故发生机理，以便有针对性地采取防范措施。

（4）合理划分风险等级。为了有效实施风险管理，要合理采取相应的防范或控制措施，在确定风险源、掌握风险事故发生机理的基础上，还必须确定风险等级。型号项目风险等级一般可按风险事故后果的严重程度来划分，共分为四级。

一级，后果可以忽略，可不采取控制措施。

二级，后果轻微，暂时还不会造成人员伤亡和系统破坏，可考虑采取控制措施。

三级，后果严重，会造成人员伤亡和系统破坏，须立即采取控制措施。

四级，灾难性后果，必须彻底消除或采取控制措施减轻风险事故的后果。

预先分析法是一种有效的风险分析方法，上述步骤给出了其基本分析过程，在型号项目风险识别过程中可根据需要灵活运用，适当加以裁剪。预先分析法一般以表格的形式来描述其分析结果。表 3-8 所示为波音公司使用的项目风险因素分析表。

表 3-8 波音公司使用的项目风险因素分析表

风险源	转变条件	危险状态	触发条件	潜在故障	风险事故	防范措施
强氧化剂	碱金属的过氧化物被润滑油污染	可能导致强烈的氧化还原反应	有足够的能量触发此反应	爆炸	人员伤亡、财产损失	过氧化物的存放地点应与一切可能的污染源保持相当的距离
腐蚀	钢罐内物质被水蒸气污染	耐压钢罐内部生锈	进行施压，没有降压	耐压钢罐破裂	人员伤亡、财产损失	采用不锈钢耐压罐或将钢罐存放在远离人群和其他设备处

3.4.3 情景分析法

情景分析法是利用有关数字、图表和曲线等，对项目未来的某个状态或某种情况进行详细的描绘和分析，从而识别引起项目风险的关键因素及其影响程度的一种风险识别方法。它注重说明某些事件发生风险的条件和因素，还要说明当某些条件或因素发生变化时，又会发生什么风险、产生什么后果等。

情景分析法在用于识别风险时主要表现出以下 4 个方面的功能：①识别项目可能引起的风险性后果，并报告提醒决策者；②对项目风险的范围提出合理的建议；③就某些主要风险因素对项目的影响进行分析研究；④对各种情况进行比较分析，选择最佳结果。

情景分析法可以通过筛选、监测和诊断，给出某些关键因素对项目风险的影响。情景分析法的主要应用过程如下。

（1）筛选。筛选是按一定的程序对具有潜在风险的产品过程、事件、现象和人员进行分类选择的过程。

（2）监测。监测是在风险发生后对事件、过程、现象、后果进行观测、记录和分析的过程。

（3）诊断。诊断是对项目风险及损失的征兆、风险后果与各种起因进行评价与判断，找出主要原因并进行仔细检查的过程。

图 3-3 所示为情景分析法工作示意图，该图表述了情景分析法的三个过程中使用的相似工作元素，即疑因估计、仔细检查和征兆鉴别，只是在筛选、监测和诊断这三个过程中，这三项工作的顺序不同，具体顺序如下。

筛选：仔细检查→征兆鉴别→疑因估计。

监测：疑因估计→仔细检查→征兆鉴别。

诊断：征兆鉴别→疑因估计→仔细检查。

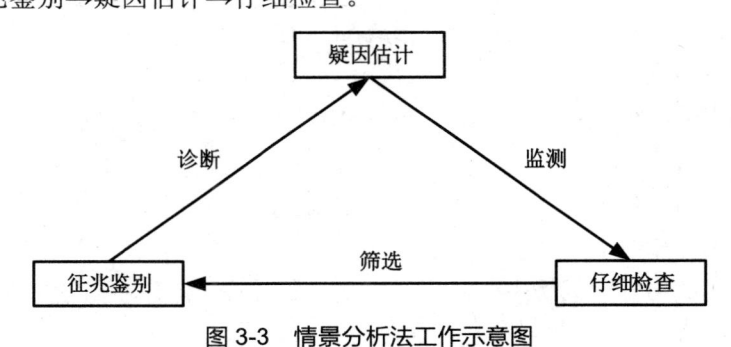

图 3-3 情景分析法工作示意图

3.4.4 SWOT 分析法

1. SWOT 分析法的基本含义

SWOT 分析法是一种环境分析方法，所谓的 SWOT 是英文 Strength（优势）、Weakness（劣势）、Opportunity（机会）和 Threat（威胁）的简写。SWOT 分析法的基准点是对企业内部环境优势与劣势的分析，先在了解企业自身特点的基础上明确企业外部的机会和威胁，再对企业内部环境做出准确的判断，然后制定企业发展的战略和策略，最后将其运用到项目管理中进行项目战略决策和系统分析。

2. SWOT 分析法的作用

SWOT 分析法的作用如下。

（1）把外部的条件和约束同组织自身的优缺点结合起来，分析项目或企业所处的位置。

（2）可随环境变化进行动态系统分析，减小决策风险。

（3）可进行定性分析，可操作性强。

（4）可以与多米诺法结合起来，针对机会、威胁、优势、劣势为各战略决策打分。

3. SWOT 分析法的步骤

SWOT 分析法一般分成五步。

（1）列出项目的优势和劣势，以及可能的机会和威胁，将其填入 SWOT 矩阵的Ⅰ、Ⅱ、Ⅲ、Ⅳ区，如表 3-9 所示。

表 3-9　SWOT 矩阵

	Ⅲ 优势 列出自身优势	Ⅳ 劣势 具体列出弱点
Ⅰ 机会 列出现有的机会	Ⅴ SO 战略 抓住机会、发挥优势的战略	Ⅵ WO 战略 利用机会、克服弱点的战略
Ⅱ 威胁 列出正面临的威胁	Ⅶ ST 战略 利用优势、减少威胁的战略	Ⅷ WT 战略 弥补弱点、规避威胁的战略

（2）将内部优势与外部机会相结合，形成 SO 战略，制定抓住机会、发挥优势的战略，填入 SWOT 矩阵的Ⅴ区。

（3）将内部劣势与外部机会相结合，形成 WO 战略，制定利用机会、克服弱点的战略，填入 SWOT 矩阵的Ⅵ区。

（4）将内部优势与外部威胁相结合，形成 ST 战略，制定利用优势、减少威胁的战略，填入 SWOT 矩阵的Ⅶ区。

（5）将内部劣势与外部威胁相结合，形成 WT 战略，制定弥补弱点、规避威胁的战略，填入 SWOT 矩阵的Ⅷ区。

4. SWOT 分析法的要点

SWOT 分析法的要点如下。

（1）SWOT 分析法重在比较，特别是项目（或企业）的优势、劣势要着重与竞争对手的情况进行比较，另外与行业平均水平的比较也非常重要。

（2）SWOT 分析法形式上很简单，但实质上是一个长期累积的过程，只有在对企业及其所处的行业有准确认识的基础上才能对项目（或企业）自身优势与劣势和外部的机会与威胁有一个准确的把握。

（3）SWOT 分析法必须承认现实、尊重现实，特别是对项目（或企业）自身优势与劣势的分析要建立在事实的基础之上，要进行量化分析，而不能依靠个别人的主观臆断。

5．SWOT 矩阵实例

某公司 SWOT 矩阵实例如表 3-10 所示。

表 3-10　某公司 SWOT 矩阵实例

	优势 ①资金。 ②进入中国市场较早。 ③有比较完善的销售网络。 ④统计技术比较先进。 ⑤居于市场领先地位，占有投资咨询业相当大的市场份额。 ⑥知名度较高	劣势 ①监控系统是模拟式的。 ②成本较高。 ③一次性投入大
机会 ①中国市场化进程向纵深延伸。 ②电视台商业化进程加速。 ③其他市场需求不断增长	SO 战略 应该以市场主导者的身份力争扩大市场供给，以满足日益增长的市场需求	WO 战略 应该努力降低成本，以较低的价格抢占市场
威胁 ①地方保护主义致使有些分市场难以进入。 ②竞争者的实力相对较强。 ③日记形式的监测系统因为成本低仍将占据一定的市场空间	ST 战略 应该首先进入市场化程度较高的沿海大城市。同时，应该快速抢占市场，使自己在竞争中处于更加有利的位置	WT 战略 应该先用模拟式的监控设备抢占市场，然后根据电视数字化的进程逐步更新设备

3.4.5　德尔菲法

德尔菲法（Delphi Method）又称专家调查法，它以非见面形式收集专家意见，是一种综合多名专家经验与主观意见的方法。该方法自 20 世纪 60 年代由美国兰德公司提出以来，已被广泛地应用在多个领域的综合评价实践中。国内外的实践表明，德尔菲法能够充分利用专家的知识、经验和智慧，是解决非结构化问题的有效手段。德尔菲法的基本做法如下：在对所要预测的问题征得专家意见之后，对专家意见进行整理、归纳、统计并匿名反馈给各专家，再次征求专家意见，再次对专家意见进行集中整理、归纳、统计并匿名反馈给各专家，直至得到稳定的意见。其过程可简单表示如下：征求专家意见→整理、归纳、统计→匿名反馈→征求专家意见→整理、归纳、统计……若干轮后停止。德尔菲法的应用过程如下。

（1）挑选企业内部、外部的专家组成小组，专家们不会面，彼此互不了解。

（2）要求每位专家对所研讨的内容进行匿名分析。

（3）所有专家都会收到一份全组专家的分析答案集合，要求所有专家在这次反馈的基础上重新进行匿名分析，如有必要，该程序可重复进行。

3.4.6 头脑风暴法

头脑风暴法又称集思广益法、智力激励法、BS 法，是美国创造学家奥斯本于 1939 年首次提出、1953 年正式发表的一种激励创造性思维的方法。它通过小型会议的形式，让所有与会者在自由愉快、畅所欲言的氛围中充分交流、互相启迪，以此激发与会者的灵感，使各种问题、意见、建议在相互碰撞中激起脑海的创造性风暴。在项目管理过程中，头脑风暴法是一种常见的风险识别方法，通过项目组成员的头脑风暴和充分讨论，能够识别和确定项目各种可能发生的风险，从而为风险定性和定量分析提供对象，也为制定风险应对措施提供依据。头脑风暴法的应用过程如下。

（1）人员选择。参加头脑风暴会议的人员主要包括风险分析专家、风险管理专家、相关专业领域的专家，以及具有较强逻辑思维能力、总结分析能力的主持人。主持人是一个非常重要的角色，通过他的引导、启发可以充分展示每个与会者的经验和智慧。主持人要尊重他人，不要喧宾夺主，要善于鼓励成员参与讨论，还要具有较强的理解能力并且能够忠实地记录，要善于创造和谐开放的会议气氛。主持人还要具有较高的素质，特别是要反应灵敏，有较强的归纳、综合能力。

（2）明确中心议题并进行醒目标注。各位专家在会议中应集中讨论的议题主要包括：如果承接某个工程、从事新产品开发与风险投资等项目会遇到哪些风险，这些风险的危害程度如何等。议题可以请两位组员复述，以确保每个人都能正确理解议题的含义。

（3）轮流发言并记录。主持人无条件接纳任何意见，不加以评论。在轮流发言时，任何一个成员都可以先不发表意见而跳过。主持人应尽量原话记录每条意见，并应一边记录一边与发言人核对表述是否正确。一般可以将每条意见用大号字写在白板或大白纸上。

（4）发言终止。轮流发言的过程可以循环进行，但当每个人都曾在发言中跳过（暂时想不出意见）时，发言即可停止。

（5）对意见进行评价。组员在轮流发言停止之后，共同评价每条意见，最后由主持人总结出几条重要结论。

应用头脑风暴法要遵循一个原则，即在发言过程中不进行讨论，也不进行判断性评论。

3.4.7 故障树分析法

故障树分析（Fault Tree Analysis，FTA）法是 1961 年到 1962 年期间美国贝尔电话实验室的沃森（Watson）和默恩斯（Mearns）等在分析、预测民兵式导弹发射控制系统安全性时首先提出并采用的故障分析方法。此后，很多部门的相关人员都对该方法产生兴趣，并开展了卓有成效的研究和应用。波音公司的哈斯尔（Hassl）、施罗德（Schroder）和杰克逊（Jackson）等研制出了故障树分析计算程序，从而使故障树分析法进入以波音公司为中心的宇航领域。1974 年，美国核研究委员会发表了麻省理工学院（MIT）以拉斯马森（Resmusen）教授为首的安全小组在采用了事件树分析法和故障树分析法对核电站安全性进行研究的基础上所写的"商用轻水堆核电站事件危险性评价"报告，肯定了核电站的运行安全性，并得出核能是一种非常安全的能源的结论。该报告引起了很大的反响，并很快使故障树分析法从宇航、核能领域推广到电子、化工和机械,以及社会问题、经济管理和军事行动决策等领域。目前国际上已公认故障树分析法是可靠性分析和故障诊断的一种简单、有效的方法。

故障树分析法是一种演绎的逻辑分析方法,它在风险识别中的应用主要遵循从结果找原因的原则,将项目风险形成的原因由总体到部分按树枝形状逐级细化,分析项目风险及其产生原因之间的因果关系,即在前期预测和识别各种潜在风险因素的基础上,运用逻辑推理的方法,沿着风险产生的路径求出风险发生的概率,并提供各种控制风险因素的方案。我国是从 1976 年开始进行这方面研究的,并把它应用到许多项目中,取得了不少成果。

故障树分析法是一种具有广阔发展前景的风险分析方法,尤其对较复杂系统的风险分析和评价非常有效,它具有应用范围广、逻辑性强、形象化等特点,其分析结果具有系统性、准确性和预测性。同时,故障树分析法有固定的分析流程,可以用计算机来辅助建模和分析,大大提高风险管理的效率。

3.4.8 流程图法

流程图法是一种常用的风险识别方法。流程图可以帮助风险识别人员分析和了解风险所处的具体项目环节、项目各个环节之间存在的风险及项目风险的起因与影响。通过对项目流程进行分析,可以发现和识别风险可能发生在项目的哪个环节或哪个地方,以及项目各个环节对风险影响的大小。

流程图是用于给出一个项目的工作流程、项目各个环节之间的相互关系等信息的图表。流程图包括项目系统流程图、项目实施流程图、项目作业流程图等多种形式、不同详细程度的流程图。我们可以借用这些流程图全面分析和识别风险。绘制流程图的步骤如下。

(1)确定工作过程的起点(输入)和终点(输出)。
(2)确定工作过程中的所有步骤和判断。
(3)按顺序连接成流程图。

流程图是用来描述项目工作标准流程的,它与网络图的不同之处在于,流程图的特色是具有判断点,而网络图中不能出现闭环和判断点;流程图用来描述工作的逻辑步骤,而网络图用来安排项目工作时间。

3.4.9 敏感性分析法

敏感性分析法是研究在项目生命周期内,当项目的变数(可从现金流量表中找到,如销售量、单价、投资、成本、项目寿命、建设期等)及项目的各种前提和假设发生变动时,项目的经济评价指标[如净现值(Net Present Value,NPV)、内部收益率(Internal Rate of Return,IRR)等]会出现何种变化及变化范围有多大的方法。敏感性分析法是一种定量识别法,详细应用过程参见第 4 章的相关内容。

此外,在风险识别过程中还可以应用决策树分析法和 WBS,详细应用过程可参考本书其他章节的相关内容。

3.5 能源项目风险识别的成果

3.5.1 风险记录手册

　　风险识别的任务是将项目面临的不确定性因素找到并列举出来，因此风险识别之后要把结果整理出来，写成书面文件，为风险分析的其余步骤和风险管理做准备，此书面文件称为风险记录手册，其内容包括其他风险管理过程的成果。风险记录手册可供其他项目管理过程和风险管理过程使用。

　　风险记录手册是风险管理计划的一部分，是风险管理的依据，其内容包括风险分析和规划之后所有已识别出的风险的相关信息。

　　（1）风险清单：包括风险编号、风险名称、风险类别、风险发生的概率、风险征兆等，并且随着风险分析的发展而不断更新和补充。

　　（2）风险分类：在风险识别过程中，可能识别出新风险，要在风险规划的类别基础上，将新风险纳入相应的类别，并根据更新的风险类别结果对风险规划过程中形成的风险分解结构的内容进行修改或完善。

　　（3）风险根本原因：导致风险清单中的风险发生的可能事件及其状态，需要单独详细地进行说明。

　　（4）潜在风险应对措施清单：根据经验确定潜在风险应对措施，作为制定风险应对规划的依据。

　　风险记录手册的内容根据项目分析及管理的深度逐渐完善和更新，最终的风险记录手册是由风险识别、风险定性分析、风险定量分析、风险应对规划和风险监控过程的成果共同组成的文件，并最终成为组织的管理资产，服务于更多的项目管理需要。

3.5.2 风险记录手册的详细内容

1. 风险清单

　　风险清单是对每种风险来源、风险条件和可能影响的文字说明。风险清单中应列出所有的风险，并且罗列应尽可能全面。不管风险事件发生的频率和可能性、收益或损失、损害或伤害有多大，都要一一列出，甚至要包括不确定性事件和触发事件，也称为风险产生条件、风险触发条件或风险征兆。一旦项目中出现以上条件说明的情况，就表示风险已经发生或即将发生。

　　T. M. Williams 提出了经典的风险登记表法用于进行风险识别。在风险登记表中，每个风险都有如下四部分内容。

　　（1）风险事件：包括对风险及风险发生的可能性的估计，在风险识别阶段通常将风险等级初步划分为"高""中""低"；感受到风险影响的一方及负责消除或修正其影响的一方对风险事件的描述。

　　（2）风险影响：包括风险影响的项目目标，如时间、费用及绩效等；风险对项目目标影响的严重程度的估计。同时还要描述计划网络中受影响的活动及活动组的工期风险,描述受影响 WBS 中的各项费用风险或费用扩大的概率。

(3) 风险应对措施:包括风险减免措施,如减小风险发生概率的措施,以及风险应急计划,即风险发生后应该采取的措施。以上活动针对每个风险分别进行。如果这些行为措施本身具有风险,即具有伴生风险或次生风险,则还应该记录其伴生风险或次生风险。

(4) 合同:对可能发生的风险合同及其风险转移的程度进行分类和记录。

目前常使用的风险清单说明中一般也从风险事件出发,包括四部分内容。

① 风险事件的来源。
② 对该来源的风险事件预期发生时间的估计。
③ 对该来源的风险事件预期发生次数的估计。
④ 风险事件的后果。

可以用一个风险清单表把所有风险都清楚地表示出来,如表 3-11 所示。

表 3-11 风险清单表

风险事件的来源	预期发生时间的估计	预期发生次数的估计	风险事件的后果		
			不太严重	很严重	致命

2. 风险分类

在风险识别过程中,可能识别出新风险,要将新风险纳入风险清单。因此,在进行风险识别之后,应该将风险进行重新分组或分类。风险分类结果应便于进行风险分析的其余步骤和风险管理。例如,由于建设项目中各阶段常常涉及不同的组织且各阶段具有不同的专业背景,因此对于这类项目可将风险按项目建议书、可行性研究、融资、设计、设备订货和施工及运营阶段分组,以便于逐步完成增量交付式的风险管理。

3. 风险根本原因

风险根本原因可以根据风险清单中的风险征兆来进行识别。风险征兆是指风险事件的各种外在表象,如苗头和前兆等。例如,项目团队成员不及时交换彼此间的不同看法或意见,就是项目进度出现拖延的一种风险征兆,造成该风险的根本原因在于人员沟通不畅。又如,施工现场混乱,材料、工具随地乱扔,无人及时回收、整理,就是安全事故和项目质量、成本超支的风险征兆,通过这些风险征兆可以识别一些风险管理上的根本原因。风险根本原因是项目管理应该完善和改进的地方,应由有关人员采取适当措施促进项目目标的实现,同时记录成册,供今后类似项目实施参考。对风险根本原因的识别可以采用信息收集和风险倒推等方法。

4. 潜在风险应对措施清单

在风险识别过程中,可识别出潜在风险应对措施。例如,关键线路上的重要活动所需工人严重不足,需要采取及时补充工人的措施等。潜在风险应对措施可作为制定风险应对规划的依据，这些内容都应该记录成册，作为后期正式风险管理的基础。

分析案例

S 公司国际输变电 EPC 总承包项目风险识别与分析

1. 菲律宾 B 输变电 EPC 总承包项目概况

本案例以 S 公司菲律宾 B 输变电 EPC 总承包项目为研究对象，目的是改进并构建 S 公司国际输变电工程项目风险管理流程及风险管理体系。

菲律宾作为东盟重要成员国，其产业结构主要以农业、低端制造业为主，近年来积极发展了现代化服务业。近年来，中国与菲律宾经贸活动日渐频繁，双方在渔业、种植业、轻工业等领域展开了深入交流。菲律宾是海上丝绸之路的重要一环，东盟重要经济体。中国某电网公司积极响应国家"走出去"号召，在菲律宾投资并购了其第一家海外公司，即 S 公司。S 公司作为中国某电网公司下属电力企业，积极投身于菲律宾电网建设，参与菲律宾全国输电网的电源规划、工程建设、电力调度、系统运行和维护，积极履行社会责任，致力于保证菲律宾电网安全平稳运行。自 2011 年起，S 公司与 NGCP 展开长期合作，多次荣获优质工程与优秀总承包商。2014 年，双方签订了 Balingueo230kV 输变电总承包合同。

S 公司为中国某电网公司直属二级集团产业单位。集团成立于 2012 年，核心业务涵盖电力施工建设、设计、服务与总承包、大型电力设备制造等，具有电力工程总承包及电力工程承装（修、试）两个二级施工资质。S 公司经过了十多年的发展，成为一个综合实力雄厚、施工工艺精湛、质量管控完善、建设成绩斐然的大型企业。S 公司的国内电力工程建设业务遍布全国，先后参与了多个特高压输变电工程及风、光、储能电站建设，并积极参加城市供电能力提升、农网改造项目，为建设国际一流、国内领先的坚强智能电网贡献自己的力量。S 公司的国际业务遍布全球，先后在东南亚、非洲、东欧、西欧、中东、中亚及南美洲设立了驻点机构，参与了埃塞俄比亚 500kV 复兴大坝工程、埃及南赫尔万 600MW 超临界电厂工程与 EETC500kV 输电线路工程、马来西亚 500kVOLAK 变电工程、柬埔寨 500kV 西哈努克边环网输变电工程等国际大型输变电总承包项目的建设。

菲律宾 B 输变电 EPC 总承包项目定位为地区枢纽变电站，项目建成后将形成吕松岛北部马尼拉—碧瑶—拉瓦格供电环网，有效缓解中心地区供电压力，提高菲律宾北部主要经济区脆弱的供电能力，改善电网整体稳定性及可靠性。同时，该项目是菲律宾电力公司构建大电网输电战略的重要一环，将有力整合区域输电线路资源，逐步形成自然垄断，将有限的电力资源统一调度、统一分配，有效地提高输电设施的利用率。该项目采用世界银行 EPC 总承包合同，资金来源为世界银行贷款。预付款为合同额的 20%。合同金额美元部分为 1088 万元，用于设备采购；比索部分为 1.7 亿元，用于支付当地土建施工、安装调试费用。项目工期为 480 个自然日，质保期为 3 年。

该项目位于菲律宾马尼拉市北 200km，达古潘大区圣卡洛斯市至圣巴巴拉市主干公路西北侧（北纬 15.95 度、东经 120.4 度），北临林加延湾，西临苏比克军事基地，位于马尼拉、拉瓦格、碧瑶北部三大城市中心交汇地带。该地区土地性质为建设用地，原始地形平坦，地势开阔，地貌类型为冲积平原。该地区现建有临时工棚需拆除（面积约为6500m²），局部堆放建筑弃土。地面高程在12～12.5m范围内。

水文气象条件。项目所在地为热带季风气候，每年5月至11月为当地雨季，平均降水量达3000mL，最大计算风速为27m/s，年平均相对湿度为82%。该地区地下水属第四系孔隙潜水，勘察期间测得地下水埋深为4.20～5.30m，相应标高为7.83～8.28m，平均为8.10m。受周边工地降水影响，该地区水位变化幅度较大。根据调查，地下水位年变幅为1.0～2.0m，年最高水位可按10.50m考虑。该地区地下水埋藏较浅，腐蚀性评价以地下水腐蚀性为主。当II类环境具有干湿交替作用时，水质对混凝土结构具有弱腐蚀性，对钢筋混凝土结构中的钢筋具有弱腐蚀性；当长期浸水时，水质对混凝土结构具有弱腐蚀性，对钢筋混凝土结构中的钢筋具有微腐蚀性。所有基础均应考虑防腐。该地区位于亚欧板块与太平洋板块的交汇处，环太平洋地震带上，项目抗震设防烈度为8级。

项目规模。该项目占地面积为30000m²。220kVBalingueo站规划安装3台240MVA有载调压变压器，本期安装2台240MVA变压器。220kV规划出线6回，本期出线4回，110kV规划出线12回，本期新建出线5回，10kV配电装置远景出线36回，本期出线12回，站内规划安装低压电容器9×8Mvar，低压电抗器6×10Mvars，本期安装低压电容器3×8Mvar，低压电抗器2×10Mvar。电气主接线本期及远期均采用双母线接线，110kV电气主接线本期及远期均采用双母线接线，10kV电气主接线本期采用单母线分段接线，远期采用单母线四分段接线。

2. 菲律宾B输变电EPC总承包项目初步风险识别过程

根据专家对风险分类的讨论结果，参考国际EPC工程项目风险管理相关文献，结合项目实际需求及S公司国际工程项目风险管理过程资产，对项目风险以影响因素为尺度进行分类，可分为技术风险、经济风险、社会风险、组织风险、自然环境风险和政治风险。

按照每个类别中包含的分类风险进行分组，每组风险中再列出具体风险，形成核查表，供项目管理人员检查本项目是否存在检查表中发生过或可能发生的风险。菲律宾B输变电EPC总承包项目初步识别的风险因素表如表3-12所示。

表3-12 菲律宾B输变电EPC总承包项目初步识别的风险因素表

序号	类别	描述
1	技术风险	技术力量薄弱，缺少专业人才
2		"四新"应用
3		设计、施工难度较大
4		技术变更
5		业主资料的不确定性
6		系统联调难度大
7		设计标准差异
8		设备兼容性

续表

序号	类别	描述
9	经济风险	业主资金支付能力
10		汇率波动
11		利率变化
12		进度延期、技术变更导致成本增加
13		设备、安装材料涨价
14		没收保函风险
15		延期支付风险
16		质保金扣留风险
17		物流风险
18	社会风险	项目所在国当地治安状况
19		项目所在国文化冲突
20		项目所在国恐怖袭击、暴动等不安定因素
21		项目所在国宗教冲突
22	组织风险	项目部领导能力
23		项目部管理水平、经营水平
24		施工现场安全生产风险
25		总承包商对分包商管理风险
26		合同及履约风险
27		项目经理职业道德
28		项目管理团队的稳定性
29		总承包商领导对项目的支持力度
30		职业技术人员专业能力
31	自然环境风险	不良气候条件
32		不良地质状况
33		自然灾害（洪水、泥石流、台风、地震、海啸）
34		流行病及传染病
35	政治风险	项目所在国金融、税收政策变化
36		项目所在国法律法规的变化
37		项目所在国国有化、征用风险
38		项目所在国政变、政权更迭导致动乱

3. 菲律宾 B 输变电 EPC 总承包项目进一步风险识别及结果

项目团队邀请了公司内部各部室各专业负责人及参建单位专业领域专家组成考察工

小组（见表 3-13），对菲律宾 B 输变电 EPC 总承包项目进行风险因素的进一步识别。

表 3-13 菲律宾 B 输变电 EPC 总承包项目风险管理专家信息表

专家来源	职务	职称	工作年限
S 公司内部	高层领导 副总经理	副高级工程师	24
	工程部 工程部主任	中级工程师，一级建造师	10
	工程部 项目经理	中级工程师，一级建造师	9
	财务部 财务部主任	中级经济师	14
	安监部 安监部主任	副高级职称	20
	技术部 技术部主任	副高级工程师，注册电气工程师	19
	质量部 质量专工	中级工程师	8
	发展策划部 计划处处长	中级工程师，二级建造师	10
	合规审计部 法务专责	中级经济师	8
	物资采购部 采购处处长	中级工程师	8
外部参建单位	设计单位 主设	副高级工程师，注册电气工程师	15
	设计单位 电气专责	中级工程师	8
	设计单位 土建专责	中级工程师，注册结构工程师	10
	咨询单位 业务经理		12

（1）组织包括技术、商务、法务等专业领域的专家组成考察工作小组，前往项目所在地进行实地调查。调查内容包括项目所在国政治生态、经济政策、法律法规、市场环境、工地所在地自然条件、项目所在地周边道路及可能的民扰、水文地质，作为后续风险识别的参考资料。另外，还要前往当地华人工程施工单位、材料供应商等处做详尽的调研走访，进行与工程有关的更加广泛的调查，与当地劳务公司、设备和材料供应商、当地施工分包商建立联系，完成询价，并探讨组成联合体分担风险的方案。

（2）组织专家小组开展头脑风暴，对照风险核查表，根据项目客观条件与实际特点，识别新的潜在风险，剔除表中不适用的风险。在会议过程中，采用故障树法，按照项目流程进行推演，从项目投标阶段到设计、采购、施工阶段，最终至试运行竣工投产阶段，以 WBS 方法将各专业各流程拆分细化，模拟可能出现的不确定因素状况，使得各领域专家能够针对专业领域提出针对性意见，发掘项目潜在风险，通过专家间的信息交流与相互启发，诱发专家们产生"思维共振"，使风险识别的结果更准确，同时补足风险识别清单。

在项目投标阶段，通过核查表法及现场调查法形成初步风险识别清单。在项目启动阶段，通过专家讨论与决议，最终专家一致同意和确定了菲律宾 B 输变电 EPC 总承包项目的风险因素结果，如表 3-14 所示。

表 3-14 菲律宾 B 输变电 EPC 总承包项目风险因素表

准则层	指标层	风险进度成本影响
技术风险	设计标准差异	进度、成本
	业主资料输入风险	进度、成本
	业主技术变更	进度、成本
	设计配合风险	进度
	设计人员风险	进度

续表

准则层	指标层	风险进度成本影响
经济风险	汇率损失风险	成本
	税务风险	成本
	通货膨胀	成本
	汇兑限制	成本
	物流风险	进度、成本
社会风险	恐怖袭击	进度、成本
	社会治安	进度、成本
	宗教冲突	进度、成本
	文化冲突	进度、成本
	工会干扰	进度、成本
组织风险	现场管理风险	进度、成本
	物资采购风险	进度、成本
	EPC合同管理风险	进度、成本
	分包商管理风险	进度、成本
自然环境风险	恶劣气候	进度
	突发灾害	进度
	地质影响	进度
政治风险	政权更迭	进度、成本
	法律变化	进度、成本
	审批缓慢	进度、成本

4. 项目建设风险因素分析

国际 EPC 输变电工程所在地往往为发展中国家甚至欠发达国家，项目风险相对于国内工程环境更加复杂多变，技术标准差异、汇率波动、国际物流进出口、政治政策变动及文化宗教信仰等风险因素严重制约项目顺利实施。

（1）技术风险因素。

国际 EPC 输变电工程普遍采用设计-采购-建设总承包模式的目的是发挥设计在工程建设中的"龙头"作用，通过工程技术优化工程建设方案，将设计、施工、采购有机融合。设计工作质量不高或设计工作滞后将严重影响后续采购、施工及投产运营环节，同时也直接影响工程质量、进度和成本等。与传统平行分包模式不同的是，EPC 总承包模式下的总承包商承担项目整体设计责任和工程全流程全周期管理义务。设计工作既是 EPC 项目建设的核心也是风险管理的重点，总承包商不仅要为自身的设计资料及交付成果付责任，还要为业主提供的技术资料、勘查文件的准确性和合理性承担相应后果，这导致设计工作成为国际总承包项目的短板。在 FIDIC 银皮书合同条款下，大部分风险，包括业主的设计风险都由总承包商承担。例如，FIDIC 4.10 规定，业主单位不必为在招标阶段或项目实施阶段协助提供的施工现场地表以下地质条件和水文条件及环境方面资料的充分性、完整性、准确性承担责任，总承包商应自行核实以上资料并承担责任。显而易见，在 EPC 模式下如何充分发挥设计在工程建设中的"龙头"作用，实现建设工程增值，合理有效地管控设计风险，对总承包商的设计管理能力及项目整体风险管控能力提出了严苛的挑战，这也是项目顺利交付的关键。

① 设计标准差异。国际输变电总承包项目所采用的设计标准规范一般分为三种情况:一是项目所在国设计标准规范;二是总承包商所在国设计标准规范;三是第三方设计标准规范。第二次世界大战后一些欧美国家和日本先后参与了菲律宾当地电力建设,导致欧洲 IEC 标准及美国 IEEE 标准在菲律宾电力领域同时被采用。在菲律宾 B 输变电 EPC 总承包项目招标文件中,IE 标准与 IEEE 标准交叉出现,导致各投标公司面临两难的境地。我国 GB 标准脱离了 IEC 标准,部分电气参数远高于 IEC 标准的要求,国内设备供应商大部分按照 GB 标准进行设计、生产,因此在项目图纸报批阶段,业主工程师对此有异议,这一定程度上影响项目推进。

② 业主资料输入风险。在实施工程设计前,总承包商应组织技术人员仔细校验核查业主提供的勘查资料、档案文件和技术标准的完整性、正确性,充分理解业主的交付要求,以保证交付成果能够满足工程项目预期的功能和目标。如果设计人员作为依据的标准、文件错误,则会导致产生设计偏差或交付成果使用缺陷,最终导致工程交付成果的规模、结构、组成、功能、标准等不能满足业主预期目标或不符合行业的强制性条文要求,造成施工返工,从而导致项目实施成本增加。

在投标过程中,S 公司投标人员发现业主提供的招标资料不全,同时因为投标准备时间短、招标文件较多,所以未能充分领会业主的全部要求。如果总承包商未能及时与业主联系,发出书面技术澄清对招标文件勘误补充资料,而是以自己理解或设定的方案作为依据进行投标,则极有可能在项目实施阶段发生技术变更,进而导致项目实施成本远高于项目投标时的设计估算。业主对于项目采用的流程工艺、建设规模、设备技术要求表述不清,经常以"国际先进工艺""世界领先水平"表述,总承包商很难界定自己的设计成果是否达到业主的要求。在菲律宾 B 项目前期考察阶段,项目组发现本次新建站对侧四个扩建站竣工资料缺失,保护设备仍采用第三代继电器保护,与本次升级改造微机保护存在设备代差,需要全部更换,此项工程量未在招标文件中明确标出,可能导致潜在的成本风险。同时,因项目所在地距离海岸线不足 40km,可能存在严重的土地盐碱化状况,尽管业主在招标文件中提供的地质勘测报告显示项目所在地泥土含盐量正常,但在实际执行过程中,仍存在全站防雷接地网按照初步设计接地电阻率超标状况,导致项目整体采购成本上升。

③ 业主技术变更。在项目立项阶段,业主技术人员未对项目实际进行调研考察,初步设计图纸基本沿用相似项目竣工图纸。业主项目管理人员常常按照自身喜好或习惯提出技术变更要求,从而打乱总承包商的设计节奏。业主的设计变更如果不在项目关键路径上,就只能吃掉总承包商设计工作的自由时差。在此情况下,总承包商无法就工期向业主索赔,项目容错率降低,同时消耗了项目管理储备,导致设计延误。

④ 设计配合风险。输变电工程主要涉及电气一次、电气二次、暖通、结构、建筑、消防、给排水等相关专业,设计工作的推进需要以各专业人员互相提资和反馈设计信息为基础。在输变电工程中,电气一次专业按照项目招标初步设计完成电气布置图、主接线图,根据断路电流完成设备选型;结构专业按照设备参数考虑荷载、地震加速度完成基础设计。

设计人员要负责进行现场技术交底,处理施工现场技术变更,给予现场必要的技术支持、专业指导,快速响应现场施工需求,对技术问题给出专业意见及理论分析判断。在试车期间,设计人员要判断设备运行参数的正确性和技术问题处理的合理性，这十分考验设计人员的专业能力。以上几点均可能导致项目收益风险。

⑤ 设计人员风险。项目设计及技术人员的专业能力、态度、理念和团队稳定性也是影响项目成功的关键因素。

设计优化理念薄弱。设计优化是项目实现效益目标的重要因素，在满足项目规范要求和使用功能的前提下，实施设计优化有利于节约成本、便宜施工和提升利润。尤其是对于总承包模式下的输变电工程，设备购置费用占项目总投资金额的60%～70%。在固定总价情况下，通过设计方案优化提升整体利用率，有利于总承包商从源头上控制项目总成本，降低工程造价，这也是EPC总承包项目主要获利方式之一。国内设计标准在制定时往往考虑到20%～30%的设计裕度，设计人员由于缺乏方案优化的激励及合理的绩效考核机制，通常以满足规范要求、规避责任、增加出图数量、提高项目绩效为实际目标，缺乏技术方案优化意识。例如，在国内220kV架空线路规范中，为了保证电网稳定性，通常考虑50年一遇恶劣天气重现期，导致铁塔材料消耗较大。为了保证站内建筑抗8级地震烈度，主控楼结构往往采用混凝土筏板结构整体浇筑，主体结构为混凝土框架结构，这在缺乏建材的菲律宾市场无疑产生了成本控制风险。

设计团队的稳定性差。设计人员在开展工作时，需要进行现场实地勘察，不断与业主、供应商沟通设计需求，收集设备参数等信息。相关技术资料只有设计参与者掌握，原核心设计人员如果离职或调岗，继任者短时间难以接手工作甚至需要从头来过，容易导致核心信息遗失，对后续工作开展带来不利影响。

设计习惯差异。国内输变电工程初步设计往往只有基本的设备布置图及主接线图，而菲律宾业主对于初步设计深度的要求基本已达到施工图设计深度水平。当总承包商提交的技术方案、图纸深度未达到业主规定的审核要求时，将不可避免地出现返工问题。此外，国内出图习惯、标注方式也与菲律宾业主不同，如国内出图习惯是将相对独立设备（如变压器、断路器等）单独出图成册，对不同设备间的接口处进行简单标注，而菲律宾业主则要求将有电气连接的设备绘制在一张设备图纸上。实现工程设计的本地化也是顺利推进国际业务的重要一环。

（2）经济风险因素。

① 汇率损失风险。汇率损失风险是国际项目与国内项目风险的主要差异之一，2017年中建国际建设有限公司中标津巴布韦600MW燃气电厂项目，总投资约9.5亿美元，其中55%为津巴布韦币。但常年经济危机导致当地年通货膨胀率高达191%，当地货币购买价值大幅缩水，项目投资无法到位，项目最终未能执行。美元作为现行国际流通货币，具有一定抗通胀、汇率相对稳定的特点。然而在2019年至2021年年底，美元汇率从7.1跌至6.3，跌幅超过10%，部分国际项目遭受了较大损失。菲律宾金融体系经历了金融危机后，稳定性得到极大加强，21世纪初，比索迅速升值，表现强劲，后受国际市场操控，一蹶不振。菲律宾缺少基础工业等实体经济支撑，货币容易受国际金融市场及地区政治因素冲击，汇率波动较大。菲律宾B输变电EPC总承包项目总投资的45%业主将以当地货币比索支付，考虑到国际金融市场波动及周边波云诡谲的政治形式，汇率损失无疑是巨大的潜在风险。

② 税务风险。菲律宾实行中央政府和各省区域二级征税制度。项目大部分电气设备及安装材料需要从中国采购，因此需要支付一大笔进口关税。同时，业主要求必须在当地成立项目公司，完成项目资金支付，为当地缴纳数目可观的项目增值税。电气设备及铜线的菲律宾进口税率接近30%，当地税务部门存在乱征乱收等腐败问题，使该项目面临潜在税务风险。

③ 通货膨胀。在投标阶段，国内很多总承包商没有重视对项目所在国通货膨胀历史及趋势进行调研分析，往往根据历史报价经验和心理预期，对当地采购、施工业务进行预估，并增加一定比例的风险储备资金。这样不仅不能有效应对风险，反而会导致投标总价增加，丧失竞争优势。

④ 汇兑限制。世界范围内政治、经济相对稳定的国家会在放松外汇管制后，延续相对开放的外汇管制制度，以吸引国内外投资者，只有在外汇大幅流出、外汇储备严重不足甚至崩溃时才会实行外汇管制，如2016年埃及实行美元外汇管制。在产业链"瘸腿畸形"或部分产业转型的国家容易伴随经济危机发生汇兑限制，菲律宾是中国企业投资的热点地区，也是货币风险较大的区域。随着国际经济增速放缓甚至衰退的形势日渐显现，同时叠加疫情爆发情况，对于主要以输出服务换取外汇的菲律宾而言，收紧货币汇兑政策、保持外汇储备已经不可避免。

⑤ 物流风险。国际项目的物流主要分为国际物流和项目所在国国内物流两部分。随着全球化趋势不断加强，国内海运代理与项目所在国内陆路运输代理合作日益密切，原本相对独立的两段运输业务，目前已经形成出口报关—海运—清关内陆运输的服务链条，这在一定程度上减小了总承包商的管理压力，降低了物流成本。但不可否认的是，项目所在国运输公司存在专业性差、设备配备不足等问题，如西电集团菲律宾总承包项目，主变压器在运输就位过程中，因操作不当导致设备本体与基础发生磕碰，设备外壳发生凹陷，冲击值大于$3g$，业主现场拒收设备，项目最终延期。同时，项目管理人员还应考虑海运季节性供求变化导致的海运爆仓，如2021年东南亚柬埔寨、越南大量风电项目开工建设运输风机叶片，每年10月国内大批小商品发往欧洲各国助力12月圣诞节等。2020年至2021年年底，疫情导致集装箱一箱难求，海运费最高暴涨400%，S公司柬埔寨某输电项目仅当年海运费就损失约300万元，因此物流风险同样应该引起项目管理人员的重视。

（3）社会风险因素。

① 恐怖袭击。菲律宾存在两大恐怖袭击势力：一是摩洛民族解放阵线，二是摩洛伊斯兰解放阵线。"新人民军"不时在吕松岛制造血腥事件，可能导致项目合作伙伴的索赔。恐怖袭击还会对项目管理人员造成心理恐惧与阴影，使现场人员无法正常工作甚至停工，导致队伍人心涣散等。

② 社会治安事件。良好的社会秩序是项目成功的重要保障。为了解决治安问题，总承包商花费巨资雇佣保安人员提高安保水平。项目所在地人民生活水平普遍较底，就业率低下，偷盗成风，现场变压器等设备附件频繁丢失，接地铜线、动力电缆屡次被盗，项目部紧急从国内采购、空运有关零部件，最终以最少的损失完成设备投产送电。菲律宾当地持枪合法化，枪支管理相对混乱，在马尼拉地区时常发生针对中国人的绑架、勒索、敲诈等犯罪事件。这

能源项目风险管理

些治安事件都将干扰项目正常实施工期，增加项目运行成本。

③ 宗教信仰。菲律宾主流宗教信仰为天主教，伊斯兰教为该国第二大宗教，穆斯林占全国人口的 5%。由于历史原因，当地宗教冲突时有发生。项目所在地每周五定期组织天主教礼拜集会，伊斯兰教信仰工人在为期一个月的斋月节期间停止工作，导致项目无法按正常进度执行。

④ 文化冲突。文化冲突风险往往容易被忽视，其实文化冲突风险是广泛存在于国际输变电工程项目中的重要风险。输变电工程项目时常需要赶工加班，特别是在项目赶进度的关键时期，混凝土浇筑、电气交接试验连续工作十几个小时，国内加班费按月结算，菲律宾当地需按日向工人支付当日工资及加班费用。未及时结算当日费用会引起工人抗议，甚至引起激烈冲突。国内工程企业大部分讲感情大于讲规章制度，但在国外，尽管菲律宾经济并不发达，但人民法律意识极强，也擅长用法律武器维护自身利益，动辄诉至法院裁定，这是当地居民的思维习惯和文化。随着国际输变电工程的变化，中国企业项目属地化程度越来越高，应在投标报价时考虑相关费用记取，在工期和成本上做好考量，增减管理储备，避免因此造成工期失控。

⑤ 工会干扰。在菲律宾当地实施工程建设项目应充分考虑当地工会的影响力，尽可能避免出现劳工纠纷，保证劳工劳动权益。菲律宾实行 8 小时工作制，即使加班也不得超过 10 小时，且额外工作时间必须在下个星期得到补偿。部分工程企业管理员工会强制要求工人加班，在未了解当地《雇佣法》的前提下非法解雇劳工，导致被当地工会起诉。因此，海外项目部一定要注意处理好与当地工会的关系，对当地员工的雇佣、解聘、支付报酬应遵守工会规定，避免因发生劳资纠纷导致项目受到冲击甚至停工。

（4）组织风险因素。

总承包商和项目管理人员的能力、管理水平、技术装备实力、资金投入能力及供应商管理给项目带来的风险称为组织风险。

① 现场管理风险。国际输变电工程项目的特点决定了总承包商只负责现场管理工作，土建及电气安装工作均由当地企业分包完成。菲律宾当地施工安装企业劳务人员普遍安全意识不高，经常出现搭设单层脚手架、违规用电等安全问题。对于深基坑、高大模板支撑及变压器吊装等重大危险施工项目也疏于编制专项施工方案，存在巨大的用工隐患。因此，加强现场分包队伍的安全管理、增强现场人员风险意识、规避用工风险是国际输变电工程项目实施需要格外注意的问题。

② 物资采购风险。在国际输变电工程项目招投标过程中，业主出于自身习惯及质量考虑，往往会在项目招标文件中列出合格的供应商短名单，总承包商需与短名单中的供应商配合投标，中标后不允许总承包商随意更换供应商。我国招投标法规定，具备一定规模的项目必须进行强制公开招标，较长的招标准备与商务谈判工作常导致项目无法按期交付。

③ EPC 合同管理风险。在国际输变电工程项目招标文件中，业主通常通过合同条款将项目执行的风险转移给总承包商承担，或者为避免后续索赔故意模糊合同描述，这给总承包商后续项目实施带来巨大风险。

例如，菲律宾某电力公司输变电总承包项目质保金为合同额的 17%，质保金比例远超正常水平。同时，菲律宾业主拒绝为其提供的电网参数及项目所在地地质条件资料承担责任，删除了标准 FIDIC 合同中合同价款调整的条款。这些合同风险均可能导致项目亏损。

④ 分包商管理风险。菲律宾输变电工程项目总承包往往将现场土建施工、电气安装工作分包给当地施工企业，设计工作分包给当地或国内电力设计院，总承包商仅承担现场管理及物资设备采购工作，对于总承包商分包管理提出很高的要求。总承包商对分包单位管理不善或分包商内部管理等因素，常给项目实施过程中带来质量、成本、安全、进度等方面的风险。菲律宾当地工业欠发达、基建建材普遍存在参数不达标的情况。例如，施工分包商为节省成本擅自降低混凝土标号，导致设备基础强度不达标需要返工；钢结构焊接不注重工艺控制，采用劣质焊条，导致焊接点出现残渣、气泡甚至虚焊等问题，直接影响项目整体交付。

（5）自然环境风险因素。

① 恶劣气候。项目处于热带地区，全年高温炎热，每年 6 月至 10 月为雨季，平均降水量水达 3000mL。较为恶劣的气候条件严重影响现场土建施工及电力安装进度。

② 突发灾害。菲律宾地处欧亚大陆板块与太平洋板块交界处，位于太平洋火山地震带，板块运动活跃。2000 年至 2012 年菲律宾因自然灾害死亡 1 2899 人，受灾人口达 7000 万人次，直接经济损失达 33 亿美元。每年由台风及热带低气压组成大约 22 个热带气旋带着肆虐的狂风和洪水横扫菲律宾。热带气旋及强降水又会产生洪涝等伴生次级灾害。菲律宾当地因落后的卫生医疗条件深受登革热等传染病荼毒。因此，在菲律宾实施输变电总承包项目时，应充分考虑自然灾害等不可抗力带来的潜在工期延误风险。

③ 地质影响。项目距离北部林嘉延湾 50km，受海水渗透侵蚀影响，土地盐碱化较为严重。根据相关标准及图纸要求，全站防雷接地网电阻应小于 0.5Ω，盐碱土地将提高土壤电阻率，不管是外接地网还是设置接地井，都将大幅提高项目成本。项目所在地海拔仅为 2m，地下存在丰富水系，这将导致基坑渗水，必须采取相应的降水措施，这同样会导致项目成本增加。

（6）政治风险因素。

① 政权更迭。菲律宾前总统阿罗约任职期间，中菲关系步入蜜月期，中国通信企业华为、中兴先后进入菲律宾市场。中国某电网也于 2009 年完成对菲律宾某电网公司的投资并购，电网公司高级管理人员实际负责菲律宾电网的规划、建设、调度及运行。阿基诺三世上台后，在国内逐步去"中国化"，同时限制中国电力工程企业直接参与当地工程建设。因此，市场开拓期总承包商应对当地政治环境进行详尽的调查及预判，规避潜在政治风险。

② 法律变化。法律法规风险主要是指项目所在国法律或行业规章等的变化对项目带来的不利影响，如项目所在国的对外投资法、境外投资监管法规、劳工法、环境保护法、税法等。为了保护本国工程施工企业及勘探企业，菲律宾当地政府要求土建施工必须进行当地分包以拉动当地就业。以法律法规的形式对国外勘查企业做出了准入限制。此外，为了保护本国工程企业，菲律宾还出台了相关将国外总承包商与本国工程企业合作作为参与投标的许可条件。总承包商只有在自身实力充足，熟悉并满足国际工程市场的准入条件，知己知彼才能取得开拓市场的主动权。

③ 审批缓慢。菲律宾当地政府存在官僚主义、腐败严重等问题，政府审批流程混乱，

审批时间没有明确限制，导致项目上报流程繁杂、效率低下、批复缓慢。例如，菲律宾 B 输变电 EPC 总承包项目涉及的项目土地征、施工电源申请、污水排放、当地分公司注册、银行账户开立、签证办理及设计审批、海关清关等流程，均存在政府审批缓慢导致的拖期风险。

讨论题：
1. 本案例中风险识别使用了哪些方法？
2. 本案例中归纳得到的风险因素有几类？
3. 本案例对同类项目有哪些启示？

复习思考题

1. 为什么要开展项目的风险识别？
2. 风险识别的依据与风险规划的依据有何不同？
3. 简述风险识别过程。
4. 开展风险识别可选用哪些方法？
5. 简述风险记录手册的主要内容。

第 4 章 能源项目风险估计管理

引导案例

近年来,越来越多的中国工程承包企业走出国门,在海外不同的国家和地区开展不同类型的工程承包。海外工程总承包项目大部分按照国际惯例采用 EPC 工程总承包的模式,在该模式下承包商承担了项目的大部分风险。

进行项目风险定量评估,首先要对风险发生的可能性和影响程度分别进行估计,其次要估计风险对项目目标的影响大小。本案例主要基于中国社会科学院每年发布的国家风险评级数据和国际知名风险评级机构的数据,对海外工程总承包项目中的主要政治环境风险事件发生的可能性估计方法进行探讨,并以越南某发电厂总承包项目为例,计算出战争和内乱(P_1)、国家抵制或限制(P_2)、政局变动(P_3)、政策变化(P_4)等主要政治环境风险事件发生的概率。

计算方法主要是根据各国风险评级机构的数据,选取与某个政治环境风险事件密切相关的 4 个要素,对各要素数据进行归一化处理,并赋予一定的权重,进行加权计算。权重的取值需要根据经验判断。如果 4 个要素同等重要,则权重各取 25%;如果 4 个要素对风险事件的影响程度不同,则权重可以增加或减少。具体估计方法如下。

(1)战争和内乱(P_1)发生的可能性估计。在估计战争和内乱发生的可能性时需要考虑下列因素,如表 4-1 所示。

表 4-1 战争和内乱发生的可能性因素

风险事件	因素指标	指标说明	数据来源
战争和内乱 P_1	政府稳定性 P_{11}	0~12 分,政府执行政策和保持政权的能力,分数越高表示政府越稳定	ICRG
	外部冲突 P_{12}	0~12 分,国外行为给东道国政府带来的风险,分数越高表示外部冲突越小	ICRG
	内部冲突 P_{13}	1~10 分,社会、种族、宗教冲突严重性,分数越高表示内部冲突越严重	BTI
	当地民众对项目的排斥度 P_{14}	0~10 分,项目是否因损害当地民众利益而受到排斥,分数越高表示项目受排斥程度越高	当地民意调查

战争和内乱发生的可能性可按下列公式计算:

$$P_1=0.25\times(1-P_{11}/12)+0.25\times(1-P_{12}/12)+0.25\times(P_{13}/10)+0.25\times(P_{14}/10)$$

式中，P_{14} 通过在项目所在地进行民意调查和测评确定。

以越南某发电厂总承包项目为例，2011 年、2012 年、2014 年项目所在地发生战争和内乱的可能性估计如表 4-2 所示。

表 4-2　2011 年、2012 年、2014 年项目所在地发生战争和内乱的可能性估计

指标	2011 年	2012 年	2014 年
政府稳定性 P_{11}	8.0	7.5	7.9
外部冲突 P_{12}	11.5	11.5	11.5
内部冲突 P_{13}	0	0	0
当地民众对项目的排斥度 P_{14}	2	1	0
战争和内乱 P_1	0.14	0.12	0.096

由表 4-2 中的计算结果可以看出，越南某发电厂总承包项目所在地 2011 年、2012 年、2014 年发生战争和内乱的可能性极低，分别为 14%、12% 和 9.6%。

（2）同战争和内乱发生的可能性估计方法，该项目 2011—2014 年发生国家抵制或限制的可能性为中等，均为 55% 左右。该项目所在地 2011 年和 2014 年发生政局变动的可能性为中等，分别为 51% 和 41%；2012 年和 2013 年发生政局变动的可能性为低，分别为 33% 和 37%。该项目所在地 2011 年发生政策变化的可能性为高，为 61%，2012 年发生政策变化的可能性为低，为 37%；2013 年和 2014 年发生政策变化的可能性为中等，分别为 43% 和 49%。

4.1　能源项目风险估计的概念内涵

4.1.1　风险估计的含义

风险估计又称风险预测，常采用两种方法估计项目风险：一种是估计风险发生的可能性或概率，另一种是估计风险发生所产生的后果。在一个项目中存在着各种各样的风险，风险估计可以说明风险的实质。同时，这种估计是建立在有效辨识项目风险的基础之上的。根据项目风险的特点，对已确认的风险，通过定性和定量分析方法分析其发生的可能性和破坏程度的大小，对按潜在危险大小对风险进行排序和评价、制定风险应对策略及选择风险控制方案有重要的作用。风险估计较多采用统计、分析和推断方法，一般需要一系列可信的历史统计资料和相关数据，以及足以说明被估计对象特性和状态的资料作为保证。当资料不全时往往要依靠相关人员的主观推断来进行风险估计，此时风险管理人员掌握科学的风险估计方法、技术和工具就显得非常重要。

一般来讲，在风险估计工作中，风险管理人员要与项目计划人员、技术人员及其他管理人员一起执行以下 4 项操作。

（1）建立一个标准（尺度），以反映风险发生的可能性。
（2）描述风险发生所产生的后果。
（3）估计风险对项目和产品的影响。
（4）确定风险的精确度，以免产生误解。

另外，要对每个风险的表现、范围、发生时间做出尽量准确的判断。对不同类型的风险要采取不同的方法进行分析。

4.1.2 风险估计的概率

在风险估计中，概率分析是基本的方法，是运用概率论及数理统计方法来预测和研究各种不确定性因素对项目投资价值指标的影响的一种定量分析方法。通过概率分析可以对项目的风险情况做出比较准确的判断。概率分析方法主要包括解析法和模拟法（蒙特卡罗模拟法）两种。

因为风险是指损失发生的不确定性（或可能性），所以风险是风险事件发生的概率及其后果的函数，而风险估计则是估计风险的性质、估算风险事件发生的概率及其后果的严重程度，以降低其不确定性的过程。因此，风险与概率密切相关，概率是风险管理研究的基础。

概率（Probability）是指在反复试验中，预期某一事件出现的次数在试验次数中所占的比例。事件 A 发生的概率等于试验次数无限大时事件 A 出现频率的极限。但是，在实际情况下，试验次数不可能达到无限大，所以概率（P）只是一个估计值。在不同的样本之间，这个估计值是有差别的。试验次数越大、样本越大，估计值越接近 P 的真实值。

（1）概率之和等于 1。例如，在 Aa 基因型自交的子代中，AA 出现的概率为 1/4，Aa 出现的概率为 2/4，aa 出现的概率为 1/4，概率之和为 1/4+2/4+1/4=1。

（2）概率值在 0 和 1 之间变化，即 $0 \leq P \leq 1$。

（3）概率的乘法法则。两个或两个以上独立事件（一个事件的发生不影响另一个事件的发生）同时发生的概率是它们各自概率的乘积。这就是概率的乘法法则。例如，三对杂合基因 AaBbCc 的一个个体在产生配子时，每对杂合基因中的每个成员都以相同的概率进入一个配子，因此，这三对基因同时进入一个配子的概率为 1/2×1/2×1/2=1/8。也就是说，一共可以产生 8 个配子，每个配子都会以相同的概率（1/8）出现。如果受精时配子的结合没有选择性，多种基因型的个体都能正常发育，则由 AaBbCc 基因型个体自交产生的子代中，各种基因型出现的概率可按概率的相乘法则计算。例如，子代中 AABBCC 基因型个体出现的概率应该为 1/8×1/8＝1/64。这是因为 ABC 的雄配子和 ABC 的雌配子出现的概率各为 1/8，出现这两种类型的配子是两个独立发生的事件。

（4）概率的加法法则。若 A 和 B 是两个互斥事件，即一个事件发生另一个事件就不发生，则 A 或 B 发生的总概率等于它们单独发生的概率之和，即 $P(A \cup B) = P(A) + P(B)$。这就是概率的加法法则。例如，在 AaBb 的自交后代中，出现带 3 个显性基因和 1 个隐性基因的个体的概率就可用概率的加法法则来计算：

$$1/16AABb+1/16AaBB+1/16AABb+1/16AaBB=1/4$$

这里，自交后代的不同个体的出现就是互斥事件，因为当一个个体带 3 个显性基因和 1

个隐性基因时，这个个体就不可能再是其他基因型的个体。

（5）条件概率。如果 A 和 B 是在条件 S 下的两个随机事件，$P(A) \neq 0$，则在事件 A 发生的前提下事件 B 发生的概率称为条件概率（Conditional Probability），记作 $P(B|A)$：

$$P(B|A) = P(B \cap A) / P(A)$$

式中，$P(A)$——事件 A 发生的概率；

$P(B \cap A)$——事件 A 和事件 B 同时发生的概率。

例如，调查女性色盲出现的概率，这是一个条件概率，其中女性是事件 A，色盲是事件 B。

对概率的认识可分为客观概率、主观概率和合成概率。

1. 客观概率

（1）古典概率。如果一个事件 A 可以划分为 r 个后果，而这些后果属于 N 个两两互不相容且等可能性的事件构成的完备事件群，则事件 A 发生的概率 $P(A)$ 为

$$P(A) = \frac{r}{N} \tag{4-1}$$

古典概率是建立在等可能性的基础上的，在用它考虑复杂问题时会遇到困难，因为在许多场合下是否符合等可能性就是一个问题。

（2）概率的统计定义。概率的统计定义从大多数试验中事件出现的频率出发，在不变的条件下精确地重复进行试验，观察事件 A 是否发生。若 N 次独立重复试验中事件 A 发生的次数为 n，则频率为 n/N，在 N 充分大时频率几乎保持固定的数值，N 越大，观察到的偏差越小，此时事件 A 出现的频率可视为概率：

$$P(A) = \lim_{N \to \infty} \frac{n}{N} \tag{4-2}$$

但概率的统计定义也有缺陷：①概率是大样本的估计结果，很难得出一个精确值；②所采用的样本并不十分清楚；③"精确地重复"这个概念有一定的缺陷，如在掷硬币时，如果是精确地重复，那么它应产生同样的结果（正面或反面），这就引出了不确定性源的问题，即不确定性来自内部还是外部？答案与每个人的世界观密切相关。因此，有人认为存在不可避免的不确定性，而有人则不认为存在真正的随机性。

古典概率和概率的统计定义都将概率看作反映集体现象的客观性质，是独立于认识主体而存在的，故称这两种概率为客观概率。应用客观概率对项目风险进行估计称为客观估计。

2. 主观概率

主观概率是与客观概率相对立的一个概念，认为概率所反映的是人主观上对事件发生所抱有的信念程度（Degree of Briefs）。例如，在掷硬币试验中，如果已掷过 6 次，并有结果 $THHHHH$（其中，H 为正面向上，T 为反面向上），则第 7 次的结果应独立于原先各次的结果。正面和反面向上的概率均为 0.5，但参与该游戏的人却往往认为前 5 次未出现过反面向

上的结果，下一次反面向上的概率应大于 0.5。在这种场合下，人们对事件实际发生的概率做出符合他们对事件可能性认识的直觉判断，称作主观概率。

主观概率和客观概率的不同是由人们对概率的不同认识引起的。客观概率论支持者认为，概率同质量、体积、硬度一样，是研究对象的一种物理属性，如在掷硬币时，某个面向上的概率是掷硬币这一事件的物理属性；而主观概率论支持者认为，概率是人们对现象状况的测度，而不是对现象本身的测度，因此概率不是研究对象的一种物理属性，而是人们基于对某一随机事件物理现象的认识而做出的主观判断。因此，根据对某一事件是否发生的主观认识，选取一个 0~1 的数值来描述事件发生的可能性，该数值就称为主观概率。主观概率虽然是由专家利用较少的统计信息做出的估计，但它是根据个人或集体的隐性知识而做出的合理判断，是基于一定的信息、经验和科学分析得到的。主观概率适用于复杂事件、可用信息资料严重不足或根本无可用信息资料等场合。

应用主观概率对项目风险进行估计称为主观估计。

3. 合成概率

合成概率是介于主观概率和客观概率之间的概率，它不是直接由大量试验和计算分析得到的，也不是完全由主观判断和计算分析得到的，而是介于两者之间。应用合成概率对项目风险进行估计称为行为估计。

风险估计包括风险事件发生的概率估计和风险事件后果估计两个方面。风险事件后果估计也可分为三种，即主观后果估计、客观后果估计和行为后果估计。以某个人或集体的价值观为主要判断形式的估计称为主观后果估计；直接进行观测并客观、全面地显性描述后果的估计称为客观后果估计；在考虑主观、客观后果估计的同时，对特定风险主体的行为加以研究和观测并对主观、客观后果估计进行修正的估计称为行为后果估计。

在传统的风险分析过程中，多数研究集中在客观风险上，这种风险比较容易辨识和估计。而在实践中，由于项目的复杂性和动态变化性，以及风险事件后果的多样性，客观估计往往难以做到"客观"，因此人们逐渐开始关注风险主体行为的风险因素研究，并且常常通过主观估计做出决策。这种使人的价值观和感情意志因素优先于客观估计的现象，虽然其准确性值得研究，但其在一定程度上反映了项目风险的规律特征。这种估计方法已在管理决策领域得到了广泛应用。

4. 风险估计与概率分布

风险事件发生的概率和概率分布是风险估计的基础，因此，风险估计的一个重要方面是确定风险事件发生的概率分布。概率分布是显示各种结果发生概率的函数。风险估计中常用的概率分布有离散分布、等概率分布、泊松分布、二项分布、威布尔分布、正态分布和对数正态分布等。在风险估计中，概率分布用来描述损失原因所致各种损失发生可能性大小的分布情况。在研究概率分布时，需要注意充分利用已获得的各种信息进行估测和计算，在获得的信息不够充分的条件下则需要根据主观判断和近似的方法来确定概率分布，具体采用何种概率分布应根据项目风险特点而定。

确定风险事件发生的概率分布一般有三种方法：根据历史资料确定风险事件发生的概率

分布、理论概率分布法和主观概率法。一般来讲，风险事件发生的概率分布应当根据历史资料来确定，但当项目管理人员没有足够的历史资料用来确定风险事件发生的概率分布时，也可以采用理论概率分布法。

4.1.3 计量标度

计量是为了取得有关数值或排列顺序。计量使用标识、序数、基数和比率 4 种标度。

（1）标识标度。标识标度用于标识对象或事件，可以用来区分不同的风险，但不涉及数量。不同的颜色和符号都可以作为标识标度。在尚未充分掌握风险的所有方面或风险同其他已知风险的关系时，一般使用标识标度。例如，项目班子如果感觉项目进度拖延的后果非常严重，则可用紫色表示项目进度拖延风险；如果感觉项目进度拖延的后果很严重，则可用红色表示项目进度拖延风险；如果感觉项目进度拖延的后果严重，则可用橘红色表示项目进度拖延风险。

（2）序数标度。序数标度是指事先确定一个基准，按照与这个基准的差距大小将风险排出先后顺序，使之彼此区别开。使用序数标度还能判断一个风险是大于、等于还是小于另一个风险。但是，使用序数标度无法判断各风险之间的具体差距。这里所说的基准可以是主观的，也可以是客观的。例如，将风险分为已知风险、可预测风险和不可预测风险使用的就是序数标度。

（3）基数标度。使用基数标度不仅可以把各个风险区别开，还可以确定它们之间差距的大小。例如，项目进度拖延 20 天造成 800 万元损失的计量使用的就是基数标度。

（4）比率标度。使用比率标度不仅可以确定风险之间差距的大小，还可以确定一个计量起点。例如，风险事件发生的概率就是一种比率标度。

有些类型的风险估计常常要用到多种计量标度。正确地选用计量标度在风险估计中非常重要。此外，还需要知道对于已经收集到的信息和资料应当选用哪种计量标度。

在定量估计风险时，一般使用基数标度或比率标度。在这种情况下，用一个百分数或分数（概率）表示风险发生的可能性。概率仍然只是一种信念程度的反映，并不一定能提高风险估计的准确性。与定性估计相比，定量估计可以减少含混不清，更客观地估计有关风险的信息资料。另外，风险有了数值之后，就可以参与各种运算，从而可以确定两个风险具体相差多少。记叙性和定性计量无法进行计算。表 4-3 所示为风险定量评级示例。

表 4-3 风险定量评级示例

风险等级	失败概率	说明
极高	0.81～0.99	超过目前水平，极有可能出技术问题
很高	0.61～0.80	超过目前水平，很有可能出技术问题
高	0.50～0.60	最新技术，但未充分考验，有可能出技术问题
一般高	0.25～0.49	最好的技术，不会出大技术问题
低	0.10～0.24	实用技术，不会出技术问题
很低	0.01～0.09	正在使用的系统

4.1.4 效用和效用函数

有些风险事件的后果或损失大小很难计算,即使能够计算出来,同一数额的损失在不同人心目中的地位也不一样。为了反映决策者价值观念方面的差异,需要考虑效用和效用函数。

效用是指当一种有形或无形的东西使个人的需要得到或未得到一定程度的满足时,个人给予这种有形或无形的东西的评价。这个评价值就是效用值。人不同,评价也不同。因此,效用值是一个相对的概念。

风险事件后果若能量化,则可换算成一定的金额,用变量 x 来表示,该变量称为损益值。如果方案实施成功,则会带来收益,此时的损益值为正值;如果方案实施失败,则会带来损失,此时的损益值为负值。不同的方案实施成功或失败所带来的损益值是不同的。效用值是损益值 x 的函数,该函数叫作效用函数,可用变量 $U(x)$ 来表示。经济学家和风险管理人员将效用作为衡量指标,衡量人们对风险及其他事物的主观评价、态度、偏好和倾向等。一般可规定:决策者最愿意接受的收益对应的效用值为 1,最不愿意接受的损失对应的效用值为 0。

通常,求效用函数及其曲线的过程可以分为以下几个步骤。

第一步,从决策问题的损益值表中选出最大和最小的损益值,将其分别与效用值 1 和 0 对应。损益值表如表 4-4 所示。在表 4-4 中,效用值 1 对应的是 $\max\{A_1,B_1,\cdots\}$,而效用值 0 对应的是 $\min\{A_2,B_2,\cdots\}$。

表 4-4 损益值表

自然状态	成功收益(完成事件 Q_1 带来的收益)	失败损失(完成事件 Q_2 带来的损失)
状态概率	$P(Q_1)$	$P(Q_2)$
方案 A	A_1	A_2
方案 B	B_1	B_2
…	…	…

第二步,由确定性等值的概念,求出与各损益值相对应的效用值。

第三步,评价所确定的效用值是否符合决策者的主观意愿,如果符合,则列出效用函数;如果不符,则重新进行评价。

在直角坐标系中,以横坐标表示收益或损失的大小(损益值)、纵坐标表示效用函数值,所得的曲线叫作效用曲线。图 4-1 所示为三类决策者的效用曲线,反映了三类决策者对待风险事件后果的不同态度。决策者一般可分为保守型、中间型和冒险型三类。中间型的决策者对待风险事件后果的态度(收益或损失的效用值)是与损益值成正比的。保守型的决策者对待风险事件不利后果的态度(损失的效用值)特别敏感,也就是说,损失稍微增大一点儿,效用值就减小很多;相反,其对待风险事件有利后果的态度(收益的效用值)比较迟钝,也就是说,当收益增大很多时,效用值才增大一点儿。保守型的决策者难以接受风险事件的不利后果,对追求高收益的兴趣不大。冒险型的决策者对待风险事件不利后果的态度(损失的效用值)比较迟钝,也就是说,即使损失增大很多,效用值也减小不多;相反,其对待风险事件有利后果的态度（收益的效用值）特别敏感，也就是说，当收益仅增大一点儿时，效用值就增大很多。冒险型的决策者可以接受风险事件的不利后果，愿意追求高收益。

效用、效用函数和效用曲线在情报价值的计算中考虑决策者的主观因素时是很有用的。不同类型的决策者有不同的效用曲线。

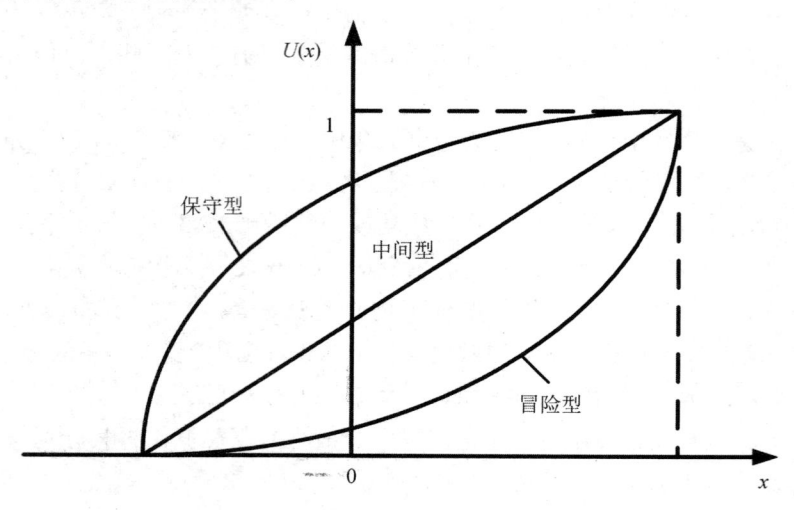

图 4-1　三类决策者的效用曲线

4.2　能源项目风险估计过程

风险估计是指在风险识别的基础上，运用定性和定量的分析方法估计项目中各个风险发生的可能性和破坏程度的大小，并按潜在危险大小对风险进行排序。可以从内部和外部两个视角来看待风险估计过程：从外部视角详细说明风险估计过程的输入、机制、控制和输出；从内部视角详细说明用机制将输入转变为输出的过程活动。

4.2.1　风险估计过程的目标

当风险估计过程达到下列目标时，就说明它是充分的。
（1）能用成本效益的方式估计项目中的各个风险。
（2）确定风险发生的可能性。
（3）确定风险的影响。
（4）确定风险的排列排序。

4.2.2　风险估计过程的定义

风险估计过程的定义如图 4-2 所示。

第 4 章　能源项目风险估计管理

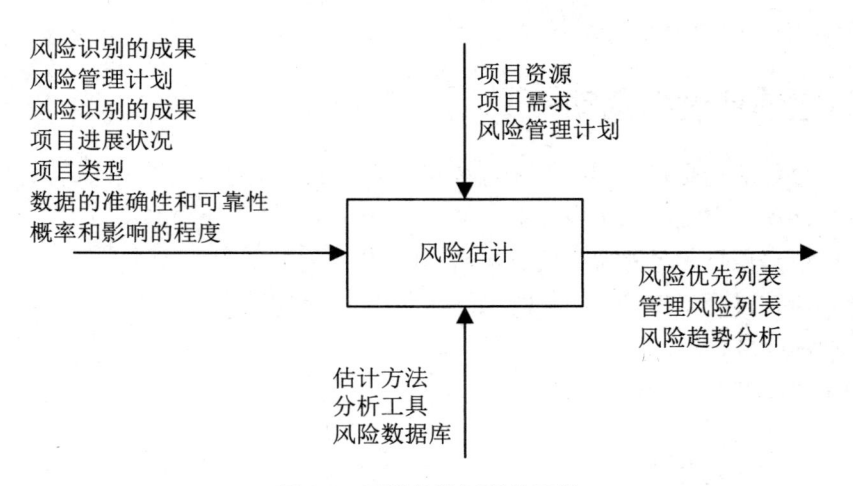

```
风险识别的成果
风险管理计划                    项目资源
风险识别的成果                  项目需求
项目进展状况                    风险管理计划
项目类型
数据的准确性和可靠性
概率和影响的程度
         ──────→  ┌─────────┐  ──────→  风险优先列表
                  │ 风险估计 │            管理风险列表
                  └─────────┘            风险趋势分析
                       ↑
                  估计方法
                  分析工具
                  风险数据库
```

图 4-2　风险估计过程的定义

1．输入

风险估计是对项目中的风险进行定性或定量分析，并依据风险对项目目标的影响程度来对风险进行分级和排序的过程。风险估计过程的输入如下。

（1）风险识别的成果。

（2）风险管理计划。

（3）风险识别的成果。已识别的风险及风险对项目的潜在影响需要进行估计。

（4）项目进展状况。风险的不确定性常常与项目所处的生命周期阶段有关。在项目初期，风险征兆往往表现得不明显，随着项目的进展，发现风险的可能性会增加。

（5）项目类型。一般来说，普通项目或重复率较高的项目的风险等级比较低，技术含量高或复杂性强的项目的风险等级比较高。

（6）数据的准确性和可靠性。用于风险识别的数据或信息的准确性和可靠性应进行估计。

（7）概率和影响的程度。用于估计风险的两个关键方面。

2．机制

估计方法、分析工具和风险数据库是风险估计过程的机制。机制是为风险估计过程活动提供结构的方法、技术、工具或手段。风险发生的可能性、风险对项目目标的影响程度和风险发生的概率均有助于衡量风险的影响及风险的排序。

3．控制

项目资源、项目需求和风险管理计划用于控制风险估计过程，其方式类似于控制风险识别过程。

4．输出

按优先级排列的风险列表（包括风险优先列表和管理风险列表）及风险趋势分析是风险估计过程的输出。按优先级排列的风险列表是一个项目中的详细的风险目录，其中包含所有可以识别风险的相对排序及其影响分析。

4.2.3 风险估计过程活动

风险估计过程活动是将识别出的风险转变为按优先级排列的风险列表所需完成的任务。风险估计过程活动主要包括以下内容。

（1）系统研究项目的风险背景信息。
（2）详细研究已辨识项目中的关键风险。
（3）使用风险估计的方法、技术和工具。
（4）确定风险发生的概率及其后果。
（5）做出主观判断。
（6）对风险按优先级进行顺序。

4.3 能源项目风险估计的依据

4.3.1 项目范围说明

在面对常见或反复开展的项目时，项目管理人员对风险发生的概率及其后果往往了解得比较透彻。而在面对采用最新技术或创新性技术的项目或极其复杂的项目时，由于其不确定性往往很大，因此缺乏分析的经验。项目范围说明为项目提供哪些工作要做或不要做的明确要求、项目的可交付成果和为提交这些可交付成果而必须开展的工作，使项目团队能够实施更详细的规划，其在项目执行过程中能够起到指导项目团队工作的作用。即使缺乏经验，通过核查项目范围说明，项目管理人员也可以对不确定内容进行评估。项目范围说明可以作为评价变更请求或增加工作是否超出了项目边界的基准。

4.3.2 风险管理计划

风险管理计划中用于风险估计的关键元素包括：风险管理角色和职责、风险管理预算和进度活动、风险类别、概率和影响的定义、风险概率-影响矩阵以及修改后的项目干系人的风险容忍度。在风险规划过程中，通常按照项目的具体情况对这些元素进行调整，如果这些元素不存在，则可在风险估计过程中建立这些元素。

4.3.3 组织管理知识

在风险估计过程中，可借用先前积累的项目风险数据及组织整体信息存储检索知识库。组织管理知识可以反映组织从以前的项目中吸取的教训和学习到的知识，如完成的进度表、风险数据和实现价值数据。组织整体信息存储检索知识库中记录的全部内容都将成为开展风险估计过程活动的依据。

4.3.4 风险记录手册

首先，风险记录手册为风险估计提供已识别的风险清单。该风险清单对已识别风险进行了描述，包括其根本原因、不确定的项目假设等。风险估计要从可能性及影响程度两个方面对风险识别过程中发现的风险及其对项目的潜在影响进行综合分析，以评估项目的总体风险及趋势。

其次，由风险识别获得的风险记录手册还为风险估计提供项目状态的内容。风险的不确定性往往取决于项目所处的生命周期阶段。在项目早期，许多风险尚未显现出来，项目设计尚欠成熟，变更时有发生，因而有可能出现更多风险。

最后，风险记录手册还能为风险估计提供初步的项目类型分析。在不同的项目中，项目管理人员面对的不确定性是不同的，风险估计的工作程度自然有相应的差异。

4.4 能源项目风险估计的方法、技术和工具

4.4.1 风险估计的方法

风险可定义为不希望的事件发生的概率及后果的严重性，它与不确定性有区别，不确定性仅考虑事件发生的肯定程度，而从项目管理的角度来看，要真正判断一个项目是否"危险"，应全面了解事件发生/不发生的潜在影响。因此，风险估计至少涉及以下三个方面。

（1）事件发生的概率。这个变量一般可以根据历史情况用统计参考数据进行估算。

（2）后果的严重性。这个变量要求项目管理人员明确有哪些后果及其影响程度。

（3）主观判断。这个变量是对前两个方面的综合，综合反映了风险的主观色彩，即不同的人或组织对风险有不同的感受和承受能力。

风险估计应综合考虑上述三个方面的影响。同时，由于风险的独特性、变动性和复杂性，风险估计、评价的方法往往根据项目的情况不同而不同，通常可分为定性估算法和定量估算法。根据风险管理人员掌握的信息资料的不同，风险估计有确定型、随机型和不确定型三种不同类型。这里重点讨论这三种类型风险估计的方法。

1. 确定型风险估计

确定型风险是指那些风险各种状态出现的概率为 1，其后果完全可以预测，有精确、可靠的信息资料支持的风险，即风险环境仅有一个数值且可以确切预测某种风险后果时的风险。这种情况下的风险估计称为确定型风险估计。确定型风险估计有许多方法，这里重点讨论项目经济评价使用的盈亏平衡分析、敏感性分析等方法。

1）盈亏平衡分析

盈亏平衡分析侧重于风险管理中的盈亏平衡点（Break Even Point，BEP）的分析，即对项目的产量、成本和利润三者之间的平衡关系进行分析，确定项目在产量、价格、成本等方面的盈亏界限，据此判断在各种不确定性因素作用下项目的适应能力和对风险的承受能力。

能源项目风险管理

盈亏平衡点越低,表明项目适应变化的能力越强,承受风险的能力越强。

盈亏平衡分析一般根据项目正常生产年份的产量或销售量、可变成本、固定成本、单位产品价格和销售税金等资料数据计算盈亏平衡点。其隐含的一个假设是销售收入等于销售成本,认为销售收入和销售成本是销售量的函数,在盈亏平衡图上表现为销售收入与销售成本函数曲线的交会点表示该项目不盈不亏的生产经营水平,从另一个侧面也表示项目在一定生产水平时收益与支出的平衡关系,所以也称该点为收支平衡点。由于销售收入与销售量、销售成本与销售量之间存在着线性和非线性两种可能的关系,因此盈亏平衡分析也分为线性盈亏平衡分析和非线性盈亏平衡分析,此外还有优劣盈亏平衡分析。

(1) 线性盈亏平衡分析。

线性盈亏平衡分析是指项目的销售收入与销售量、销售成本与销售量之间的关系为线性关系情况下的盈亏平衡分析。这种关系可表示为

$$T_r = pQ \tag{4-3}$$

$$T_c = \omega Q + F \tag{4-4}$$

$$P_t = T_r - T_c = pQ - \omega Q - F = (p - \omega)Q - F \tag{4-5}$$

式中,T_r——销售收入;

T_c——销售成本;

P_t——总利润;

Q——销售量;

p——单位产品价格;

F——固定成本;

ω——单位产品变动成本。

线性盈亏平衡点的确定方法一般有两种:一种是图表法,另一种是解析法。

① 图表法。图表法是指将项目的销售收入函数和销售成本函数在同一个坐标系上描述出来,从而得到盈亏平衡图,图中两条直线的交点就是盈亏平衡点,如图 4-3 所示。

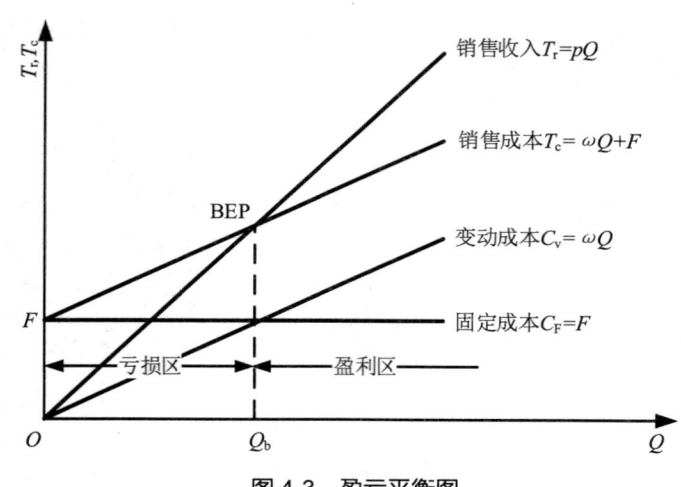

图 4-3 盈亏平衡图

在图 4-3 中，纵坐标表示销售收入和销售成本，横坐标表示销售量，Q_b 为盈亏平衡点所对应的盈亏平衡销售量（或称盈亏界限）。在盈亏平衡点右边，销售量大于盈亏界限 Q_b，销售收入大于销售成本，项目盈利；在盈亏平衡点左边，销售量小于盈亏界限 Q_b，销售收入小于销售成本，项目亏损；在盈亏平衡点上，销售收入等于销售成本，项目不盈不亏。因此，盈亏平衡点就是项目盈利和亏损的临界点，该临界点越低，项目盈利的机会就越大，项目亏损的风险就越小。从风险管理的角度来看，项目管理组织应设法确保项目的产出达到甚至超过盈亏界限。由于盈亏平衡点是项目的销售收入和销售成本共同作用的结果，因此要增大项目盈利的机会，还必须尽量降低项目的固定成本和可变成本。

② 解析法。解析法是指通过求解方程来确定盈亏平衡点。根据盈亏平衡原理，在盈亏平衡点上，销售收入与销售成本相等。由式（4-3）和式（4-4）可得

$$pQ = \omega Q + F \tag{4-6}$$

由式（4-6）可得出以下结论。

a. 盈亏平衡产量或销售量，即盈亏界限为

$$Q_b = \frac{F}{p - \omega} \tag{4-7}$$

b. 盈亏平衡销售收入为

$$T_r = \frac{pF}{p - \omega} = \frac{F}{1 - \frac{\omega}{p}} \tag{4-8}$$

式（4-7）和式（4-8）中各符号的含义同前。

c. 生产负荷率。

这里引入一个概念，即生产负荷率。设项目的年设计生产能力为 Q_t，定义比值

$$\text{BEP}(Q) = \frac{Q_b}{Q_t} = \frac{F}{(p - \omega)Q_t} \times 100\% \tag{4-9}$$

为项目的生产负荷率。生产负荷率是衡量项目生产负荷状况的重要指标。在项目的多个方案中，生产负荷率越低越好。一般认为，当生产负荷率不超过 0.7 时，项目可承受较大风险。

d. 盈亏平衡点单位产品价格为

$$p^* = \omega + \frac{F}{Q_t} \tag{4-10}$$

e. 盈亏平衡点单位产品变动成本为

$$\omega^* = p - \frac{F}{Q_t} \tag{4-11}$$

以上各式对盈亏平衡点的分析和计算都是以假设式中其他因素不变为前提条件的，因此有一定的局限性，而且也未考虑税金这个因素。在实际分析中，应对税金加以考虑，则式（4-6）应变为

能源项目风险管理

$$(p-r)Q = \omega Q + F \qquad (4\text{-}12)$$

式中，r——单位产品价格中包含的税金。

其余各式也应做出相应的变化，即

$$Q_b = \frac{F}{p-r-\omega}$$

$$T_r = \frac{F}{1-\dfrac{r-\omega}{p}}$$

$$\mathrm{BEP}(Q) = \frac{F}{(p-r-\omega)Q_t} \times 100\%$$

$$p^* = r + \omega + \frac{F}{Q_t}$$

$$\omega^* = p - r - \frac{F}{Q_t}$$

将利用上述各式计算得到的结果与对项目的预测值进行比较，即可判断项目对各风险的承受能力。同时我们还可以发现，固定成本越高，盈亏平衡产量越高，盈亏平衡单位产品变动成本越低。高的盈亏平衡产量和低的盈亏平衡单位产品变动成本意味着项目的经营风险较大，因此固定成本有增大项目风险的效应，在实际的管理决策及设备、工艺等的选择中应予以足够的重视。

【例 4.1】一个生产项目有两个方案可供选择。两个方案的年设计生产能力、单位产品价格、单位产品变动成本、税金和年固定成本分别如下。

方案 1：Q_t=90000 件，p=45 元，ω=18 元，r=9 元，F=810000 元。

方案 2：Q_t=85000 件，p=45 元，ω=16 元，r=9 元，F=960000 元。

（1）试比较这两个方案的年最大利润、盈亏界限和生产负荷率；（2）当单位产品价格下跌到 p=37 元时，这两个方案的年最大利润、盈亏界限和生产负荷率将会发生怎样的变化？

解：（1）计算两个方案的年最大利润、盈亏界限和生产负荷率。

● 方案 1。

年最大利润为

$$P = (p - \omega - r)Q_t - F = (45 - 18 - 9) \times 90000 - 810000 = 810000 \text{（元）}$$

盈亏界限为

$$Q_b = F / (p - \omega - r) = 810000 / (45 - 18 - 9) = 45000 \text{（件）}$$

这就说明，当年产量达到 45000 件时，该方案能使项目不亏损；当年产量超过 45000 件时，该方案能使项目盈利。

生产负荷率为

$$\mathrm{BEP}(Q) = Q_b / Q_t \times 100\% = 45000 / 90000 \times 100\% = 50\%$$

这就说明，该方案的盈亏界限仅达到设计生产能力的一半，项目有很大的盈利余地，即该方案可使项目有很大的风险承受能力。

● 方案 2。

年最大利润为
$$P = (p - \omega - r)Q_t - F = (45 - 16 - 9) \times 85000 - 960000 = 740000 \text{（元）}$$

盈亏界限为
$$Q_b = F / (p - \omega - r) = 960000 / (45 - 16 - 9) = 48000 \text{（件）}$$

这就说明，当年产量达到 48000 件时，该方案能使项目不亏损；当年产量超过 48000 件时，该方案能使项目盈利。

生产负荷率为
$$\text{BEP}(Q) = Q_b / Q_t \times 100\% = 48000 / 85000 \times 100\% \approx 56.5\%$$

这就说明，该方案的盈亏界限已达到设计生产能力的 56.5%。对比以上计算结果可知，无论是在年最大利润方面，还是在盈亏界限与生产负荷率方面，方案 2 的风险承受能力都不如方案 1。

（2）计算单位产品价格下跌到 $p=37$ 元时两个方案的年最大利润、盈亏界限和生产负荷率。

● 方案 1。

年最大利润为
$$P = (p - \omega - r)Q_t - F = (37 - 18 - 9) \times 90000 - 810000 = 90000 \text{（元）}$$

盈亏界限为
$$Q_b = F / (p - \omega - r) = 810000 / (37 - 18 - 9) = 81000 \text{（件）}$$

这就说明，当年产量达到 81000 件时，该方案能使项目不亏损；当年产量超过 81000 件时，该方案能使项目盈利。

生产负荷率为
$$\text{BEP}(Q) = Q_b / Q_t \times 100\% = 81000 / 90000 \times 100\% = 90\%$$

这就说明，当单位产品价格下跌到 $p=37$ 元时，项目的风险承受能力大大降低。

● 方案 2。

年最大利润为
$$P = (p - \omega - r)Q_t - F = (37 - 16 - 9) \times 85000 - 960000 = 60000 \text{（元）}$$

盈亏界限为
$$Q_b = F / (p - \omega - r) = 960000 / (37 - 16 - 9) = 80000 \text{（件）}$$

这就说明，当年产量达到 80000 件时，该方案能使项目不亏损；当年产量超过 80000 件时，该方案能使项目盈利。

生产负荷率为

$$\text{BEP}(Q) = Q_b / Q_t \times 100\% = 80000 / 85000 \times 100\% \approx 94.1\%$$

这就说明，当单位产品价格下跌到 $p=37$ 元时，方案 2 的风险承受能力比方案 1 低得多。因此，项目管理组织应避免采用方案 2。

在以上盈亏平衡分析中，项目的销售收入和销售成本都是销售量的线性函数，所以叫作线性盈亏平衡分析。有些项目的销售收入和销售成本可以是销售量的非线性函数，这时盈亏平衡分析能以类似的方式进行。

（2）非线性盈亏平衡分析。

在实际的项目管理活动中，经常会受到政策变化、使用需求变化等的影响，从而使销售收入、销售成本与销售量不成线性关系。因此，在项目管理活动中常通过非线性盈亏平衡分析来确定盈亏平衡点。非线性盈亏平衡分析一般使用解析法进行分析和计算。

假设非线性销售收入函数与销售成本函数用一元二次函数表示为

$$R(Q) = aQ + bQ^2 \tag{4-13}$$

$$C(Q) = c + dQ + eQ^2 \tag{4-14}$$

式中，a、b、c、d、e——常数；

Q——产量。

根据盈亏平衡原理，在盈亏平衡点有 $R(Q) = C(Q)$，即有

$$aQ + bQ^2 = c + dQ + eQ^2$$

解此二次方程可得，盈亏界限为

$$Q_b^* = -\frac{d-a}{2(e-b)} \pm \frac{\sqrt{(d-a)^2 - 4(e-b)c}}{2(e-b)} \tag{4-15}$$

由式（4-15）可得，销售收入曲线与销售成本曲线有两个交点，因此有两个盈亏平衡点，即 Q_{b1}^* 和 Q_{b2}^*。产量或销售量低于 Q_{b1}^* 或高于 Q_{b2}^*，项目都亏损，只有产量或销售量在 Q_{b1}^* 和 Q_{b2}^* 之间时项目才能盈利。当产量或销售量在 Q_{b1}^* 和 Q_{b2}^* 之间时，项目的盈利为

$$B = R(Q) - C(Q) = (b-e)Q^2 + (a-d)Q - c \tag{4-16}$$

因为在最大利润点上，边际利润为零，所以对式（4-16）进行求导可得最大利润点的产量 $Q_{\max B}$，即

$$\frac{\mathrm{d}B}{\mathrm{d}Q} = 2(b-e)Q + (a-d) = 0$$

解得

$$Q_{\max B} = \frac{d-a}{2(b-e)}$$

在最大利润点左侧，利润率是上升的；在最大利润点右侧，利润率是下降的。

下面举例进行分析。

【例 4.2】有一个工业产品项目，根据历史资料预测其单位产品价格 $p=21000Q^{-\frac{1}{2}}$，单位产品变动成本 $\omega=1000$ 元，固定成本 $F=100000$ 元，拟定生产规模为年产 130 件，试对该项目进行盈亏平衡分析。

解：（1）确定销售收入函数和销售成本函数。

$$R(Q)=pQ=21000Q^{-\frac{1}{2}}Q=21000Q^{\frac{1}{2}}$$

$$C(Q)=F+\omega Q=100000+1000Q$$

（2）根据盈亏平衡原理，列出平衡方程，求解平衡点。

由 $R(Q)=C(Q)$，可得

$$21000Q^{\frac{1}{2}}=100000+1000Q$$

求解该方程可得，盈亏界限 Q_b^* 为

$$Q_{b1}^*=\frac{241-\sqrt{241^2-4\times10^4}}{2}\approx 53（件）$$

$$Q_{b2}^*=\frac{241+\sqrt{241^2-4\times10^4}}{2}\approx 188（件）$$

（3）求解利润最大点的产量 Q_{maxB}。

$$\frac{dB}{dQ}=\frac{d[R(Q)-C(Q)]}{dQ}=\frac{d\left(21000Q^{\frac{1}{2}}-1000Q-100000\right)}{dQ}=0$$

解得

$$Q_{maxB}=110（件）$$

该点上的利润为

$$B_{max}=21000\times 100^{\frac{1}{2}}-1000\times 110-100000\approx 10250（元）$$

根据上述计算结果可知，该项目存在两个盈亏平衡点 53 和 188，如果销售量在 53 件和 188 件之间，则该项目盈利，该项目利润最大点的产量为 110 件。项目的原设计产量为 130 件，其处在盈利区，但是处在利润率的下降区域，如果适当削减一些产量，则可以获取更高的利润。综合来看，该项目的盈利前景光明，风险承受能力强。

2）敏感性分析

项目管理活动一般在一种动态的复杂环境中进行，所以通常要进行敏感性分析。敏感性分析是指通过分析、预算项目的主要制约因素发生变化时引起项目评价指标变化的幅度，以及各种因素变化对实现预期目标的影响程度，从而确认项目对各种风险的承受能力。在项目

的整个生命周期内存在各种不确定性因素，而且这些因素对项目的影响程度也是不一样的，有些因素的很小变化就会引起项目评价指标的较大变化，甚至超过临界点（所谓临界点，是指在该点处所分析的因素使项目某备选方案从被接受转为被否决），直接影响到原来的项目管理决策，这些因素被称为敏感性因素；有些因素即使在较大的数值范围内变化，也只会引起项目评价指标的很小变化，甚至无变化，这些因素被称为不敏感性因素。敏感性分析的目的就是在项目的诸多不确定性因素中，确定敏感性因素和不敏感性因素，并分析敏感性因素对项目活动的影响程度，从而使项目管理人员掌握项目的风险水平，明确进一步的风险管理途径、技术和方法。

敏感性分析是经济决策中常用的一种不确定分析方法，其目的是了解各种不确定性因素，为项目的正确决策提供依据。具体而言，敏感性分析的作用主要体现在以下5个方面。

（1）了解项目的风险水平。
（2）找出影响项目活动的主要因素。
（3）揭示敏感性因素可承受的变动幅度。
（4）比较、分析各备选方案的风险水平，实现方案优选。
（5）预测项目变化的临界条件或临界数值，确定控制措施或寻求可替代方案。

敏感性分析可以对项目中的单一因素进行分析，即假设项目活动的其他因素不变，只分析一个敏感性因素的变化对项目活动的影响，称为单因素敏感性分析；也可以对项目中的多个因素进行分析，即同时分析多个敏感性因素的变化对项目活动的影响，称为多因素敏感性分析。由于多因素敏感性分析需要综合考虑多个敏感性因素可能的变化对项目活动的影响，因此分析起来比较复杂。

下面举例进行单因素敏感性分析。

【例4.3】某小型生产项目有几个备选方案，其中一个备选方案的建设期投资额、年设计生产能力、单位产品价格、单位产品变动成本、税金、折现率和项目的十年折旧期结束时的残值分别如下：P_i=340000元，Q_i=600t，p=400元，ω=220元，r=20元，i=16%，S=10000元。试研究该方案的项目变数（产量、单位产品价格和单位产品变动成本）的变动对项目的经济性能指标（净现值和内部收益率）的影响。

解：由技术经济学可知，项目的净现值NPV为

$$\mathrm{NPV} = -P_i + (p - \omega - r)Q\frac{(1+i)^n - 1}{i(1+i)^2} + \frac{S}{(1+i)^n} \quad (4\text{-}17)$$

式中，i——折现率，而内部收益率IRR就是使净现值NPV等于零的折现率；

h——项目的寿命周期。

为了测试净现值和内部收益率对上述三个变数的敏感性，在式（4-17）中分别让产量、单位产品价格和单位产品变动成本三个变数中的一个变动，而另外两个保持不变，计算出变动后的净现值和内部收益率。变数变动的幅度一般按变数原值的百分比来取值，如0、10%、20%、30%、-10%、-20%、-30%等。表4-5所示为产量、单位产品价格、单位产品变动成本变动后的净现值和内部收益率。

表 4-5　产量、单位产品价格、单位产品变动成本变动后的净现值和内部收益率

变数	性能指标	变数变动的幅度					
		−30%	−20%	−10%	0	10%	20%	30%
产量 Q	NPV	−12940	34359	79858	126256.67	172656	219655	265544
	IRR	14.98%	18.58%	22.03%	25.37%	28.62%	31.80%	34.92%
单位产品价格 P	NPV	−221736	−105738	10259	126257	242254.13	358252	474249
	IRR	−5.27%	7.14%	16.78%	25.37%	33.37%	41.03%	48.49%
单位产品变动成本 ω	NPV	335052	265454	195855	126257	56658.20	−12940	−82539
	IRR	39.52%	34.92%	30.22%	25.37%	20.32%	14.98%	9.20%

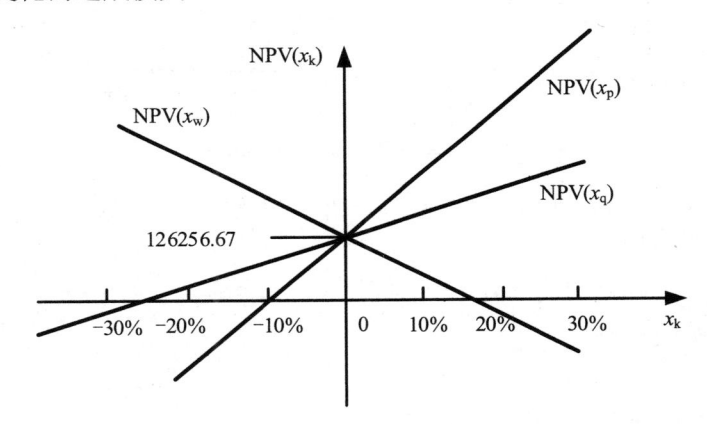

图 4-4 所示为净现值对产量、单位产品价格和单位产品变动成本的敏感性曲线。从图 4-4 中可以看出，单位产品价格对净现值影响最大，其次是单位产品变动成本，产量对净现值影响最小。从风险管理的角度来看，项目管理组织应做好市场预测，采取措施控制市场供求，以防出现不利变化而造成损失。

图 4-4　净现值对产量、单位产品价格和单位产品变动成本的敏感性曲线

盈亏平衡分析、敏感性分析都没有考虑参数变化的概率。因此，这两种分析方法虽然可以回答哪些参数变化或假设对风险影响大的问题，但不能回答哪些参数或假设最有可能发生变化及变化的概率是多少的问题，这是它们在风险估计方面的不足。

2. 随机型风险估计

随机型风险是指那些不但它们出现的各种状态已知，而且这些状态发生的概率（可能性大小）也已知的风险。这种情况下的风险估计称为随机型风险估计。随机型风险估计一般按照期望值最大和期望效用值最大来进行估计。

下面举例说明期望效用值理论在项目的随机型风险估计中的应用。

【例 4.4】某制药厂欲投产 A、B 两种新药，但受到资金和销路的限制，只能投产其中一种。若两种新药销路好的概率均为 0.7，销路差的概率均为 0.3，两种新药的年度收益情况如表 4-6 所示，问究竟投产哪种新药为宜？假定两种新药的生产期为 10 年，生产新药 A 需投资 30 万元，生产新药 B 需投资 16 万元，管理决策人员的效用曲线如图 4-5 所示。

表 4-6　两种新药的年度收益情况

新药	年度收益/万元	
	销路好（概率为0.7）	销路差（概率为0.3）
A	10	−2
B	4	1

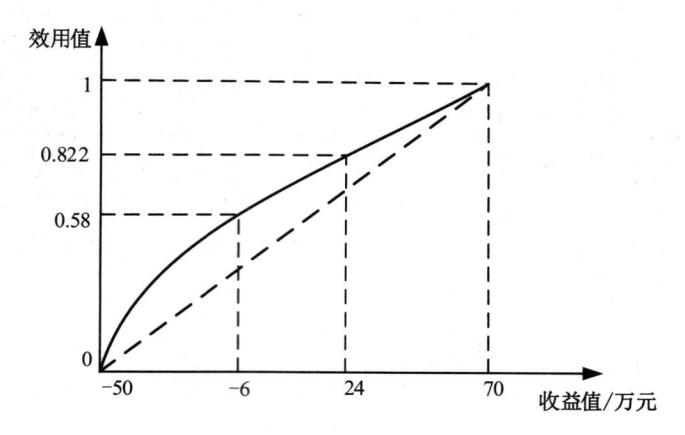

图 4-5　管理决策人员的效用曲线

解：（1）根据已知信息，计算出两种新药在 10 年内的收益情况。

新药 A 销路好时的收益为
$$P_{ag} = 10 \times 10 - 30 = 70 \text{（万元）}$$

新药 A 销路差时的收益为
$$P_{ab} = -2 \times 10 - 30 = -50 \text{（万元）}$$

新药 B 销路好时的收益为
$$P_{bg} = 4 \times 10 - 16 = 24 \text{（万元）}$$

新药 B 销路差时的收益为
$$P_{bb} = 1 \times 10 - 16 = -6 \text{（万元）}$$

（2）计算两种新药的期望效用值。

由图 4-5 可得，新药 A 的期望效用值为
$$E_A = 0.7 \times 1 + 0.3 \times 0 = 0.7$$

新药 B 的期望效用值为
$$E_B = 0.7 \times 0.822 + 0.3 \times 0.58 \approx 0.75$$

由上述计算结果可知，若以期望效用值作为管理决策准则，则投产新药 B 的方案为最优方案。由效用曲线可以测出，期望效用值 0.7 只相当于收益为 8 万元，这远远小于原来的收益期望值 34 万元，期望效用值 0.75 相当于收益为 13 万元，这也小于原来的收益期望值 15 万元。由此可知，这个管理决策人员是一个保守型的人，不愿冒太大的风险。

3．不确定型风险估计

不确定型风险是指那些不但它们出现的各种状态发生的概率未知，而且究竟会出现哪些

状态也不能完全确定的风险。这种情况下的风险估计称为不确定型风险估计。在实际项目管理活动中，一般需要通过获取信息把不确定型决策转化为风险型决策。由于掌握的有关项目风险的信息极少，可供借鉴参考的数据资料也少，因此人们在长期的管理实践中总结归纳了一些公认的准则供参考，如等概率准则、乐观准则、悲观准则、折中准则、遗憾准则等。

【例 4.5】生产某种高新科技产品，有三个建设方案：建大型厂、建中型厂和建小型厂。产品利润不仅和生产规模有关，而且和销售量有关，产品可能畅销、滞销，也可能销售情况一般。项目方案的损益矩阵如表 4-7 所示。现在的问题是，如何估计风险以实现科学决策？

表 4-7 项目方案的损益矩阵

方案	损益值/万元		
	c_1（畅销） $P(c_1)=0.3$	c_2（销售情况一般） $P(c_2)=0.4$	c_3（滞销） $P(c_3)=0.3$
a_1：建大型厂	100	50	−20
a_2：建中型厂	75	35	10
a_3：建小型厂	40	20	5

解：产品的销售量受到诸多不确定性因素的影响，这也不是生产方所能决定的，项目管理人员对项目情况的了解相当有限，因此可基本界定本例为不确定型风险估计类型。

（1）等概率准则。

等概率准则是指项目管理人员认为既然无法判定各自然状态出现的概率，假定某一状态比其他状态更可能出现就是没有意义的，因此可视每个状态出现的概率相等，有

$$P_i = P(S_i) = \frac{1}{n}, \ i \in (1, n)$$
$$U(a_i) = \frac{1}{n}\sum_{j=1}^{n} U(a_i, c_j)$$
（4-18）

式中，P_i——产品销售状况的发生概率，$i \in (1,3)$；

S_i——产品销售状况，$i \in (1,3)$；

n——可能出现的状态数量；

a_i——项目方案，$i \in (1,3)$；

c_j——项目后果，$j \in (1,3)$；

$U(a_i)$——各项目方案的期望效用值，$i \in (1,3)$。

由式（4-18）可得

$$U(a_1) = (100+50-20)/3 \approx 43.33(万元)$$
$$U(a_2) = (75+35+10)/3 = 40(万元)$$
$$U(a_3) = (40+20+5)/3 \approx 21.67(万元)$$

按照期望效用值最大的决策准则，应选择方案 a_1。

（2）乐观准则（又称大中取大准则）。

选择乐观准则的项目管理人员对项目前景比较乐观，愿争取一切获得最好结果的机会。

因此，有

$$U(a_i) = \max_{a_i \in A} \frac{1}{2}\left\{\max_{1 \leq j \leq n} U(a_i, c_j)\right\} \tag{4-19}$$

式中，A——方案集合。

由式（4-19）可得

$$U(a_1) = \max\{100, 75, 40\} = 100$$

因此，应选择方案 a_1。

（3）悲观准则（又称小中取大准则）。

选择悲观准则的项目管理人员对项目前景比较悲观，小心谨慎，从最坏处想。一般先从各备选方案中选择结局最坏的，再从中择优作为最佳方案。

$$U(a_i) = \max_{a_i \in A}\left\{\min_{1 \leq j \leq n} U(a_i, c_j)\right\} \tag{4-20}$$

由式（4-20）可得

$$U(a_2) = \max\{-20, 10, 5\} = 10$$

因此，应选择方案 a_2。

（4）折中准则（又称悲观/乐观混合准则）。

选择折中准则的项目管理人员对项目前景的态度介于乐观和悲观之间，主张折中平衡，因而引入一个折中系数 α。因此，有

$$U(a_i) = \alpha \max_{1 \leq j \leq n} U(a_i, c_j) + (1-\alpha)\min_{1 \leq j \leq n} U(a_i, c_j)$$
$$U(a_i) = \max_{a_i \in A} U(a_i) \tag{4-21}$$

式（4-21）中各符号的含义同前。

由式（4-19）、式（4-20）可知，若 $\alpha=1$，则为乐观准则；若 $\alpha=0$，则为悲观准则。因此，α 的取值介于 0 和 1 之间。

$$U(a_1) = 0.7 \times 100 + 0.3 \times (-20) = 64$$

$$U(a_2) = 0.7 \times 75 + 0.3 \times 10 = 55.5$$

$$U(a_3) = 0.7 \times 40 + 0.3 \times 5 = 29.5$$

根据计算结果，应选择方案 a_1。

（5）遗憾准则（又称最小后悔值准则）。

这里首先介绍一下什么是后悔值。由于项目的复杂性和动态性，以及项目管理人员风险观念的不同，因此项目管理人员最终选择的项目方案不一定是最优的，即最后的项目收益不一定是最高的，项目各方案的收益与理想收益之间存在一个差值，这个差值就称为后悔值，一般用 $R(a_i)$ 表示：

$$R(a_i) = \max_{1 \leq j \leq n}\left\{\max_{1 \leq i \leq n}[U(a_i, a_j)] - U(a_i, a_j)i\right\} \tag{4-22}$$

按照最小后悔值准则，有

$$U(a_i) = \min_{a_i \in A}\{R(a_i)\} \tag{4-23}$$

根据后悔值的含义，对例 4.5 进行分析，可得到如表 4-8 所示的数据。

表 4-8　各项目方案的后悔值

方案	c_1	c_2	c_3	$R(a_i)$
a_1	0	0	30	30
a_2	25	15	0	25
a_3	60	30	5	60

根据计算结果，应选择方案 a_2。

上面讨论了不确定型风险估计的几种方法，这些方法的角度和重点各有侧重，反映了项目管理人员的风险意识及其对项目、项目风险的基本认识，悲观准则反映了项目管理人员保守的风险观，其害怕承担较大风险；乐观准则反映了项目管理人员冒险的风险观，其敢于承担较大风险，且决策环境十分有利；遗憾原则表示项目管理人员对风险后果看得比较重。

上面所讨论的虽然只是比较简单的不确定型风险估计准则和方法，但其也适用于多种后果、多个方案的复杂情况。在实际项目管理活动中，不确定型风险估计应以项目所具有的客观条件为基础，可同时应用多种方法和决策准则，以保障风险估计的有效性。

4．贝叶斯概率法

风险估计是建立在各种风险事件发生的可能性的基础上的，这种可能性直接受到项目环境各种因素变化的影响，存在较高的风险性。同时，风险事件发生的概率往往是在历史数据资料缺乏或不足的情况下得出的，这种概率称为先验概率。先验概率具有较大的不确定性，需要通过各种途径和手段（如试验、调查、统计分析等）来获得更为准确、有效的补充信息，以修正和完善先验概率。这种通过先对项目进行更多、更广泛的调查研究或统计分析，再对项目风险进行估计的方法，称为贝叶斯概率法。

贝叶斯概率法利用概率论中的贝叶斯公式来改善对风险后果出现概率的估计，改善后的概率称为后验概率。按照贝叶斯公式，风险后果 B_i 出现的后验概率为

$$P(B_i|A) = \frac{P(A|B_i)P(B_i)}{\sum P(A|B_i)P(B_i)} \tag{4-24}$$

【例 4.6】某新型发动机要求的平均寿命为 5000h。试验方案：抽取 11 台发动机进行试验，每台运转 1000h，如果只有 4 台或 4 台以下发生故障，则认为该新型发动机合格，试验予以通过。试预测当该新型发动机试验通过时，发动机的平均寿命（H）达到 5000h 的概率，进而论证试验方案的可行性。

解：该新型发动机只有类似发动机的大量历史数据资料可供参考。假设该新型发动机的寿命服从指数分布，平均寿命达到 5000h 的概率为 0.8，达到 2500h 的概率为 0.15，仅能达到 1000h 的概率为 0.05。根据式（4-24），有式（4-25）成立：

$$P(H_i|A) = \frac{P(H_i)P(A|H_i)}{\sum P(H_i)P(A|H_i)} \tag{4-25}$$

式中，H —— 发动机的平均寿命；

A —— 试验通过；

$P(H_i)$ —— 发动机的平均寿命为 H_i 的概率，可根据历史数据资料得出，本例中为已知量；

$P(H_i|A)$ —— 试验通过的条件下发动机的平均寿命为 H_i 的概率。

$P(A|H_i)$ —— 发动机的平均寿命为 H_i 的条件下试验通过的概率。

分析和计算过程如下。

（1）确定试验中 i 台发动机发生故障的概率分布模型。由于每台发动机能否正常运转 1000h 只有两种可能，且每台发动机发生故障的概率相同，因此本试验属于重复独立试验，试验结果服从二项分布。11 台发动机中有 i 台发生故障的概率为

$$P(X=i) = C_{11}^i p^i q^{11-i}, \ i \in (0,11) \tag{4-26}$$

式中，q —— 发动机工作 1000h 不发生故障的概率；

p —— 发动机工作 1000h 发生故障的概率。

已知发动机的寿命服从指数分布，故有

$$p = 1 - e^{-\frac{1000}{H_i}}$$

（2）确定发动机的平均寿命 H_i=5000h 的条件下试验通过的概率 $P(A|H_i)$。

当 H_i=5000h 时，有

$$p = 1 - e^{-\frac{1000}{5000}} = 1 - e^{-0.2} \approx 1 - 0.8187 = 0.1813$$

$$q = 1 - p = 0.8187$$

在试验中，11 台发动机中有 0 台、1 台、2 台、3 台、4 台发生故障的概率分别为

$$P(X=0) = C_{11}^0 p^0 q^{11} = C_{11}^0 (0.1813)^0 (0.8187)^{11} \approx 0.1108$$

$$P(X=1) = C_{11}^1 p^1 q^{10} \approx 0.2698$$

$$P(X=2) = C_{11}^2 p^2 q^9 \approx 0.2987$$

$$P(X=3) = C_{11}^3 p^3 q^8 \approx 0.1985$$

$$P(X=4) = C_{11}^4 p^4 q^7 \approx 0.0879$$

试验通过的概率是上述 5 个事件发生的概率之和，因此有

$$P(A|H_i) = P(X=0) + P(X=1) + P(X=2) + P(X=3) + P(X=4) \approx 0.97$$

（3）确定发动机的平均寿命 H_2=2500h 和 H_3=1000h 的条件下试验通过的概率。

采用上述同样的方法，可得

$$P(A|H_2) \approx 0.71$$

$$P(A|H_3) \approx 0.10$$

（4）确定发动机的平均寿命 H_1=5000h 的概率。

根据式（4-25），有

$$P(H_i|A) = \frac{P(H_i)P(A|H_i)}{\sum P(H_i)P(A|H_i)} = \frac{0.8 \times 0.97}{0.8 \times 0.97 + 0.15 \times 0.71 + 0.05 \times 0.1} \approx 0.874$$

同理可以计算出试验通过的条件下发动机的平均寿命 H_2=2500h 和 H_3=1000h 的概率，有

$$P(H_2|A) \approx 0.120$$

$$P(H_3|A) \approx 0.006$$

根据上述计算结果可知，当试验通过时有相当大的把握认为该新型发动机的平均寿命达到 5000h，因此，该试验方案是可行的。

此例表明，贝叶斯概率法对减小项目活动中的不确定性、改善风险概率估计、提高风险估计质量具有一定的作用和价值。

贝叶斯概率法（贝叶斯公式）还有许多其他用途，感兴趣的读者可阅读有关文献资料。

4.4.2　风险估计的技术和工具

1. 风险发生的可能性和风险对项目目标的影响程度分析

风险的大小是由两个方面决定的：一个是风险发生的可能性，另一个是风险对项目目标的影响程度。对这两个方面，可以进行一些定性的描述，如"极高""高""中等""低""极低"等，表4-9 所示为风险危害程度分级示例。由此可以得到一个风险概率-影响矩阵，对发生的可能性大且危害程度大的风险要特别加以注意。

表 4-9　风险危害程度分级示例

项目目标	极低 0.05	低 0.1	中等 0.2	高 0.4	极高 0.8
费用	不明显的费用增加	小于 5% 的费用增加	5%～10% 的费用增加	10%～20% 的费用增加	大于 20% 的费用增加
进度	不明显的进度推迟	总项目进度推迟小于5%	总项目进度推迟5%～10%	总项目进度推迟10%～20%	总项目进度推迟大于20%
范围	不被觉察的范围减小	小区域的范围更改	大区域的范围更改	不能接受的范围更改	结束时项目范围已面目全非
质量	不被觉察的质量下降	不得不进行的质量下降	经客户同意的质量下降	客户不能接受的质量下降	结束时项目已不能使用

2. 项目假定测试

风险估计中的项目假定测试（Project Assumptions Testing）是一种模拟技术，它可以分别对一系列的假定及其推论进行测试，进而发现风险的一些定性信息。

3. 数据精度分级

风险估计需要准确的、不带偏见的、有益于风险管理的数据，数据精度分级（Data Precision Ranking）就是服务于这一需求的一种技术，它可以估计有关风险的数据对风险管理有用的程度。数据精度分级包括如下的检查：风险的了解范围、有关风险的数据、数据的质量、数据的可信度和真实度等。

4. 风险坐标图

风险坐标图是把风险发生的可能性、风险对项目目标的影响程度作为两个维度绘制在同一个平面上（绘制成直角坐标系）得到的图。对风险发生的可能性、风险对项目目标的影响程度的评估有定性、定量等方法。定性方法是指直接用文字描述风险发生的可能性、风险对项目目标的影响程度，如"极低""低""中等""高""极高"等。定量方法是指对风险发生的可能性、风险对项目目标的影响程度用具有实际意义的数值来表示，如对风险发生的可能性用概率来表示，对风险对项目目标的影响程度用损失金额来表示。表4-10列出了某公司对项目风险发生的可能性的定性、定量评估标准及其相互对应关系，可供实际操作时参考。

表 4-10 某公司项目风险分析列表示例 1

定量方法一	评分	1	2	3	4	5
定量方法二	一定时期发生的概率	10%以下	10%～30%	30%～70%	70%～90%	90%以上
定性方法	文字描述一	极低	低	中等	高	极高
	文字描述二	一般情况下不会发生	极少情况下发生	某些情况下发生	较多情况下发生	常常发生
	文字描述三	今后10年内至多发生1次	今后5～10年内可能发生1次	今后2～5年内可能发生1次	今后1年内可能发生1次	今后1年内至少发生1次

表 4-11 列出了某公司对风险对项目目标的影响程度的定性、定量评估标准及其相互对应关系，可供实际操作时参考。

表 4-11 某公司项目风险分析示例 2

	定量方法一	评分	1	2	3	4	5
适用于所有行业	定量方法二	企业财务损失占税前利润的百分比	1%以下	1%～5%	6%～10%	11%～20%	20%以上

续表

		文字描述一	极轻微的	轻微的	中等的	重大的	灾难性的
		文字描述二	极低	低	中等	高	极高
适用于所有行业	定性方法	文字描述三 企业日常运行	不受影响	轻微影响（造成轻微的人身伤害，情况立刻得到控制）	中度影响（造成一定人身伤害，需要医疗救援，情况需要外部支持才能得到控制）	严重影响（企业失去一些业务能力，造成严重人身伤害，情况失控，但无致命影响）	重大影响（重大业务失误，造成重大人身伤亡，情况失控，给企业造成致命影响）
		财务损失	较小的财务损失	轻微的财务损失	中等的财务损失	重大的财务损失	极大的财务损失
		企业声誉	负面消息在企业内部流传，企业声誉没有受损	负面消息在当地局部流传，对企业声誉造成轻微损害	负面消息在某区域内流传，对企业声誉造成中等损害	负面消息在全国各地流传，对企业声誉造成重大损害	负面消息在世界各地流传，政府或监管机构进行调查，引起公众关注，对企业声誉造成无法弥补的损害
适用于开采业、制造业	定性方法与定量方法相结合	安全	短暂影响职工或公民的健康	严重影响一位职工或公民的健康	严重影响多位职工或公民的健康	导致一位职工或公民死亡	导致多位职工或公民死亡
		营运	对营运影响微弱，在时间、人力或成本方面超出预算小于1%	对营运影响轻微，在时间、人力或成本方面超出预算1%~5%	减慢营运，受到法规惩罚或被罚款等，在时间、人力或成本方面超出预算 6%~10%	无法达到部分营运目标或关键业绩指标要求，受到监管者的限制，在时间、人力或成本方面超出预算11%~20%	无法达到所有的营运目标或关键业绩指标要求，违规操作使业务遭到中止，在时间、人力或成本方面超出预算大于20%
		环境	对环境或社会造成短暂的影响,可不采取行动	对环境或社会造成一定的影响,应通知政府有关部门	对环境造成中等影响，需要一定时间才能恢复，出现个别投诉事件，应采取一定程度的补救措施	造成主要环境损害,需要相当长的时间来恢复,出现大规模的公众投诉,应采取重大补救措施	造成无法弥补的灾难性环境损害,激起公众的愤怒,存在潜在的大规模公众法律投诉风险

能源项目风险管理

对风险发生的可能性和风险对项目目标的影响程度进行定性及定量评估后，依据评估结果绘制风险坐标图。例如，某公司对 9 项风险进行了定性评估，风险①发生的可能性为"低"，风险①对项目目标的影响程度为"极低"……风险⑨发生的可能性为"极低"，风险⑨对项目目标的影响程度为"高"，绘制的风险坐标图如图 4-6 所示。

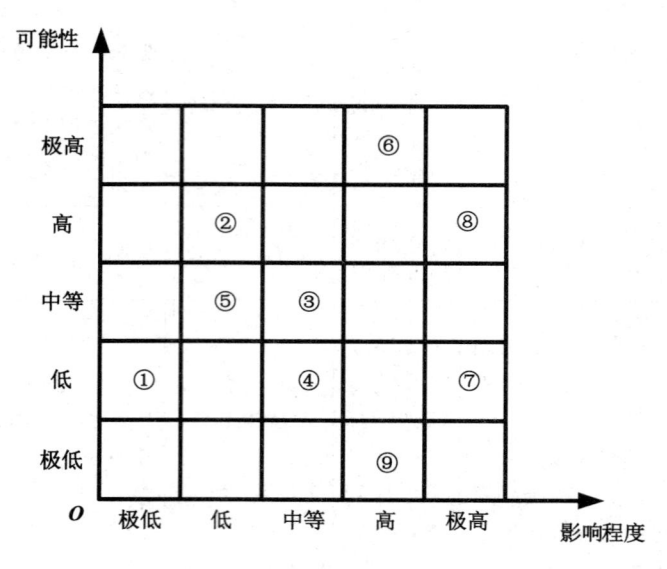

图 4-6　9 项风险的风险坐标图

又如，某公司对 7 项风险进行了定量评估，风险①发生的可能性为 83%，发生后对企业造成的损失为 0.21 亿元；风险②发生的可能性为 40%，发生后对企业造成的损失为 0.38 亿元……风险⑦发生的可能性在 55%～62%范围内，发生后对企业造成的损失在 0.75～0.91 亿元范围内，在风险坐标图上用一个区域来表示，绘制的风险坐标图如图 4-7 所示。

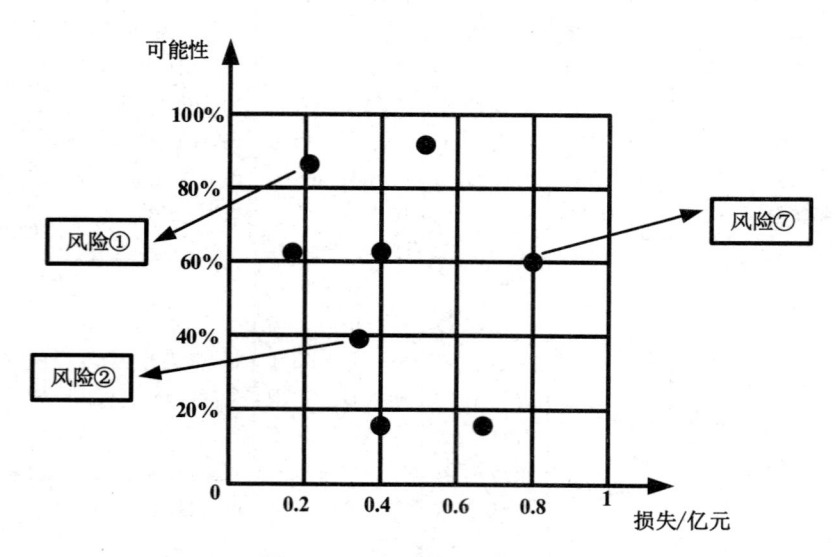

图 4-7　7 项风险的风险坐标图

绘制风险坐标图的目的在于对多项风险进行直观的比较，从而确定对各项风险进行管理的优先顺序和策略。例如，某公司绘制了如图 4-8 所示的风险坐标图，并将该图划分为 A、B、C 三个区域，公司决定承担 A 区域中的各项风险且不再增加控制措施，严格控制 B 区域中的各项风险且专门补充制定各项控制措施，确保规避和转移 C 区域中的各项风险且优先安排实施各项防范措施。

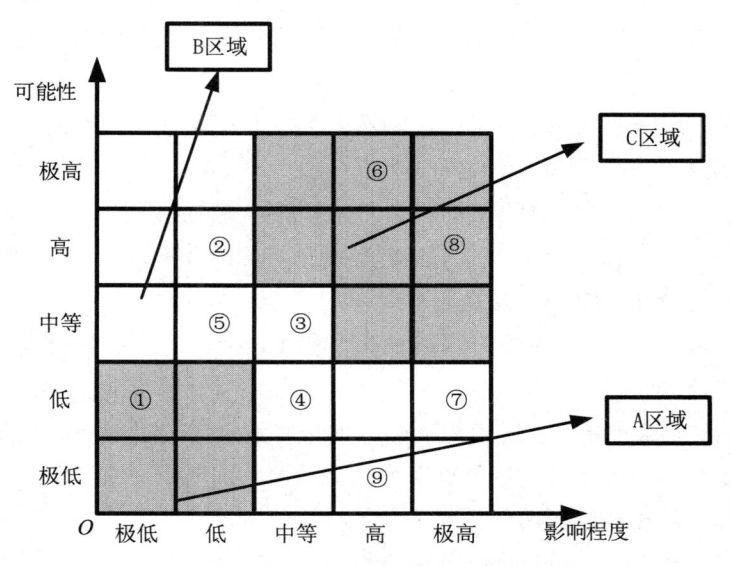

图 4-8 利用风险坐标图进行风险管理示意图

项目管理及一般管理的许多技术和方法都可以用来进行风险评估，如决策树分析法、PERT 和 GERT 等。

4.5 能源项目风险估计的成果

风险估计的成果可用于对风险记录手册中的相关内容进行更新。风险记录手册是在风险识别过程中形成的，并根据风险估计结果进行更新，更新后的风险记录手册将成为项目管理计划的一部分。

根据风险估计的成果对风险记录手册进行更新的内容包括以下几项。

（1）风险的优先排序或优先级清单。在风险估计过程中，使用风险概率-影响矩阵，根据风险的重要程度进行风险分类。项目经理可参考风险优先级清单，集中精力处理高重要性的风险，以获得更好的项目成果。如果项目管理组织更关注其中一个目标，则可分别为成本、进度、范围和质量等目标单独列出风险优先级。对于被评定为对项目十分重要的风险，应对其风险概率与影响的评定基础及依据进行描述。

通过比较风险分值，可用风险等级表示一个项目相对于其他项目的综合风险等级。据此可以按不同的风险等级来分配各种资源，对项目进行效益与成本分析，或者以此作为建议启动、继续或终止某个项目的依据。

风险可按若干项标准区分轻重缓急，包括风险等级（高、中、低）及其在 WBS 中的层次。风险还可分成应按要求立即采取应对措施的风险和可以留待日后处理的风险两大类。影响成本、进度、范围和质量的风险还可用不同的级别标准加以审定分类。在重大风险的应对策略中应该附上关于风险概率与影响评估依据的说明。

（2）风险类别。进行风险分类可揭示风险的共同成因，或者识别特别需要关注的项目领域。在发现风险集中的项目领域之后，可提高风险应对的有效性，如电站项目中发电设备的采购。

（3）需要在近期采取应对措施的风险清单。需要采取紧急应对措施的风险和可以在今后某些时候处理的风险应分别列入不同的类别。

（4）需要进一步分析与应对的风险清单。有些风险可能需要进一步分析或采取应对措施。等级为高或中的风险应该作为风险定量分析等进一步分析及采取风险管理行动的主要对象，而一些潜在风险应该作为进一步监控的对象。

（5）低优先级风险观察清单。在风险估计过程中，把评定为不明确或不重要的风险纳入观察清单进一步监测。

（6）风险估计结果的趋势。随着风险估计的重复进行，某些风险可能会呈现出明显的趋势，从而使采取应对措施或进一步分析变得更加紧急、重要或不太紧急、不太重要，具体情形取决于风险趋于缓和或趋于恶化的状态。

表 4-12 所示为风险估计的风险记录模板。

表 4-12　风险估计的风险记录模板

风险描述	风险的优先排序	风险类别	需要在近期采取应对措施的风险	需要进一步分析与应对的风险	观察清单	风险趋势

分析案例

A 油库项目大气环境风险估计

油库项目属于石油化工行业。现阶段我国石油管道建设快速发展，我国石油储存能力和规模也得到了相应发展。油库储存的原料大多数为易燃易爆和有毒物质，有的要求储存在高温、高压或低温、负压等苛刻条件下，潜在危险性很大，一旦发生化学突发泄漏事故，往往与爆炸、火灾相互引发，致使有毒化学品大量外泄，对环境造成严重影响。

以 A 油库项目为例，对项目进行风险分析及事故结果预测。A 油库设计储量为 $35\times10^4 m^3$，原有 6 个储罐，储存的是燃料油，现欲改储委内瑞拉重质原油，停用其中 $5\times10^4 m^3$ 的 G202 储罐，从而改储后总储量为 $30\times10^4 m^3$。该项目不涉及新的建设内容。

原油属于易燃易爆物质，在储存和输送过程中具有发生火灾的危险性，同时还具有一定的毒性。根据《建设项目环境风险评价技术导则》（HJ 169—2018）中给出的"物质危险性标准"和《危险化学品重大危险源辨别》(GB 18218—2009),确定将原油作为本项目风险估计的风险因子,对其在储存和输送过程中的潜在风险进行分析。

1. 风险因子及危险源识别

本项目风险因子——原油属于易燃易爆物质,本项目库容规模为 $35×10^4m^3$,分别为 5 个 $5×10^4m^3$ 的原油储罐和 1 个 $10×10^4m^3$ 的原油储罐,其中 $5×10^4m^3$ 的 G202 储罐停用。通过对风险因子的危险性识别,本项目危险物质的数量已超过易燃易爆物质临界量,因此定为重大危险源。可参照《建设项目环境风险评价技术导则》(HJ 169—2018)的规定对事故影响进行定量预测,说明其影响范围和程度。

本项目主要涉及原油的储存和输送作业,因此生产过程就是原油的储存和输送过程,潜在的危险性单元主要有原油储罐、油泵、输油管道等。原油储罐区和油泵运转过程存在的危险性是本项目最主要的危险源,对原油储罐区和油泵运转过程的安全要给予高度重视。根据本项目的特点,可能发生的风险事故主要是原油储罐区火灾,事故处理过程的伴生/次生污染主要涉及消防水和事故漏出原油的污染影响等。

本项目大气环境风险估计范围确定为以原油储罐区为圆点、半径 5km 内的区域。

2. 风险源项分析

(1) 最大可信事故的确定。

最大可信事故是指在所有预测的概率不为 0 的事故中,对环境(或健康)危害最严重的事故。通过上述分析可以确定本项目实施后最大可信事故为原油储罐区中的 $10×10^4m^3$ 储罐发生火灾并导致原油泄漏事故。本项目风险估计模拟的事故情况如表 4-13 所示。

表 4-13 本项目风险估计模拟的事故情况

设备	危险因子	风险事故
原油储罐	原油	罐顶火灾
		流散火灾

(2) 最大可信事故发生概率。

最大可信事故发生概率可以通过故障树分析法确定顶上事件后用概率计算法求得。故障树分析法普遍应用于复杂体系事故发生概率的预测,如核事故、石化事故等。

从环境安全的角度来看,原油储罐发生火灾对周边环境造成的损害是非常严重的,故选择原油储罐发生火灾作为故障树的顶事件。通过对原油储罐的调查分析了解到,原油储罐发生火灾要有两个最直接的原因:其一是原油储罐发生泄漏,油气达到可燃浓度;其二是泄漏的同时存在火源,二者并存是发生火灾的必要条件。

对原油储罐发生泄漏、油气达到可燃浓度和存在火源进行进一步分析,直至底事件。并以此作为火灾事故的故障树,故障树结构如图 4-9 所示。

能源项目风险管理

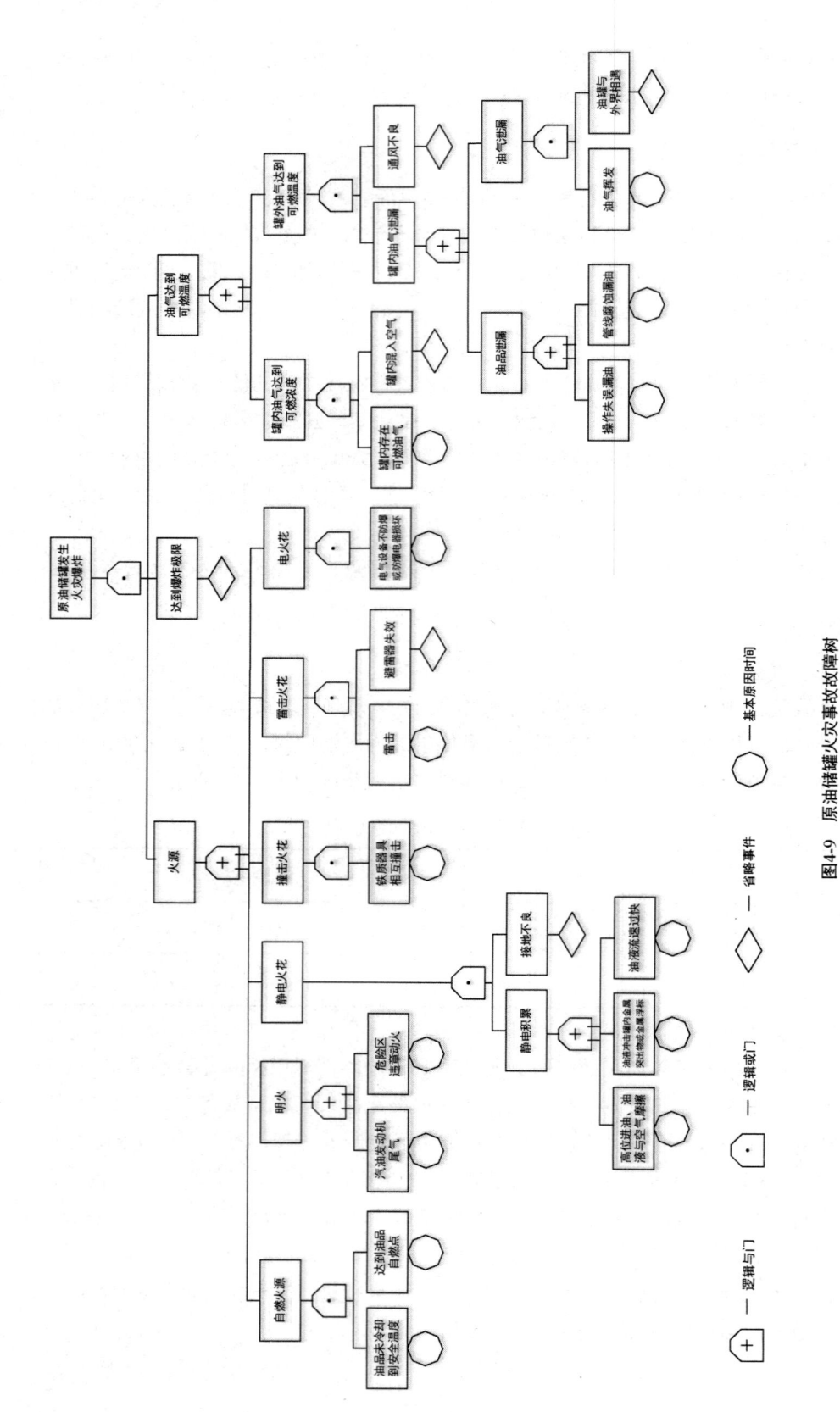

图4-9 原油储罐火灾事故树

对于故障树的可靠性参数，使用故障树分析管理软件，可以计算出故障树的最小割集。对于故障树底事件发生概率数据，采用同行业类似设备的一些参考值和专家的估计值，然后计算故障树割集和顶事件发生概率。计算得到顶事件发生概率是 8.7×10^{-5} 次/a。在故障树中，由于某些基本事件发生概率难以确定，并且不同人编制的故障树在某些基本事件上会有差异，因此由故障树所确定的最大可信事故发生概率存在一定的不确定性。

本项目设定原油储罐火灾最大可信事故发生概率为 8.7×10^{-5}。

3. 环境风险事故的后果计算

（1）原油储罐火灾事故伴生的燃烧烟气对环境的影响。

① 预测因子。

当原油储罐发生火灾时，在原油燃烧过程中会伴生大量的 SO_2 等污染物。同时，由于原油储罐发生火灾后，油品的急剧燃烧所需的供氧量不足，属于典型的不完全燃烧，因此燃烧过程中还将产生大量的 CO。这些污染物均会对周围环境产生影响。

SO_2 的 LC_{50} 为 $6600mg/m^3$，1h（大鼠吸入）；伤害阈浓度 IDLH 为 $270mg/m^3$；短时间接触容许浓度 PC-STEL 为 $10mg/m^3$。

CO 的 LC_{50} 为 $2069mg/m^3$，4h（大鼠吸入）；伤害阈浓度 IDLH 为 $1700mg/m^3$；短时间接触容许浓度 PC-STEL 为 $30mg/m^3$。

② 源强。

a. 对于火灾事故中 CO 的产生量，按下式进行计算：

$$G_{CO}=2330QC$$

式中，G_{CO}——CO 的产生量，单位为 g/kg；

C——物质中 C 的百分比含量，本项目取 85%；

Q——化学不完全燃烧值，一般为 5%~20%，本项目取 10%。

b. 对于火灾事故中 SO_2 的产生量，按下式进行计算：

$$G_{SO2}=2BS$$

式中，G_{SO2}——SO_2 排放速率，单位为 kg/h；

B——物质燃烧量，单位为 kg/h；

S——物质硫含量，本项目取 3%。

原油储罐发生火灾后，烟气经抬升后再扩散。因此，烟气的有效高度不仅包括面源的几何高度，还包括烟气抬升高度。烟气抬升高度依照高斯模型中的烟气抬升公式进行计算，在选定气象条件下烟气的有效高度如表 4-14 所示。原油燃烧速率为 $78.1kg/(m^2\cdot h)$，本次泄漏罐顶面积为 $5024m^2$，防火堤面积为 $9000m^2$，除去原油储罐之后，剩余面积就是泄漏后发生流散火灾的面积。综上可得本项目的燃烧烟气预测源强，如表 4-14 所示。

表 4-14 燃烧烟气预测源强

火灾类型		SO_2		CO	
		罐顶火灾	流散火灾	罐顶火灾	流散火灾
源强/（kg/s）		15.90	12.58	52.48	41.53
烟流有效高度	0.5/（m/s）	237.6	218.2	237.6	218.2
	1.5/（m/s）	237.6	218.2	237.6	218.2

事故时间设定为240min。

③ 预测模式的选取。

在事故后果评价中采用《建设项目环境风险评价技术导则》（HJ 169—2018）中推荐的多烟团排放模式。

烟团公式如下：

$$C(x,y,O) = \frac{2Q}{(2\pi)^{3/2} \sigma_x \sigma_y \sigma_z} \exp\left[-\frac{(x-x_O)^2}{2\sigma_x^2}\right] \exp\left[-\frac{(y-y_O)^2}{2\sigma_y^2}\right] \exp\left[-\frac{z_O^2}{2\sigma_z^2}\right]$$

式中，$C(x,y,O)$——下风向地面(x,y)坐标处的空气中污染物浓度，单位为mg/m^3；

x_O、y_O、z_O——烟团中心坐标；

Q——事故期间烟团的排放量；

σ_x、σ_y、σ_z——x轴、y轴、z轴方向的扩散参数，单位为m，常取$\sigma_x = \sigma_y$。

对于瞬时或短时间事故，可采用变天条件下的多烟团公式：

$$C_w^i(x,y,O,t_w) = \frac{2Q'}{(2\pi)^{3/2} \sigma_{x,\text{eff}} \sigma_{y,\text{eff}} \sigma_{z,\text{eff}}} \exp\left(-\frac{H_e^2}{2\sigma_{x,\text{eff}}^2}\right) \exp\left\{-\frac{(x-x_w^i)^2}{2\sigma_{x,\text{eff}}^2} - \frac{(y-y_w^i)^2}{2\sigma_{y,\text{eff}}^2}\right\}$$

式中，$C_w^i(x,y,O,t_w)$——第i个烟团在t_w时刻（第w时段）在点(x,y,O)处产生的地面浓度；

Q'——烟团排放量，单位为mg，$Q' = Q\Delta t$，其中Q为释放率，Δt为时段长度；

$\sigma_{x,\text{eff}}$、$\sigma_{y,\text{eff}}$、$\sigma_{z,\text{eff}}$——烟团在w时段沿x轴、y轴、z轴方向的等效扩散参数，单位为m，可按下式计算：

$$\sigma_{j,\text{eff}}^2 = \sum_{k=1}^{w} \sigma_{j,k}^2, \quad j = x, y, z$$

式中，$\sigma_{j,k}^2 = \sigma_{j,k}^2(t_k) - \sigma_{j,k}^2(t_{k-1})$；

x_w^i、y_w^i——第w时段结束时第i个烟团质心的x、y坐标，由下述两个公式计算：

$$x_w^i = u_{x,w}(t - t_{w-1}) + \sum_{k=1}^{w-1} u_{x,k}(t_k - t_{k-1})$$

$$y_w^i = u_{y,w}(t - t_{w-1}) + \sum_{k=1}^{w-1} u_{y,k}(t_k - t_{k-1})$$

各个烟团对某个关心点t小时的浓度贡献，按下式计算：

$$C(x,y,0,t) = \sum_{i=1}^{n} C_i(x,y,0,t)$$

④气象条件的选取。

根据当地的气象特点，气象条件的选取要考虑不利条件及通常条件，一般静风和小风条件F稳定度下污染最严重，因此选取以下气象条件进行预测：静风0.5m/s、小风1.5m/s，大气稳定度为F稳定度。

⑤影响预测结果。

原油储罐火灾类型分为罐顶火灾和流散火灾。本次评价针对上述火灾伴生燃烧烟气的影响进行预测。

不同气象条件下，SO_2、CO 在下风向地面轴线上出现的最大落地浓度、半致死浓度、短时间接触容许浓度、伤害阈浓度出现的最远距离分析结果分别如表 4-15、表 4-16 所示。

表 4-15　不同气象条件下罐顶火灾时各污染物浓度分析数据

序号	风向	风速	稳定度	最大落地浓度/(mg/m^3)	最大落地浓度出现的距离/m	SO_2LC_{50}出现的最远距离/m	IDLH出现的最远距离/m	PC-STEL出现的最远距离/m	最大落地浓度/(mg/m^3)	最大落地浓度出现的距离/m	$COLC_{50}$出现的最远距离/m	IDLH出现的最远距离/m	PC-STEL出现的最距离/m
2	N	0.5	F	8.4	3837	—	—	—	27.7	3832	—	—	—
3	N	1.5	F	255	35.9	—	—	3979.8	846	39.5	—	—	4667

表 4-16　不同气象条件下流散火灾时各污染物浓度分析数据

序号	风向	风速	稳定度	最大落地浓度/(mg/m^3)	最大落地浓度出现的距离/m	SO_2LC_{50}出现的最远距离/m	IDLH出现的最远距离/m	PC-STEL出现的最远距离/m	最大落地浓度/(mg/m^3)	最大落地浓度出现的距离/m	$COLC_{50}$出现的最远距离/m	IDLH出现的最远距离/m	PC-STEL出现的最距离/m
2	N	0.5	F	9.7	3082	—	—	—	31.9	3081	—	—	3777
3	N	1.5	F	280.6	37.6	—	38.4	4347	926.4	37.6	—	—	5044

不同火灾情况下，各污染物的最大落地浓度及超标情况如下。

a. 罐顶火灾。

SO_2 的最大落地浓度为 $255mg/m^3$，远小于 $6600mg/m^3$ 的 LC_{50} 值。未出现伤害阈浓度，超短时间接触容许浓度出现的最远距离为 3979.8m。

CO 的最大落地浓度为 $846mg/m^3$，但小于 $2069mg/m^3$ 的 LC_{50} 值。超短时间接触容许浓度出现的最远距离可达 4667m，不会出现伤害阈浓度。

通过上述分析可以得出，各预测因子在各敏感点均不会出现半致死浓度及伤害阈浓度，但是有可能出现超短时间接触浓度。

b. 流散火灾。

SO_2 的最大落地浓度为 $280.6mg/m^3$，小于 $6600mg/m^3$ 的 LC_{50} 值。伤害阈浓度出现的最远距离为 38.4m，超短时间接触容许浓度出现的最远距离可达 4347m。

CO 的最大落地浓度为 $926.4mg/m^3$，小于 $2069mg/m^3$ 的 LC_{50} 值。未出现伤害阈浓度，超短时间接触容许浓度出现的最远距离可达 5044m。

通过上述分析可以得出，各预测因子仅在罐区出现半致死浓度，在各敏感点均不会出现半致死浓度，但是有可能出现伤害阈浓度。

（2）风险事故对水环境影响分析。

罐区排水系统的设计：对产生的废水采取清污分流、污污分流的方式分别处理，区域内的清、污、雨水管网分别布设。

库内设有生活污水系统和含油污水系统，生活污水经沉淀后排入市政污水管网，含油污水经污水处理设施处理后排入市政污水管网。含油的初期雨水和事故状态下的消防水先临时收集在防火堤内，经含油污水管道进入含油污水处理系统进行处理，合格后方可排入市政污水管网。

罐区内雨水经雨水口排至防火堤外，并经切断阀及水封后就近排入雨水系统，同雨水一起排出库区，进入城市雨水管网。

事故状态下污水处置情况：根据《事故状态下水体污染的预防和控制技术要求》（Q/SY 1190—2009），事故状态下事故缓冲设施的总有效容积为

$$V_{总}=(V_1+V_2-V_3)+V_4+V_5$$

$$V_2 = \sum Q_{消} \times t_{消}$$

$$V_5 = 10q \times f$$

式中，V_1——收集系统范围内发生事故的罐组或装置的物料量，单位为 m^3；

V_2——发生事故的储罐或装置的消防水量，单位为 m^3；

V_3——发生事故时可以转输到其他储存或处理设施的物料量，单位为 m^3；

V_4——发生事故时仍必须进入该收集系统的生产废水量，单位为 m^3；

V_5——发生事故时可能进入该收集系统的降雨量，单位为 m^3；

$Q_{消}$——发生事故的储罐或装置的同时使用的消防设施给水流量，单位为 m^3/h；

$t_{消}$——消防设施对应的设计消防历时，单位为 h；

q——降雨强度，按平均日降雨量计算，单位为 mm；

f——必须进入事故废水收集系统的雨水汇水面积，单位为 ha。

根据以上计算公式并结合 A 油库的现状和气象条件，计算得出 A 油库在极端事故情况下事故缓冲设施总有效容积应为 106 652m^3，如表 4-17 所示。目前 A 油库三级防控系统仅设有罐区防火堤一级体系，油库无其他可供利用的事故液缓冲设施。

表 4-17　事故缓冲设施总有效容积计算表

项目	容积/m^3	备注
V_1	10×10^4	事故罐为罐组内容积最大的罐
V_2	6300	消防历时 6h
V_3	0	无其他设施可以转输
V_4	0	无其他生产废水量
V_5	352	汇水面积为 4.42ha，日平均降水量为 7.964mm
$V_总$	106 652	—

防火堤内有效容积为 55 000m^3。因此，A 油库现有事故缓冲设施总有效容积不满足企业三级防控体系的要求。在三级防控工程完成后，A 油库三级防控缓冲设施总有效容积达到 107 000m^3，能够满足要求。

事故发生后，事故液先依靠自身重力流经罐区初期雨水管线进入事故提升池，然后通过事故提升泵提升进入停用的 $5\times10^4 m^3$ 的事故缓冲罐。事故结束后，将污水通过事故提升泵提升到计划新建的污水处理间。计划新建的污水处理间设常压式含油污水处理系统 1 套，处理

能力 $Q=10m^3/h$。常压式含油污水处理系统为一体化污水处理设备，在进水水质含油 1000～3000mg/L、悬浮物 300mg/L 的情况下，出水水质能够达到含油<5mg/L、悬浮物<3mg/L，满足《污水综合排放标准》（GB 8978—1996）（1999 年修订版）的要求。经处理合格后的污水经库内排水渠排至库外。

罐区事故状态下产生的废水并不直接排放到外部水域，不会对外部水域的水体造成严重污染。同时，罐区制定了事故状态下减少和消除污染物对外部水域水体环境造成污染的应对方案，可进一步避免事故情况下受污染的废水对外部水环境的影响。

因此，事故状态下不会对外部水域的水体造成严重污染。

讨论题：

1. 简要分析油库项目风险估计的重要性及难点。
2. 思考可以研究得到油库项目关键风险因子的方法。
3. 在本案例中故障树是如何实现项目风险估计的？应注意的主要问题有哪些？

复习思考题

1. 什么是风险估计？风险估计的主要内容有哪些？
2. 描述风险估计的基本过程，并简要阐述其过程活动。
3. 某公司生产一种产品的固定成本为 1000 元，单位产品变动成本 $\omega=10Q^{0.5}$，单位产品价格 $p=0.2Q$，试求该产品的盈亏平衡点。
4. 某单位有 3 个技改项目方案可供选择，有关资料如下表所示，假设各方案其他技术经济指标均相同，行业标准回收期为 4 年。

方案	基本投资/万元	年经营费用/万元	使用寿命/年
A	400	350	10
B	500	300	8
C	700	240	12

试求：

（1）不考虑项目使用寿命时应该选择哪个项目方案？
（2）考虑项目使用寿命时应该选择哪个项目方案？

5. 某企业拟开发一种新产品，现提出了 4 个技术项目方案，但不知道新产品上市后的销售量，只能大致估计有销路很好、较好、一般和差 4 种状态，经估算各方案在各状态下的损益值如下表所示，请分别用乐观准则、悲观准则、最小后悔值准则和等概率准则选择技术项目方案，并分析各准则对应结果的注意问题。

销路	损益值/万元			
	方案 A	方案 B	方案 C	方案 D
很好	400	300	800	600
较好	200	250	400	300
一般	100	120	-150	-100
差	50	100	-280	-180

第 5 章　能源项目风险评价管理

引导案例

国家发展和改革委员会发布的《国家发展改革委重大固定资产投资项目社会稳定风险评估暂行办法》(以下简称《暂行办法》)要求，重大固定资产投资项目在申报审批前要开展社会稳定风险评估工作，作为项目审批的重要依据。对于需要由国务院核准的核电项目而言，社会稳定风险评估工作已成为其前期工作中的重要内容之一，评估结果是决定项目能否获批的关键因素。在目前的实际工作中，核电项目的社会稳定风险评估工作主要包括先根据专家和评估人员的经验选定主要评估指标、划分权重、提出风险概率评估指标，然后进行简单加权计算并据此判定项目风险等级。这种简单的评估方法容易受到主观随意性的影响，使评估结果的准确性和客观性受到质疑。

针对上述问题，本案例提出综合模糊层次分析法（FAHP）和模糊综合评价法的优点，建立模糊层次综合分析法，用于核电项目社会稳定风险评估。其中，FAHP 用于确定评价指标的权重，模糊综合评价法用于指标项的社会稳定风险程度评价。

FAHP 是目前用于确定评价指标权重的主要方法之一，属于定性分析与定量分析相结合的多目标决策分析方法，它在层次分析法基础上引入了模糊一致判断矩阵的概念，对决策者的经验判断进行量化，能够较好地消除评价过程的主观随意性。FAHP 的主要步骤包括建立递阶层次结构、构造模糊一致判断矩阵和计算权重向量集等。

模糊综合评价法主要用于定量评价各指标项的社会稳定风险程度，其主要步骤包括确定模糊综合评价矩阵、模糊综合评价计算等。

某滨海核电项目规划建设 6 台百万千瓦核电机组，计划总投资约 750 亿元。根据有关规定，其在开展社会稳定风险评估工作的过程中，共分析了 29 个主要风险因素，找出了立项过程中公众参与、对当地的其他补偿、流动人口增多、水土流失 4 个关键风险因素，根据这 4 个关键风险因素各自发生的概率和影响后果预估风险程度，分别分配权重，并计算得出了风险指数。经计算，该核电项目的风险指数小于 0.36，风险等级确定为低风险。

以下为模糊层次综合分析法在案例中的应用。

（1）建立递阶层次结构。

根据项目的具体特点和主要风险因素，建立该项目的社会稳定风险评估指标体系的递阶层次结构。

（2）构造模糊一致判断矩阵。

邀请 5 位熟悉该项目的专家对评估指标进行重要性评价，取平均值作为评价结果，得到判断矩阵，对其进行一致性调整，得到模糊一致判断矩阵。共有 $A—B$、$B2\sim B6—C$ 的 6 个模糊一致判断矩阵。

（3）计算权重向量集。

根据 $A—B$ 的模糊一致判断矩阵，采用根法进行权重向量计算，得到准则层的权重向量集为 W=[0.0833,0.2355,0.1891,0.1566,0.1309,0.2046]，即对于目标层下准则 B1~B6 的权重划分为 8.33%、23.55%、18.91%、15.66%、13.09%、20.46%。

同理，根据 $B1\sim B6—C$ 的模糊一致判断矩阵计算各指标层的权重，结果分别为：w_1=[0.1875,0.2222,0.2544,0.3359]；w_2=[0.2134,0.2299,0.1803,0.1516,0.1161,0.1086]；w_3=[0.1969,0.2270,0.1945,0.2090,0.1030,0.0695]；w_4=[0.2667,0.2945,0.2072,0.2317]；w_5=[0.1367,0.1871,0.2674,0.1673,0.2415]；w_6=[0.2782,0.1997,0.2407,0.2814]。

（4）确定模糊综合评价矩阵。

为确定该项目在每个风险指标项下的风险程度，邀请 15 位与该项目相关的人员进行问卷调查。其中，根据核电项目社会稳定风险评估的要求，选用 V=[高风险、中风险、低风险] 作为评价集。

（5）模糊综合评价计算。

根据计算结果，项目的风险等级评分为 0.2437，介于 0 和 0.36 之间，因此判定项目的风险等级为低风险。

上述研究表明，采用模糊层次综合分析法进行核电项目社会稳定风险评估有助于减小评估过程中主观随意性的影响，从而提高评估结果的客观性。通过引入模糊层次评价的概念，采用指标间重要程度的比较方法，对定性指标进行定量化描述和评价，同时通过对多个专家调查结果进行统计计算，也可以在一定程度上减小个别专家主观随意性的影响。最后，通过实际案例的验证，评价结果与项目经专家评审通过的实际风险等级结果一致，说明该方法具备实用性。

5.1　能源项目风险评价的概念内涵

5.1.1　风险评价的含义

风险评价是对项目风险进行综合分析，并依据风险对项目目标的影响程度进行风险分级排序的过程，通过系统分析和综合权衡项目风险的各种因素，综合评估项目的整体风险水平。风险评价是指在风险规划、识别和估计的基础上，通过建立项目风险的系统评价模型，对风险因素的影响进行综合分析，并估算出各类风险发生的概率及其可能导致的损失大小，从而找到该项目的关键风险，确定项目的整体风险水平，为如何应对这些风险提供科学的依据，以保障项目的顺利进行。

在风险评价过程中，项目管理人员应仔细研究决策者决策的各种可能后果，并将决策者决策的后果同自己单独预测的后果进行比较，判断自己的预测能否被决策者接受。由于各种风险的可接受或危害程度互不相同，因此产生了哪些风险应该首先或是否需要采取应对措施的问题。风险评价一般有定量和定性两种方法。在进行风险评价时，还要提出预防、减小、转移和消除风险损失的初步方法，并将其列入风险管理阶段要进一步考虑的方法范畴。

5.1.2 风险评价的目的

风险评价的目的主要有以下几个。

（1）对风险进行比较分析和综合评价，确定它们的先后顺序。

（2）挖掘风险间的相互联系。虽然风险因素众多，但这些因素之间往往存在着内在的联系，表面上看起来毫不相干的多个风险因素有时是由一个共同的风险源所产生的（如蝴蝶效应）。风险评价要从项目整体出发，挖掘各风险之间的因果关系，保障风险的科学管理。

（3）综合考虑不同风险之间相互转化的条件，研究如何才能化威胁为机会，明确风险的客观基础。

（4）进行风险量化研究，进一步量化已识别风险的发生概率和后果，减小风险发生概率和后果估计中的不确定性，为风险应对与监控提供依据和风险管理策略。

5.1.3 风险评价的准则

风险评价是指评价风险存在的影响、意义，以及确定应采取何种对策处理风险等。风险评价应遵循一些基本的准则，具体如下。

（1）风险回避准则。风险回避是最基本的风险评价准则。根据该准则，项目管理人员应采取措施有效控制或回避项目中的各类风险，特别是对项目整体目标有重要影响的风险。

（2）风险权衡准则。风险权衡准则的前提是假设项目中存在一些可接受的、不可避免的风险。根据风险权衡原则，项目管理人员需要确定可接受风险的限度。

（3）风险处理成本最小原则。风险权衡准则的前提是假设项目中存在一些可接受的、不可避免的风险，该风险在这里有两种含义：一是小概率或小损失风险，二是付出较小的代价即可回避风险。对于第二类风险我们当然希望风险处理成本越小越好，并且希望找到风险处理成本的最小值。风险处理成本最小是理想状态，这个最小值是难以计算的。因此，人们定性地归纳出，若风险处理成本足够小，则人们是可以接受此风险的。

（4）风险成本效益比准则。开展项目风险管理的基本目的是以最经济的资源消耗高效地保障项目预定目标的达成。项目管理人员只有在风险处理的收益大于支出的条件下才愿意进行风险处理。在实际的项目活动中，风险水平一般与风险收益成正比，只有风险处理成本与风险收益相匹配，项目风险管理活动才是有效的。社会生活中有大量风险投资活动成功后获得高回报的例子。

（5）社会费用最小准则。在进行风险评价时还应遵循社会费用最小准则。这一准则体现了一个组织对社会应负的道义责任。一个组织在实施某种项目活动，如企业的经营活动时，组织本身将承担一定的风险，并会为此付出较大的代价，同时组织也能从中获得风险经营回报。同样，社会在承担风险的同时也将获得回报。因此，在考虑风险的社会费用时，也应考虑风险带来的社会效益。

5.2 能源项目风险评价过程

风险评价是指在风险规划、识别、估计的基础上，进一步对风险进行综合分析，确定项目的整体风险水平和风险等级。可以从内部和外部两个视角来看待风险评价过程：从外部视角详细说明风险评价过程的输入、机制、控制和输出；从内部视角详细说明用机制将输入转变为输出的过程活动。

5.2.1 风险评价过程的目标

当风险评价过程达到下列目标时，就说明它是充分的。
（1）能用有效的系统分析方法综合分析项目的整体风险水平。
（2）确定风险的关键因素。
（3）确定风险管理的有效途径。
（4）确定风险的优先等级。

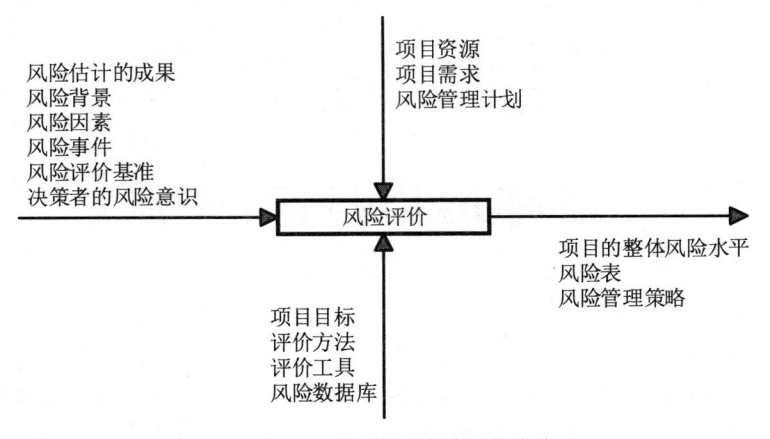

5.2.2 风险评价过程的定义

风险评价过程的定义如图 5-1 所示。

图 5-1 风险评价过程的定义

1. 输入

风险评价是对项目中的风险进行定性或定量分析，并依据风险对项目目标的影响程度对项目的整体风险水平和风险等级进行综合分析的过程。风险评价过程的输入包括风险估计的成果、风险背景、风险因素、风险事件、风险评价基准、决策者的风险意识等。

2. 机制

项目目标、评价方法、评价工具和风险数据库是风险评价过程的机制。机制是为风险评价过程活动提供结构的方法、技术、工具或手段。风险发生的可能性、风险后果的危害程度和风险发生的概率均有助于衡量风险的整体影响。

3. 控制

项目资源、项目需求和风险管理计划用于控制风险评价过程,其控制方式类似于控制风险规划过程。

4. 输出

项目的整体风险水平、风险表、风险管理策略等是风险评价过程的输出。

5.2.3 风险评价过程活动

风险评价过程活动是依据项目目标和风险评价基准,对识别和估计的风险进行系统分析,确定风险之间的因果联系,确定项目的整体风险水平和风险等级等所需完成的任务。风险评价过程活动主要包括以下内容。

（1）系统研究项目的风险背景信息。

（2）确定风险评价基准。风险评价基准是针对项目主体每种风险后果确定的可接受水平。风险的可接受水平是绝对的,也是相对的。

（3）使用风险评价方法确定项目的整体风险水平。项目的整体风险水平是综合分析所有单个风险之后确定的。

（4）使用风险评价工具挖掘风险之间的因果联系,确定关键风险。

（5）对风险进行综合评价,确定风险状态及风险管理策略。

5.3 能源项目风险评价的依据

风险评价的依据主要有以下几个。

（1）风险管理计划。

（2）风险识别的成果。已识别的风险及风险对项目的潜在影响需要进行评价。

（3）项目进展状况。风险的不确定性常常与项目所处的生命周期阶段有关。在项目初期,风险征兆往往表现得不明显,随着项目的进展,发现风险的可能性会增加。

（4）项目类型。一般来说,普通项目或重复率较高的项目的风险等级比较低,技术含量高或复杂性强的项目的风险等级比较高。

（5）数据的准确性和可靠性。用于风险识别的数据或信息的准确性和可靠性应进行评价。

（6）概率和影响的程度。用于评估风险的两个关键方面。

5.4　能源项目风险评价方法

5.4.1　定性评价方法

1. 定性评价方法概述

在风险评价过程中，不是所有的不确定性因素和条件都可以采用定量方法进行分析的，如宏观环境的变化、国家政策法规的变动等。即使对于可以量化的风险，要建立风险的定量分析模型，也必须知道相关的历史资料。当历史资料不能使用时，定量分析的有关方法就会受到限制。此外，即便有关的历史资料可以使用，各种相关因素的变化也会导致资料与数据的不可靠。因此，利用历史资料进行分析与预测所得到的结果不准确，并且有可能对风险评价形成误导，这时非常有必要在定量分析之前进行一定的定性分析。

风险的定性评价方法具有方便、简捷、节省费用等优点，但也具有主观性强、判断误差可能很大等缺点。

风险定性评价的成果可用于对风险记录手册中的相关内容进行更新。风险记录手册是在风险识别过程中形成的，并且会根据风险定性评价的成果进行更新，更新内容主要包括以下几项。

（1）风险的优先排序或优先级清单。在风险定性评价过程中，使用风险概率-影响矩阵，根据风险的重要程度进行风险分类。项目经理可参考风险优先级清单，集中精力处理高重要性的风险，以获得更好的项目成果。如果项目管理组织更关注其中一个目标，则可分别为成本、进度、范围和质量等目标单独列出风险优先级。对于被评定为对项目十分重要的风险，应对其风险概率与影响的评定基础及依据进行描述。

通过比较风险分值，可用风险评级表示一个项目相对于其他项目的综合风险等级。据此可以按不同的风险等级来分配各种资源，对项目进行效益与成本分析，或者以此作为建议启动、继续或终止某个项目的依据。

风险可按若干项标准区分轻重缓急，包括风险等级（高、中、低）及其在 WBS 中的层次。风险还可分成应按要求立即采取应对措施的风险和可以留待日后处理的风险两大类。影响成本、进度、范围和质量的风险还可用不同的级别标准加以审定分类。在重大风险的应对策略中应该附上关于风险概率与影响评估依据的说明。

（2）风险类别。进行风险分类可揭示风险的共同成因，或者识别特别需要关注的项目领域。在发现风险集中的项目领域之后，可提高风险应对的有效性，如电站项目中发电设备的采购。

（3）需要在近期采取应对措施的风险清单。需要采取紧急应对措施的风险和可以在今后某些时候处理的风险应分别列入不同的类别。

（4）需要进一步分析与应对的风险清单。有些风险可能需要进一步分析或采取应对措施。等级为高或中的风险应该作为风险定量分析等进一步分析及采取风险管理行动的主要对象，而一些潜在风险应该作为进一步监控的对象。

（5）低优先级风险观察清单。在风险定性评价过程中，把评定为不明确或不重要的风险纳入观察清单进一步监测。

（6）风险定性评价结果的趋势。随着风险定性评价的重复进行，某些风险可能会呈现出明显的趋势，从而使采取应对措施或进一步分析变得更加紧急、重要或不太紧急、不太重要，具体情形取决于风险趋于缓和或趋于恶化的状态。

表 5-1 所示为风险定性评价的风险记录模板。

表 5-1 风险定性评价的风险记录模板

风险描述	风险的优先排序	风险类别	需要在近期采取应对措施的风险	需要进一步分析与应对的风险	观察清单	风险趋势

2．主观评分法

主观评分法是利用专家的经验等隐性知识，先主观判断项目的每个风险并赋予其相应的权重，如 0～10 中的一个数，0 代表没有风险，10 代表风险最大，然后把各个风险的权重加起来，并与风险评价基准进行比较和分析的方法。

【例 5.1】某项目要经过可行性研究、设计、试验、施工、试运行 5 个工序，且已识别出该项目的前 5 个风险，分别是费用风险、工期风险、质量风险、组织风险、技术风险。试对该项目进行风险评价。

解：先利用专家的经验知识对该项目的风险进行评分，结果如表 5-2 所示。

表 5-2 主观评分法

工序	费用风险	工期风险	质量风险	组织风险	技术风险	各工序风险的权重
可行性研究	5	6	3	8	7	29
设计	4	5	7	2	8	26
试验	6	3	2	3	8	22
施工	9	7	5	2	2	25
试运行	2	2	3	1	4	12
合计	26	23	20	16	29	114

然后对该项目进行风险评价。

① 将该项目每个工序各个风险的评分从左到右加起来，结果放在表 5-2 最右一列。

② 将表 5-2 中各个风险的评分从上到下加起来，结果放在表 5-2 最下一行。

③ 将表 5-2 中各个风险的评分之和从左到右累加，结果放在表 5-2 最下一行的最右一列。

④ 计算最大风险权重值。用表的行数乘以列数，再乘以表中的最大风险权重，即可得到最大风险权重值。表 5-2 中的最大风险权重为 9，因此最大风险权重值为 5×5×9=225。

⑤ 计算项目的整体风险水平。将全部风险权重之和除以最大风险权重值就可得到该项目的整体风险水平。该项目的全部风险权重之和为 114，故该项目的整体风险水平为 114/225

≈0.5067。

⑥ 设项目的风险评价基准为 0.6。

⑦ 将项目的整体风险水平与项目的风险评价基准进行比较。由计算结果可知，该项目的整体风险水平为 0.5067，小于项目的风险评价基准，因此该项目的整体风险水平可以接受，项目可以继续实施。各个工序的风险水平或单个风险水平也可进行类似的比较。

3. 德尔菲法

德尔菲法主要用于一些预测的场合，广泛用于进行预测和决策分析及编制规划，已经成为风险评价的主要定性方法之一。

（1）德尔菲法的基本特征。

德尔菲法本质上是一种反馈匿名函询法，其大致流程是先对所要预测的问题征求专家意见，并进行整理、归纳、统计，再匿名反馈给各专家，再次征求专家意见，并进行整理、归纳、统计，再次进行反馈，直至得到稳定的意见。

德尔菲法是一种通过函询形式进行集体匿名思想交流的方法。它区别于其他专家预测方法的三个明显的特点分别是匿名性、多次有控制的反馈、小组的统计回答。

① 匿名性。匿名性是德尔菲法极其重要的特点，参与预测的专家不知道还有哪些人参加预测，他们是在完全匿名的情况下进行思想交流的（后来改进的德尔菲法允许专家开会进行专题讨论）。

② 多次有控制的反馈。小组成员的思想交流是通过回答组织者的问题实现的，一般要经过若干轮反馈才能完成预测。

③ 小组的统计回答。最典型的小组预测结果是反映多数人的观点，少数人的观点至多概括地提一下。但是这并没有表示出小组成员不同意见的状况。而统计回答却不是这样的，它报告一个中位数和两个四分位点，其中一半观点落在两个四分点之间，另一半观点落在两个四分点之外。这样，每种观点都被包括在这样的统计中，避免了专家会议法只反映多数人的观点的缺点。

（2）德尔菲法的工作流程。

在德尔菲法的实施过程中，始终有两个方面的人在活动：一是预测的组织者，二是被选出来的专家。应注意的是，德尔菲法中所用的调查表与通常所用的调查表有所不同，除了有向被调查者提出的问题、要求回答的内容，还有为被调查者提供的信息。德尔菲法中所用的调查表是专家们交流思想的工具。

德尔菲法的工作流程大致可以分为 4 步，在每一步中，组织者与专家都有不同的任务。

第 1 步：准备阶段。

① 由组织者发给专家不带任何附加条件、只提出预测问题的开放式调查表，请专家围绕预测主题提出预测事件。

② 组织者汇总、整理专家意见，归并同类事件，排除次要事件，用准确术语提出一个预测事件一览表，并将其作为第 2 步的调查表发给专家。

第 2 步：实施阶段。

① 专家对第 2 步的调查表中所列的每个事件给出评价。例如，说明事件发生的时间、争论事件或迟或早发生的理由。

② 组织者统计、处理第 2 步的专家意见，整理出第 3 张调查表。第 3 张调查表中包括事件、事件发生的中位数和上下四分点，以及事件发生时间在四分点之外的理由。

第 3 步：反馈阶段。

① 发放第 3 张调查表，请专家重审争论事件。

② 对在上下四分点之外的对立意见给出评价。

③ 给出自己新的评价（尤其是意见在上下四分点之外的专家，应重述自己的理由）。

④ 如果修正自己的观点，也请叙述改变的理由。

⑤ 组织者回收专家们的新评价和新争论事件，与第 2 步类似地统计中位数和上下四分点。

⑥ 总结专家意见，重点是争论双方的意见，形成第 4 张调查表。

第 4 步：确定阶段。

① 发放第 4 张调查表，专家再次进行评价和权衡，做出新的预测。是否做出新的论证与评价，取决于组织者的要求。

② 回收第 4 张调查表，计算每个事件的中位数和上下四分点，归纳总结各种意见的理由及争论点。

（3）注意事项。

① 并不是所有被预测的事件都要经过 4 步。可能有的事件的预测结果在第 2 步就达到统一，而不必进行第 3 步。

② 在第 4 步结束后，专家对各事件的预测结果也不一定都达到统一。预测结果不统一也可以用中位数和上下四分点来得出结论。事实上，总会有许多事件的预测结果是不统一的。

4．外推法

外推法（Extrapolation）是进行风险评价的一种十分有效的方法，它可分为前推法、后推法和旁推法 3 种类型。

前推法是指根据历史经验和数据推断出未来事件发生的概率及其后果。如果历史数据具有明显的周期性，则可据此直接对风险做出周期性的评价；如果历史数据不具有明显的周期性，则可先用一条曲线或一个分布函数来拟合这些数据再进行外推。此外，还要注意历史数据的不完整性和主观性。

后推法是在手头没有历史数据可供使用时所采用的一种方法。由于工程项目的一次性和不可重复性，所以在进行风险评价时常采用后推法。后推法是指把未知的想象的事件及其后果与一个已知事件及其后果联系起来，把未来的风险事件归结到有数据可查的造成这一风险事件的初始事件上，从而对风险做出评价。

旁推法是指利用类似项目的数据进行外推，用某一项目的历史数据对新的类似项目可能遇到的风险进行评价，当然这还得充分考虑新环境的各种变化。这 3 种外推法在风险评价中都得到了广泛的应用。

5. 风险图评价法

风险图是目前非常实用且广泛用于风险识别和优先排序的工具。风险图是根据风险的严重性和发生的可能性绘制的。严重性是指项目管理人员根据其能理解和接受的标准确定的风险对于其业务的重要性。可能性是指风险事件发生的可能性大小，如果不采用统计手段来进行分析，那么项目管理人员必须知道所选定的可能性是否合理。在项目初期阶段，可以不采用统计手段来进行分析，但是应对风险进行排序，风险图可以根据部门、过程、关键性业绩指标或主要风险类别（把风险事件分门别类）来制定或编制，如图 5-2 所示。

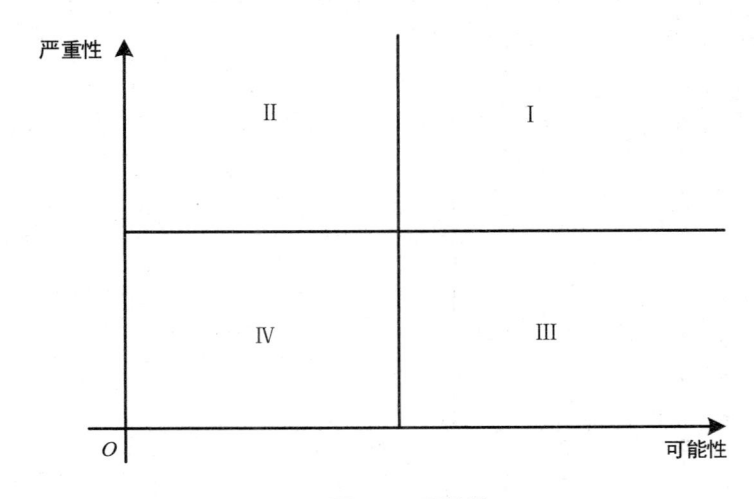

图 5-2 风险图

项目管理人员自然倾向于把注意力集中在"高严重性、高可能性风险"及"高严重性、低可能性风险"上，如图 5-2 中的I区和II区。风险图中I区的风险处于"红灯区"，因为没有任何业务在这样的风险状况下还能长时间存在。因此，项目管理组织对这些风险的管理是一种战略性需要，应通过特定行动计划明确指定风险责任人对此负责。针对这些风险所采用的风险管理方案取决于风险的属性和管理风险的愿望及选择的方法。然而，如果一个组织不能长期、有效地管理这些风险，则应考虑采取规避风险的战略（如退出、禁止、停止等）。

风险图中II区的风险虽不像I区的风险那样危急，但也应加以注意，因为II区包括非常事件，如地震、暴雨、山洪、政治事件和其他事故等，这些因素可能严重影响商务活动，这些风险处于"黄灯区"。对于这些风险，尽管可供选择的措施是有限的，但还是应使用所有可能的风险管理方案，因为这些风险是由超出管理控制的环境力量驱使的。这就是为什么应急计划对于大多数此类风险都是适用的，尤其是对这些风险的管理来说具有特别的意义。

风险图中III区的风险（低严重性、高可能性）往往与日常经营和遵守法律方面的问题有关。这些风险处于"黄灯区"，因为这些风险的期望值，即它们的潜在严重性乘以发生的可能性得到的结果可以和II区中的风险一样大。如果对此不加以管理，那么这些风险事件的聚积力量可能达到不可接受的水平——危及经营效果、效率及对法律法规的适应性。因此，应采取相应的措施将它们发生的可能性降到可接受的水平。

风险图中IV区中的风险（低严重性、低可能性）处于"绿灯区"，是指那些不那么重要的风险，因为它们或者与项目活动不相关，或者无意义，并且通常在目前的水平上可接受。项目管理组织可以取消与这些风险相关的、多余的风险控制措施，以减少成本和资源消耗，将注意力放到管理更重要的风险上。是否接受这些风险的决定因素还会随着时间和外部条件的变化而变化。

图 5-3 所示为微软公司 1997 年使用过的一个风险图。例如，地震灾难的情景分析可能描绘在Ⅱ区，且在纵轴上的位置很高，这表示风险严重程度很高，损失很大，但风险事件发生的频率较低。风险图无法显示不同风险之间的关系，但可以显示特定风险事件发生的频率和风险严重程度；风险图不能给出分散风险的方法，但可以把风险划分为不同的等级。风险图在某种程度上提供了 80/20 规则，即在风险管理过程中，要把 80%的努力投入到 20%的风险管理中。

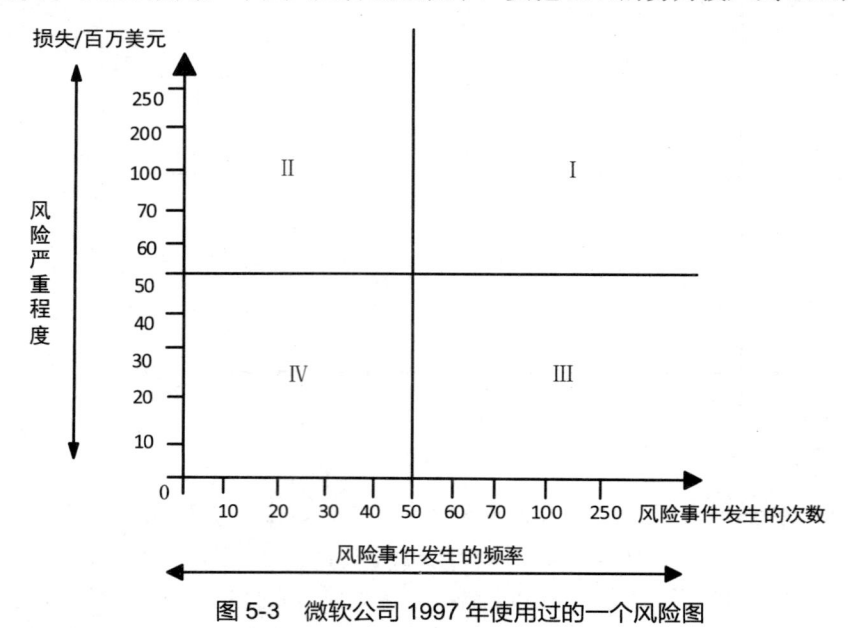

图 5-3 微软公司 1997 年使用过的一个风险图

6. 危险性预先分析法

危险性预先分析（Preliminary Hazard Analysis，PHA）法又称预先危险分析法，是一种定性分析、评价系统内危险因素和危险程度的方法。

危险性预先分析法是在每项工程项目活动，如设计、施工、生产之前，或者技术改造后制定操作规程和使用新工艺等之前，对系统中存在的危险的类型、来源、出现条件、发展成事故的后果及可采取的有关措施等进行概略分析的方法。其目的是辨识系统中存在的潜在危险，确定其危险等级，防止这些危险发展成事故。

危险性预先分析法适用于对固有系统中采用新的操作方法及接触新的危险性物质、工具和设备的情况进行分析。这种方法是一种简单易行、经济、有效的定性分析方法。

（1）危险性辨识。

要对项目系统进行危险性分析，首先要找出系统中可能存在的所有危险因素，这就是危险性辨识要解决的问题。所谓危险因素，是指在一定条件下会导致事故发生的潜在因素。既然危险因素有一定的潜在性，辨识危险因素就需要依靠丰富的知识和实践经验。为了迅速查出危险因素，可以从以下 3 个方面考虑。

① 从能量转移方面考虑：能量转移论的基本观点是，人的生产活动和生活实践都离不开能量，能量在受控情况下可以做有用功，如制造产品或提供服务，而能量一旦失控，就会做破坏功，转移到人身上会造成人员伤亡，转移到物体上会造成财产损失或环境破坏。能量转移论支持者认为，事故就是不希望的能量转移的结果。

能量转移论的原始出发点是防止发生人身伤害事故。该理论的支持者认为生物体（人）受伤害只能是因为发生了某种能量的转移，并提出了根据有关能量对人身伤害事故加以分类的方法。哈登（Haddon）将人身伤害分为两类：第一类伤害是由施加了超过局部或全身性损伤阈值的能量引起的，第二类伤害是由影响了局部或全身性能量交换引起的。

既然事故源自能量的非正常转移，那么在对一个系统进行危险因素辨识时，首先要确定系统内存在的各种类型的能量源，以及它们存在的部位和正常或不正常转移的方式，从而确定各种危险因素。这就是按第一类伤害的能量类型确定危险因素的过程。其次要按第二类伤害考察影响人体内部能量交换的危险因素，如引起窒息、中毒、冻伤等的危险因素。

② 从人的操作失误方面考虑：一个项目系统运行的好坏和安全状况如何，除与机械设备本身的性能、工艺条件有关以外，还与人的可靠性有关。由于受科技水平和经济状况的限制，很多机械设备还达不到本质安全的要求，因此在系统运行过程中必然存在不同程度的危险性。这样，人的可靠性便对系统安全性有着更加重要的影响。然而，人作为系统的一个组成部分，其失误概率要比机械、电气、电子元件高几个数量级。这就要求，在辨识系统中可能存在的危险性时，还要根据操作标准查找可能偏离正常情况的危险。在这一方面，人机工程、行为科学领域都有成熟的经验，系统安全分析方法中也有人的差错分析、可操作性研究等成果可供借鉴。

③ 从外界危险因素方面考虑：系统安全性不仅取决于系统内部人、机、环境因素及其配合状况，有时还要受系统以外其他危险因素的影响。其中，有外界发生事故对系统的影响，如火灾、爆炸等；也有自然灾害对系统的影响，如地震、洪水、雷击、飓风等。尽管外界危险因素产生影响的可能性很小，但其危害却很大。因此，在对系统，特别是处于设计阶段的系统进行危险性辨识时也应考虑这些因素。

（2）危险性等级。

在分析系统危险性时，为了衡量危险程度及可能导致的后果，可以将各类危险性划分为 4 个等级，如表 5-3 所示。

表 5-3　危险性等级划分

级别	危险程度	可能导致的后果
I	安全的	不会造成人员伤亡及系统损坏
II	临界的	处于事故的边缘状态，暂时还不至于造成人员伤亡、系统损坏或降低系统性能，但应予以排除或采取控制措施
III	危险的	会造成人员伤亡和系统损坏，要立即采取防范措施
IV	灾难性的	会造成人员重大伤亡及系统严重破坏，必须予以果断排除并进行重点防范

(3）分析步骤。

进行危险性预先分析，一般采取以下几个步骤。

① 通过经验判断、技术诊断或其他方法调查确定危险源（危险因素存在于项目哪个子系统中），对所需分析项目系统的制造（生产、实施）目的、物料、装置及设备、工艺过程、操作条件及周围环境等进行充分、详细的调查了解。

② 根据过去的经验教训及同类行业项目系统的制造（生产、实施）过程中发生的事故（或灾害）情况、对系统的影响、危险程度，类比判断所要分析的系统中可能会出现的情况，查找会造成系统故障、财产损失和人员伤害的危险性，分析事故（或灾害）的可能类型。

③ 对确定的危险源分类，制作危险性预先分析表。

④ 识别转化条件，即研究危险因素转变为危险状态的触发条件和危险状态转变为事故（或灾害）的必要条件，并进一步寻求应对措施，检验应对措施的有效性。

⑤ 进行危险性等级划分，列出重点和轻重缓急次序，以便进行处理。

⑥ 制定事故（或灾害）的预防性应对措施。

（4）应用实例。

危险性预先分析的结果可直观地列在同一个表格中。表 5-4 所示为液化石油气火灾、爆炸危险性预先分析表。

表 5-4　液化石油气火灾、爆炸危险性预先分析表

危险因素	液化石油气及其残液泄漏，压力容器爆炸
触发事件（一）	1. 故障泄漏 ① 罐、器、管线、阀、法兰等因破裂而泄漏。 ② 罐等超装溢出。 ③ 机、泵破裂或转动设备、泵的密封处泄漏。 ④ 罐、器、机、泵、阀、管道、流量计、仪表等的连接处泄漏。 ⑤ 罐、器、机、泵、阀、管道等因质量（如制造加工质量、材质、焊接质量等）不好或安装不当而泄漏。 ⑥ 撞击（如车辆撞击、物体倒落）或人为破坏造成罐、器及管线等因破裂而泄漏。 ⑦ 自然灾害（如雷击、台风等）造成破裂泄漏。 2. 运行泄漏 ① 超温、超压造成破裂泄漏。 ② 安全阀等安全附件失灵、损坏或操作不当造成泄漏。 ③ 垫片撕裂造成泄漏。 ④ 骤冷、急热造成罐、器等因破裂而泄漏。 ⑤ 压力容器未按有关规定及操作规程操作。 ⑥ 转动部分不洁、摩擦产生高温及高温物件遇易燃物品
发生条件	1. 液化石油气浓度达到爆炸极限发生条件。 2. 液化石油气及其残液遇明火。 3. 存在点火源、静电火花、高温物体等引燃、引爆能量

续表

危险因素	液化石油气及其残液泄漏，压力容器爆炸
触发事件（二）	1. 明火 ① 点火吸烟。 ② 烟火。 ③ 抢修、检修时违章动火，焊接时未按"十不烧"及有关规定动火。 ④ 外来人员带入火种。 ⑤ 物质过热引起燃烧。 ⑥ 其他火源，如电动机不洁、轴承冒烟着火等。 ⑦ 其他火灾引发二次火灾等。 2. 火花 ① 穿带钉皮鞋。 ② 击打管道，设备产生撞击火花。 ③ 电气火花。 ④ 电气线路陈旧老化或受到损坏产生短路火花，以及超载、绝缘层烧坏引起明火。 ⑤ 静电放电。 ⑥ 雷击（直接雷击、雷电二次作用、沿着电气线路或金属管道侵入）。 ⑦ 进入车辆未带阻火器等（一般要禁止这类车辆驶入）。 ⑧ 焊、割、打磨产生火花等
事故后果	液化石油气跑损、人员伤亡、停产、造成严重经济损失
危险等级	Ⅳ
防范措施	1. 控制与消除火源 ① 严禁吸烟，严禁携带火种、穿带钉皮鞋进入易燃、易爆区。 ② 动火必须严格按动火手续办理动火证，并采取有效防范措施。 ③ 易燃、易爆场所使用防爆型电器。 ④ 使用不发火工具，严禁钢质工具的敲打、撞击、抛掷行为。 ⑤ 按规定安装避雷装置，并定期进行检测。 ⑥ 按规定采取防静电措施。 ⑦ 加强门卫检查，严禁机动车辆进入火灾、爆炸危险区，运送液化石油气的车辆必须配置完好的阻火器，并正确行驶，杜绝发生任何故障和车祸
防范措施	2. 严格控制设备质量及其安装 ① 罐、器、管线、机、泵、阀及其配套仪表等要选用质量好的合格产品，并把好质量、安装关。 ② 管道、压力容器及其配置仪表等要按要求定期进行检验、检测、试压。 ③ 对设备、管线、机、泵、阀、仪表、报警器、监测装置等要定期进行检查、保养、维修，使其保持完好状态。 ④ 按规定安装电气线路，定期进行检查、维修、保养，使其保持完好状态。 ⑤ 有液化石油气泄漏的场所，高温部件要采取隔热、密闭措施。 3. 防止液化石油气及其残液的跑、冒、滴、漏 4. 加强管理、严格执行工艺规程 ① 禁火区内根据《第170号国际公约》和《危险化学品安全管理条例》张贴作业场所危险化学品安全标签。 ② 杜绝"三违"（违章作业、违章指挥、违反劳动纪律），严守工艺纪律，防止生产控制参数发生变化。

续表

危险因素	液化石油气及其残液泄漏，压力容器爆炸
防范措施	③ 坚持巡回检查，发现问题及时处理，如液位报警器、呼吸阀、压力表、安全阀、防寒保温设施、防腐设施、连锁仪表、消防及救护设施是否完好，罐、管线、截止阀、自动调节阀等有无泄漏，消防通道、地沟是否畅通等。 ④ 在检修时，特别是液化石油气及其残液贮罐，必须做好与其他部分的隔离（如安装盲板等），并且要彻底清理干净，合格后，在有现场监护及通风良好的条件下，方能进行动火等作业。 ⑤ 检查有无违章、违纪现象。 ⑥ 加强培训、教育、考核工作。 ⑦ 防止车辆撞坏管线等设施。 5. 安全设施要齐全、完好 ① 安全设施（如消防设施、遥控装置）齐全并保持完好。 ② 贮罐安装高、低液位报警器。 ③ 易燃、易爆场所安装可燃气体检测报警装置

为了准确地进行危险性预先分析，这里对表 5-4 中有关栏目的含义及其相互关系予以说明。

① 危险因素是指在一定条件下会导致事故发生的潜在因素。它是事故情况的原因。一般情况下，它不能单独导致事故发生。

② 触发事件是指促使形成危险因素的原因事件。促使某一危险因素形成，可以有若干触发事件，它与事故发生没有直接关系。

③ 发生条件是指危险因素形成事故的条件。也就是说，在危险因素和形成事故的原因事件都存在的情况下才会发生事故。

5.4.2 定量评价方法

1. 定量评价方法概述

在一般情况下，风险定量评价在风险定性评价之后进行。对于经验丰富的风险分析人员来说，也可以直接进入风险定量评价阶段。风险定性评价和风险定量评价可分别进行，也可结合进行。采用何种评价方法主要取决于时间约束、有无风险预算准备，以及对风险及其后果进行定性或定量表述的必要性。在风险管理活动中，重复进行风险定量评价所得到的趋势结果可以为项目是否需要增加或减少风险管理行动的决策提供科学的依据，同时它也是进行风险应对的重要依据之一。

风险记录手册在风险识别过程中形成、在风险定性评价过程中更新，并在风险定量评价过程中进一步更新，此处更新的内容包括以下几项。

（1）不确定性下的项目储备金分析。

可以基于风险概率的项目潜在进度与费用的预报结果，列出可能的竣工日期或项目工期与费用及其可信度水平，并结合利害关系者的风险承受度水平，对费用和时间应急储备金进行量化，从而将应急储备金超出既定项目目标的风险降低到组织可接受的水平。

（2）实现项目目标的概率。

根据当前的项目计划和对所面临风险的理解，我们可以通过风险定量分析方法来估算实现费用和时间目标的可能性。这种方法可以帮助我们更准确地预测项目成功的概率。

（3）量化风险优先级清单。

此项清单包括对项目造成最大威胁或为项目提供最大机会的风险，以及需要分配最高费用应急储备金的风险和最可能影响关键路径的风险等分析内容。

（4）风险定量评价结果的趋势。

在风险定量评价重复进行的过程中，其结果可能会呈现出某种显而易见的趋势。根据这种趋势得出的结论将会对未来的风险应对造成影响。

2. 层次分析法

层次分析法（Analytical Hierarchy Process，AHP）是20世纪70年代美国学者萨蒂（T. L. Saaty）提出的一种在经济学、管理学中被广泛应用的方法。层次分析法可以将无法量化的风险按照大小排序，把它们区分开。层次分析法处理问题的基本步骤如下。

（1）先确定评价目标，再明确方案的评价准则。根据评价目标、评价准则构造递阶层次结构模型。

① 递阶层次结构的类型。采用层次分析法所建立的递阶层次结构，一般有三种类型。

- 完全相关结构：上一层次的每个要素与下一层次的所有要素完全相关。
- 完全独立结构：上一层次的所有要素各自独立，都有各不相干的下层要素。
- 混合结构：上述两种结构的混合，是一种既非完全相关又非完全独立的结构。

② 递阶层次结构模型的构造。递阶层次结构模型一般分为三层。

- 目标层：最高层次，也称理想结果层，包括决策问题所追求的总目标。
- 准则层：也称因素层、约束层，包括评价准则或衡量准则，是指评判方案优劣的准则。
- 方案层：也称对策层，包括决策问题的可行方案。

各层次间诸要素的联系用弧线表示，同层次要素间无连线，因为它们相互独立，上层要素对下层要素有支配（包含）关系或下层要素对上层要素有贡献关系，即下层要素对上层要素无支配（包含）关系或上层要素对下层要素无贡献关系，这样的层次结构称为递阶层次结构。

（2）应用两两比较法构造所有的判断矩阵。

① 标度。标度表示要素 A_i 对要素 A_j 的相对重要度的数量尺度，如表5-5所示。

表5-5 两两比较法的标度

定义（a_{ij}）	标度
i 因素比 j 因素绝对重要得多	9
i 因素比 j 因素重要得多	7
i 因素比 j 因素重要	5
i 因素比 j 因素稍微重要	3
i 因素与 j 因素一样重要	1
i 与 j 两因素的重要度介于上述两相邻标度之间	2, 4, 6, 8

② 判断矩阵。判断矩阵是以上一层次的某个要素 H_s 作为判断准则，对下层要素进行两两比较确定的矩阵。例如，在判断准则 H_s 下有 n 阶的判断矩阵 $A(a_{ij})_{n \times n}$，其形式如表5-6所示。

能源项目风险管理

表 5-6 n 阶判断矩阵 A 的形式

	A_1	A_2	⋯	A_j	⋯	A_n
A_1	a_{11}	a_{12}	⋯	A_{1j}	⋯	a_{1n}
A_2	a_{21}	a_{22}	⋯	A_{2j}	⋯	a_{2n}
⋮	⋮	⋮	⋯	⋮	⋯	⋮
A_j	a_{j1}	a_{j2}	⋯	a_{jj}	⋯	a_{jn}
⋮	⋮	⋮	⋯	⋮	⋯	⋮
A_n	a_{n1}	a_{n2}	⋯	a_{nj}	⋯	a_{nn}

判断矩阵中的元素 a_{ij} 表示从判断准则 H_s 的角度考虑要素 A_i 对要素 A_j 的相对重要度，即

$$a_{ij} = \frac{W_i}{W_j} \tag{5-1}$$

由表 5-5 可知，在判断矩阵 A 中有：$a_{ij}>0$，$a_{ij}=1/a_{ji}$，$a_{jj}=1$。

③ 确定项目风险要素的相对重要度。

在应用层次分析法进行评价和决策时，需要知道 A_i 关于 H_s 的相对重要度，即 A_i 关于 H_s 的权重。其分析计算过程如下。

a. 计算判断矩阵 A 的特征向量 W。计算出判断矩阵 A 的特征向量 W 后经过归一化处理即可得到相对重要度。

$$\begin{aligned} W_i &= \left(\prod_{j=1}^{n} a_{ij}\right)^{\frac{1}{n}}, \quad i=1,2,\cdots,n \\ W &= \sum_{i=1}^{n} W_i \\ W_i &= W_i / W \end{aligned} \tag{5-2}$$

b. 一致性判断。在对系统要素进行相对重要度判断时，由于运用的主要是专家的隐性知识，因此不可能精确地计算出 W_i/W，只能对其进行估计。因此，必须进行相容性和误差分析。估计误差必然会导致判断矩阵特征值的偏差，据此定义相容性指标。

当判断矩阵 A 完全相容时，应有 $\lambda_{\max}=n$；当判断矩阵 A 不相容时，应有 $\lambda_{\max}>n$。因此，可应用 $\lambda_{\max}-n$ 的关系来界定偏离相容性指标的程度。设相容性指标为 C.I.，则有

$$\text{C.I.} = \frac{\lambda_{\max}-n}{n-1} \tag{5-3}$$

式中，$\lambda_{\max}$——判断矩阵 A 的最大特征值。

$$\lambda_{\max} = \sum_{i=1}^{n} \frac{[AW]_i}{nW_i} \tag{5-4}$$

式中，$[AW]_i$——矩阵$[AW]$的第 i 个分量。

定义一致性指标 **CR** 为

$$CR = \frac{C.I.}{C.R.} \quad (5\text{-}5)$$

式中，C.R.——随机性指标。

随机性指标 C.R. 的数值如表 5-7 所示。

表 5-7　随机性指标 C.R. 的数值

n	1	2	3	4	5	6	7	8	9	10	11
C.R.	0	0	0.58	0.9	1.12	1.24	1.32	1.41	1.45	1.49	1.51

若一致性指标 CR<0.1，则认为判断矩阵的一致性可以接受，特征向量 W 可以接受。

④ 计算综合重要度。

在计算出各层要素对上一层次 H_s 的相对重要度以后，即可从最上层开始，自上而下地求出各层要素关于系统总体的综合重要度，对所有项目风险因素（或备选方案）进行优先排序。其分析计算过程如下。

设第二层为 A 层，有 m 个要素 $A_1, A_2, \cdots, A_m$，它们关于系统总体的重要度分别为 $a_1, a_2, \cdots, a_m$。第三层为 B 层，有 n 个要素 $B_1, B_2, \cdots, B_n$，它们关于 a_i 的相对重要度分别为 $b_1^i, b_2^i, \cdots, b_n^i$，则 B 层的要素 B_j 的综合重要度为

$$b_j = \sum_{i=1}^{m} a_i b_j^i, \quad j=1,2,\cdots,n \quad (5\text{-}6)$$

即下层 j 要素的综合重要度是以上层要素的综合重要度为权重的相对重要度的加权和。

B 层的全部要素的综合重要度如表 5-8 所示。

表 5-8　B 层的全部要素的综合重要度

| | A_1 | A_2 | ... | A_m | b_j |
	a_1	a_2	...	a_m	
B_1	b_1^1	b_1^2	...	b_1^m	$b_1 = \sum_{i=1}^{m} a_i b_1^i$
B_2	b_2^1	b_2^2	...	b_2^m	$b_2 = \sum_{i=1}^{m} a_i b_2^i$
⋮	⋮	⋮		⋮	⋮
B_n	b_n^1	b_n^2	...	b_n^m	$b_n = \sum_{i=1}^{m} a_i b_n^i$

下面举例说明层次分析法的具体分析计算过程及应用。

【例 5.2】现有一个小型国有企业重组项目，有两个重组方案：中外合资和实行股份制。该项目已识别出三种风险：经济风险、技术风险和社会风险。经济风险主要是指国有资产流失问题；技术风险是指企业重组后生产新产品时在技术上的把握性问题；社会风险是指原来的在职和退休职工的安排问题等。现在要求企业决策者回答的问题是，哪个重组方案的风险最大？

解：本例中的三种风险不易量化。此外，要确定两个重组方案的风险优先排序，不能只

能源项目风险管理

考虑一种风险，三种风险都要考虑。处理这类问题，可采用层次分析法。
（1）构造递阶层次结构模型。
根据已知信息和评价目标、评价准则，构造该项目的递阶层次结构模型，如图 5-4 所示。

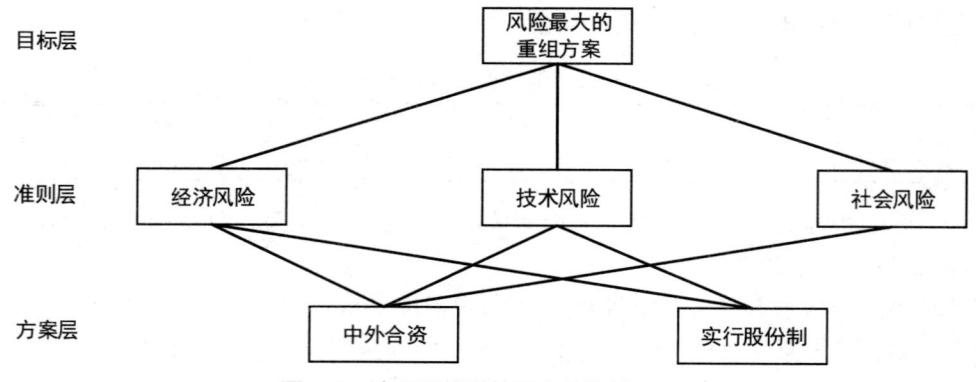

图 5-4　该项目的递阶层次结构模型

（2）构造判断矩阵 A。
根据两两比较标度，确定各层次不同因素的重要度权重。在准则层，有经济风险、技术风险和社会风险三个因素，评价者根据评价目标"风险最大的重组方案"，将这三个因素的重要度进行两两比较，得到判断矩阵 A：

$$A = \begin{bmatrix} 1 & 5 & \dfrac{1}{2} \\ \dfrac{1}{5} & 1 & \dfrac{1}{8} \\ 2 & 8 & 1 \end{bmatrix}$$

在方案层，有两个重组方案：中外合资和实行股份制。对"经济风险""技术风险""社会风险"进行两两比较，得到判断矩阵 A_1、A_2 和 A_3：

$$A_1 = \begin{bmatrix} 1 & 4 \\ \dfrac{1}{4} & 1 \end{bmatrix},\ A_2 = \begin{bmatrix} 1 & \dfrac{1}{5} \\ 5 & 1 \end{bmatrix},\ A_3 = \begin{bmatrix} 1 & 5 \\ \dfrac{1}{5} & 1 \end{bmatrix}$$

（3）判断矩阵特征向量的计算。
按照式（5-2），分别计算矩阵 A、A_1、A_2、A_3 的特征向量，分别用 W、W_1、W_2、W_3 表示。下面以特征向量 W 为例介绍特征向量的一种计算方法。
① 计算 A 的各行之和。

$$\begin{bmatrix} 1+5+\dfrac{1}{2} \\ \dfrac{1}{5}+1+\dfrac{1}{8} \\ 2+8+1 \end{bmatrix} = \begin{bmatrix} \dfrac{13}{2} \\ \dfrac{53}{40} \\ 11 \end{bmatrix} = \begin{bmatrix} 6.5 \\ 1.325 \\ 11 \end{bmatrix}$$

② 计算各行的平均值，因为 A 有 3 列，所以求平均值时除以 3。

$$\begin{bmatrix} \dfrac{6.5}{3} \\ \dfrac{1.325}{3} \\ \dfrac{11}{3} \end{bmatrix} \approx \begin{bmatrix} 2.1667 \\ 0.4417 \\ 3.6667 \end{bmatrix}$$

③ 归一化，即将各行除以 3 行之和（2.1667+0.4417+3.6667=6.2751），于是得到矩阵 A 的特征向量：

$$W \approx \begin{bmatrix} 0.3453 \\ 0.0704 \\ 0.5843 \end{bmatrix}$$

根据计算结果，在该项目方案中，社会风险的重要度最大（0.5843），经济风险的重要度次之（0.3453），技术风险的重要度排第三（0.0704）。

至于 A_1、A_2、A_3 的特征向量 W_1、W_2、W_3，按照相同的步骤，计算可得

$$W_1 = \begin{bmatrix} 0.8 \\ 0.2 \end{bmatrix},\ W_2 \approx \begin{bmatrix} 0.1667 \\ 0.8333 \end{bmatrix},\ W_3 \approx \begin{bmatrix} 0.8333 \\ 0.1667 \end{bmatrix}$$

W_1 表明，从"经济风险"的角度来看，"中外合资"方案比"实行股份制"方案风险大；W_2 表明，从"技术风险"的角度来看，"中外合资"方案比"实行股份制"方案风险小；W_3 表明，从"社会风险"的角度来看，"中外合资"方案比"实行股份制"方案风险大。

（4）一致性检验。

由于构造判断矩阵的过程涉及人的主观判断，因此会出现判断不一致的情况。为了保证风险评价的有效性，必须进行一致性检验。

根据式（5-3）、式（5-4）、式（5-5），有

$$AW \approx \begin{bmatrix} 0.98945 \\ 0.21250 \\ 1.83810 \end{bmatrix}$$

$$\lambda_{\max} = \dfrac{1}{3}\left(\dfrac{0.98945}{0.3453} + \dfrac{0.21250}{0.0704} + \dfrac{1.83810}{0.5843} \right) \approx 3.01$$

由此可得 C.I.=0.005，查表 5-7 可得 C.R.=0.58，则有

$$CR = 0.005/0.58 \approx 0.01 < 0.1$$

因此，判断矩阵 A 的一致性符合要求，可以接受。

（5）计算综合重要度。

特征向量 W_1、W_2、W_3 分别从"经济风险""技术风险""社会风险"的角度比较了中外合资和实行股份制两个重组方案，但是只给出了其相对重要度，并没有比较两个重组方案的整体风险水平和系统总体重要度。要回答这个问题，必须进行综合重要度的计算。

在计算出递阶层次结构各层次要素对上层要素的相对重要度之后，即可从最上层开始，自上而下地求出各层要素关于系统总体的综合重要度。

$$B = [W_1, W_2, W_3] = \begin{bmatrix} 0.8 & 0.1667 & 0.8333 \\ 0.2 & 0.8333 & 0.1667 \end{bmatrix}$$

用矩阵 B 乘以特征向量 W，得到矩阵 W_f，即

$$W_f = BW = \begin{bmatrix} 0.8 & 0.1667 & 0.8333 \\ 0.2 & 0.8333 & 0.1667 \end{bmatrix} \begin{bmatrix} 0.3453 \\ 0.0704 \\ 0.5843 \end{bmatrix} \approx \begin{bmatrix} 0.7749 \\ 0.2191 \end{bmatrix}$$

矩阵 W_f 表明，从评价目标"风险最大的重组方案"的整体角度来看，即综合了"经济风险""技术风险""社会风险"3个方面之后，"中外合资"方案比"实行股份制"方案风险大。

3. 决策树分析法

根据项目风险问题的基本特点，风险评价既要能反映风险背景环境，又要能描述风险发生的概率、后果，以及风险的发展动态。决策树这种结构模型既简明又符合上述两项要求。采用决策树分析法来进行风险评价，往往比采用其他评价方法更主观、更清晰，且便于项目管理人员思考和集体探讨。决策树分析法是一种形象且有效的风险评价方法。

（1）决策树的结构。

树是图论中一种图的形式，因而决策树又叫决策图。决策树是以方框和圆圈为节点，由直线连接而成的一种树枝形状的结构，如图5-5所示。

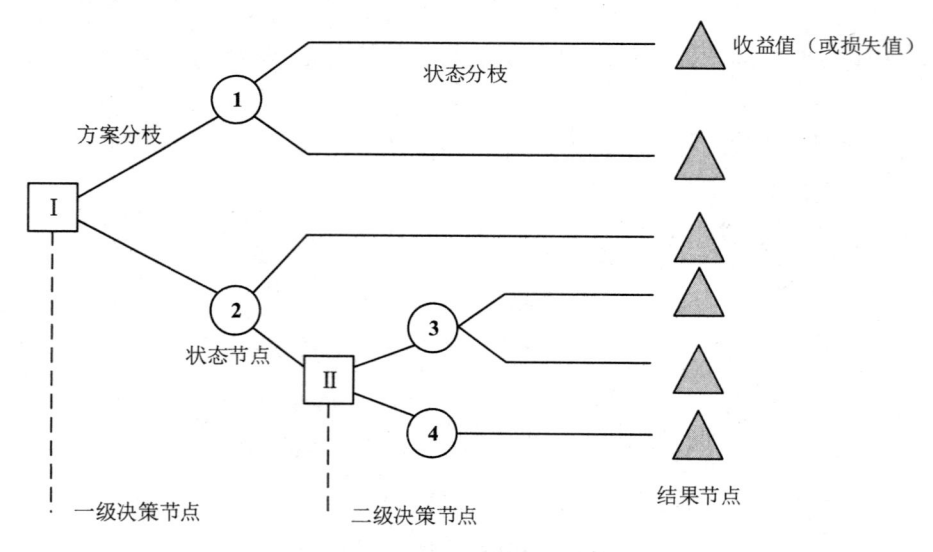

图5-5 决策树结构示意图

决策树一般包括以下几个部分。

① □：决策节点，它指代一个决定，其标志为罗马数字（如Ⅰ、Ⅱ等）。从决策节点上引出的分枝叫作方案分枝，方案分枝数量与方案数量相同。从决策节点上引出的方案要进行分析和决策，在方案分枝上要注明方案名称。

② ○：状态节点，也称为机会节点，其标志为阿拉伯数字（如1、2、3等）。从状态节点上引出的分枝叫作状态分枝或概率分枝，在每个状态分枝上注明自然状态名称及其出现的

主观概率。状态分支数量与自然状态数量相同。

③ △：结果节点。将不同方案在各种自然状态下所取得的结果（如收益值或损失值）标注在结果节点的右端。

（2）决策树分析法的应用。

决策树分析法利用树枝形状的结构模型来表述项目的风险评价问题，风险评价可以直接在决策树上进行，其评价准则可以是期望收益值、期望效用值或其他指标值。在采用决策树分析法来进行决策时，从右向左逐步进行分析，首先根据结果节点右端的收益值（或损失值）和状态分枝上的概率，计算出期望值的大小，以确定方案的期望结果。然后根据不同方案的期望结果做出选择。把对某个方案的舍弃叫作修枝，在被舍弃的方案分枝上画上"//"作为标记，表示修剪。最后在决策节点上留下来的一枝对应的就是最优方案。下面举例说明决策树分析法的应用。

【例5.3】 某石油公司预计对某海域的石油勘探项目进行决策。他们的考虑是"投标"和"不投标"。若投标后中标，则还要考虑是根据已有资料马上打钻，还是进一步做地震勘探工作，而打钻后有可能发现大油田，也有可能发现小油田，还有可能发现是干井。若是干井，或者放弃，或者再打第二口井。该公司进行投标的费用估计为300万元，中标概率为0.8；打一口井的费用为100万元；在此海域进行地震勘探的费用为200万元，勘探后有构造的概率为0.5。状态损益表如表5-9所示。

表5-9 状态损益表

状态	方案 马上打钻 打第一口井	方案 马上打钻 打第二口井	方案 地震勘探后打钻 打第一口井	方案 地震勘探后打钻 打第二口井	损益值/万元
发现大油田	0.05	0.075	0.15	0.20	4000
发现小油田	0.05	0.075	0.15	0.20	1500
干井	0.90	0.850	0.70	0.60	0

解：（1）决策树结构及求解结果标注如图5-6所示。

（2）计算各节点的期望损益值，期望损益值的计算从右向左进行。

节点1：$0.075×4000+0.075×1500+0.85×0-100=312.5$（万元）。

决策节点的期望损益值为 $\max\{312.5,0\}=312.5$（万元）。

剪枝。因为决策节点的期望损益值为312.5万元，为钻第二口井的期望损益值，所以剪掉放弃钻第二口井这一方案分支，保留钻第二口井这一方案分支。

节点2：$0.05×4000+0.05×1500+0.9×312.5=556.25$（万元）。

不勘探钻井的期望损益值为 $556.25-100=456.25$（万元）。

节点3：$0.2×4000+0.2×1500+0.6×0-100=1000$（万元）。

决策节点的期望损益值为 $\max\{1000,0\}=1000$（万元）。

剪枝。因为决策节点的期望损益值为1000万元，为钻第二口井的期望损益值，所以剪掉放弃钻第二口井这一方案分支，保留钻第二口井这一方案分支。

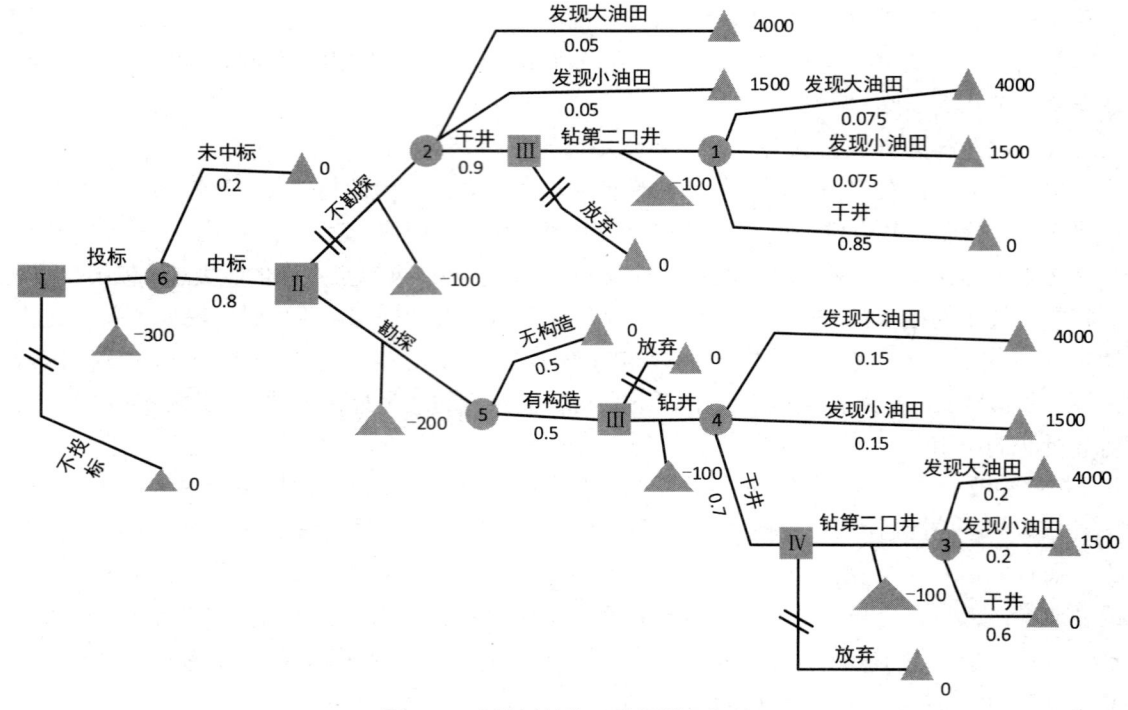

图 5-6 决策树结构及求解结果标注

节点 4：0.15×4000+0.15×1500+0.7×1000−100=1425（万元）。

决策节点的期望损益值为 max{1425,0}=1425（万元）。

剪枝。因为决策节点的期望损益值为 1425 万元，为勘探后有构造且钻井的期望损益值，所以剪掉放弃钻井这一方案分支，保留钻井这一方案分支。

节点 5：0.5×1425+0.5×0=712.5（万元）。

勘探的期望损益值为 712.5−200=512.5（万元）。

决策节点的期望损益值为 max{456.25,512.5}=512.5（万元）。

剪枝。因为决策节点的期望损益值为 512.5 万元，为勘探钻井的期望损益值，所以剪掉不勘探这一方案分支，保留勘探这一方案分支。

节点 6：0.8×512.5+0.2×0=410（万元）。

投标的期望损益值为 410−300=110（万元）。

决策节点的期望损益值为 max{110,0}=110（万元）。

剪枝。因为决策节点的期望损益值为 110 万元，为投标的期望损益值，所以剪掉不投标这一方案分支，保留投标这一方案分支。

综上，应该选择投标。

4. 模糊综合评价法

在风险评价过程中，有些现象或活动界限是清晰的，而有些现象或活动界限则是模糊的，前者可以用普通集合来表示，而后者只能用模糊集合来表示。这里侧重介绍模糊数学在风险评价过程中的应用。

模糊数学是美国加利福尼亚大学的查德教授于 1965 年提出来的。50 多年来，模糊数学得到了迅速发展，已被广泛应用于自然科学、社会科学和管理科学的各个领域，其有效性已得到充分验证。事实上，在风险评估实践中，有许多事件的风险程度是不能精确描述的，如风险水平高、技术先进、资源充足等，"高""先进""充足"等均属于边界不清晰的概念，即模糊概念。诸如此类的概念或事件既难以有物质上的确切含义，也难以准确地用数字表述出来，这类事件就属于模糊事件。对这些模糊事件进行综合评价，可以根据模糊数学原理来完成。

模糊综合评价法是模糊数学在实际工作中的一种应用方式。其中，评价是指按照指定的评价条件对评价对象的优劣进行评比、判断，综合是指评价条件包含多个因素，综合评价是指对受到多个因素影响的评价对象做出全面的评价。采用模糊综合评价法进行风险评价的基本思路是，综合考虑所有风险因素的影响程度，并设置权重以区别各因素的重要性，通过构建数学模型，推算出风险水平的各种可能性，其中可能性大者为风险水平的最终确定值。其具体步骤如下。

（1）选定评价因素，建立因素集。
（2）根据评价的目标要求划分等级，建立备择集。
（3）对各要素进行独立评价，构造判断矩阵。
（4）根据各风险要素的影响程度，确定其相应的权重，建立权重集。
（5）运用模糊数学运算方法，进行模糊综合评价。
（6）根据模糊综合评价结果，进行综合决策。

下面举例对模糊综合评价法进行系统介绍。

【例 5.4】 某市新建了一家服装厂，在研究产品发展方向方面有两个备选方案：一是生产西服，二是生产牛仔服。其销售前景有 4 种情况：很好、好、不太好、不好。项目各备选方案的年度收益情况如表 5-10 所示。该厂应选择哪种生产方案？应如何进行决策？

表 5-10 项目各备选方案的年度收益情况

备选方案	收益值/万元			
	销售前景很好	销售前景好	销售前景不太好	销售前景不好
生产西服	800	700	200	−200
生产牛仔服	1000	800	300	−300

解：（1）建立因素集。

因素集是指影响评价对象的各个因素所组成的一个普通集合，一般用大写字母 U 表示，即

$$U = \{U_1, U_2, \cdots, U_m\}$$

式中，U_i（$i=1,2,\cdots,m$）——各影响因素，这些因素一般具有不同程度的模糊性。

在本例中，可以考虑从舒适性、耐磨性和美观性 3 个方面对这两种服装进行评价，这就构成了风险评价的因素集，即

$$U = \{舒适性, 耐磨性, 美观性\}$$

（2）建立备择集。

备择集是指专家利用自己的经验和知识对影响因素做出的各种可能的总评价结果所组成的集合，一般用大写字母 V 表示，即

$$V = \{V_1, V_2, \cdots, V_n\}$$

式中，V_i（$i=1,2,\cdots,n$）——各种可能的总评价结果。

模糊综合评价的最终结果就是在综合考虑所有影响因素的基础上，从备择集中选出相应的评价结果。在本例中，专家对各因素的评价可分为很好、好、不太好、不好，即

$$V = \{很好, 好, 不太好, 不好\}$$

（3）构造判断矩阵。

对各要素进行独立评价，构造从 U 到 V 的模糊关系矩阵，即判断矩阵 $\boldsymbol{R}$。

由若干名专家对各因素 r_{ij} 进行评价，其中

$$r_{ij} = \frac{\text{对}V\text{中某个因素，将其划分为某个档次的专家人数}}{\text{评审专家人数}}$$

则判断矩阵 $\boldsymbol{R}$ 为

$$\boldsymbol{R} = \begin{bmatrix} r_{11} & r_{12} & r_{13} & \cdots & r_{1n} \\ r_{21} & r_{22} & r_{23} & \cdots & r_{2n} \\ \vdots & \vdots & \vdots & & \vdots \\ r_{m1} & r_{m2} & r_{m3} & \cdots & r_{mn} \end{bmatrix}$$

就牛仔服的舒适性而言，假设有 30% 的顾客认为很好，60% 的顾客认为好，10%的顾客认为不太好，没有顾客认为不好。于是，对单因素"舒适性"的评价为(0.3,0.6,0.1,0)。同样，对"耐磨性""美观性"的评价分别为(0.3,0.6,0.1,0)和(0.4,0.3,0.2,0.1)。因此，牛仔服的判断矩阵为

$$\boldsymbol{R}_2 = \begin{bmatrix} 0.3 & 0.3 & 0.4 \\ 0.6 & 0.6 & 0.3 \\ 0.1 & 0.1 & 0.2 \\ 0 & 0 & 0.1 \end{bmatrix}$$

同理可得，西服的判断矩阵为

$$\boldsymbol{R}_1 = \begin{bmatrix} 0.1 & 0.1 & 0.2 \\ 0.2 & 0.3 & 0.2 \\ 0.6 & 0.5 & 0.3 \\ 0.1 & 0.1 & 0.3 \end{bmatrix}$$

（4）建立权重集。

权重集反映了因素集中各因素不同的重要程度。一般对各因素 U_i（$i=1,2,\cdots,m$）赋予相应的权重 a_i（$i=1,2,\cdots,m$），这些权重所组成的集合为

$$A = \{a_1, a_2, \cdots, a_m\}$$

该集合称为因素权重集，简称权重集。

权重的确定在模糊综合评价中是一项非常重要的工作，同样的因素如果取不同的权重，那么最终的评价结果将会不一样。在本例中，由于顾客背景（如职业、性别、年龄、经济状况等）不同，他们对服装的"舒适性""耐磨性""美观性"的重视程度也是不一样的，因此，应对这三个因素赋予不同的权重。权重一般由人们根据实际问题的需要主观地确定，也可按照确定隶属度的方法确定。设顾客对"舒适性""耐磨性""美观性"赋予的权重分别为0.3、0.3、0.4，权重集为 $A=\{0.3,0.3,0.4\}$，将其写成矩阵形式为 $A=(0.3,0.3,0.4)$。

（5）进行模糊综合评价。

根据层次分析法，模糊综合评价矩阵可表示为

$$B = A \times R$$

权重矩阵 A 可视为 1 行 m 列的模糊矩阵，上式按矩阵乘法进行运算可得

$$B = (a_1, a_2, \cdots, a_m) \times \begin{bmatrix} r_{11} & r_{12} & r_{13} & \cdots & r_{1n} \\ r_{21} & r_{22} & r_{23} & \cdots & r_{2n} \\ \vdots & \vdots & \vdots & & \vdots \\ r_{m1} & r_{m2} & r_{m3} & \cdots & r_{mn} \end{bmatrix} = (b_1, b_2, \cdots, b_n)$$

式中，B——模糊综合评价矩阵；

b_j（$j=1,2,\cdots,n$）为模糊综合评价指标。

对 B 进行归一化处理，有

$$\overline{b_i} = \frac{b_i}{\sum_{i=1}^{n} b_i}$$

$$\overline{B} = (\overline{b_1}, \overline{b_2}, \cdots, \overline{b_n})$$

在本例中，对西服有

$$B = A \times R_1 = (0.3 \quad 0.3 \quad 0.4) \times \begin{bmatrix} 0.1 & 0.2 & 0.6 & 0.1 \\ 0.1 & 0.3 & 0.5 & 0.1 \\ 0.2 & 0.2 & 0.3 & 0.3 \end{bmatrix} = (0.14 \quad 0.23 \quad 0.45 \quad 0.18)$$

对其进行归一化处理可得

$$\overline{B_1} = (0.14 \quad 0.23 \quad 0.45 \quad 0.18)$$

同理，对牛仔服有

$$B = A \times R_2 = (0.3 \quad 0.3 \quad 0.4) \times \begin{bmatrix} 0.3 & 0.6 & 0.1 & 0 \\ 0.3 & 0.6 & 0.1 & 0 \\ 0.4 & 0.3 & 0.2 & 0.1 \end{bmatrix} = (0.34 \quad 0.48 \quad 0.14 \quad 0.04)$$

$$\overline{B_2} = (0.34 \quad 0.48 \quad 0.14 \quad 0.04)$$

计算结果表明，西服隶属"很好""好""不太好""不好"的程度分别为14%、23%、45%、18%；牛仔服隶属"很好""好""不太好""不好"的程度分别为34%、48%、14%、4%。

（6）进行综合决策。

以评价对象的模糊综合评价结果作为方案和状态概率，计算各方案的期望收益值并据此

进行综合决策。

$$E_1 = 14\% \times 800 + 23\% \times 700 + 45\% \times 200 + 18\% \times (-200) = 327 \text{ （万元）}$$
$$E_2 = 34\% \times 1000 + 48\% \times 800 + 14\% \times 300 + 4\% \times (-300) = 694 \text{ （万元）}$$

由于 $E_1 < E_2$，因此应选择方案 2，即生产牛仔服。

5. 蒙特卡罗模拟法

蒙特卡罗模拟（Monte Carlo Simulation）法是随机地从每个不确定性因素中抽取样本，进行一次整个项目的计算，重复进行成百上千次，模拟各式各样的不确定性组合，获得各种组合下的成百上千个结果，通过统计和处理这些结果数据，找出项目变化规律的方法。例如，把这些结果数据从大到小排列，统计各个数据出现的次数，用这些次数值绘制频数分布曲线，就能够知道每种结果出现的可能性。依据统计学原理，对这些结果数据进行分析，确定最大值、最小值、平均值、标准差、方差、偏度等，通过这些信息就可以更深入地定量分析项目，为决策提供依据。

在项目管理中应用蒙特卡罗模拟法的一般步骤如下。

（1）对每项活动，输入最小、最大和最可能的估计数据，并为其选择一种合适的检验分布模型。

（2）在计算机上根据上述输入，利用给定的某种规则，快速实施充分大量的随机抽样。

（3）对随机抽样的数据进行必要的数学计算，求出结果。

（4）对求出的结果进行统计学处理，求出最大值、最小值，以及数学期望值和标准差。

（5）根据求出的统计学处理数据，让计算机自动生成概率分布曲线和累积概率曲线（通常是基于正态分布的概率累积 S 形曲线）。

（6）依据累积概率曲线进行项目风险分析。

在项目中常用蒙特卡罗模拟法来模拟仿真项目的进度日程，这种方法往往为全局管理所采用，通过对项目的多次"预演"得出如图 5-7 所示的项目进度日程的统计结果。图 5-7 表明了完成项目的累积可能性与某一时间点的关系，项目固定完成工期越靠左，按时完成项目的风险越高，反之按时完成项目的风险越低。蒙特卡罗模拟法也常被用来估算项目成本可能的变化范围。

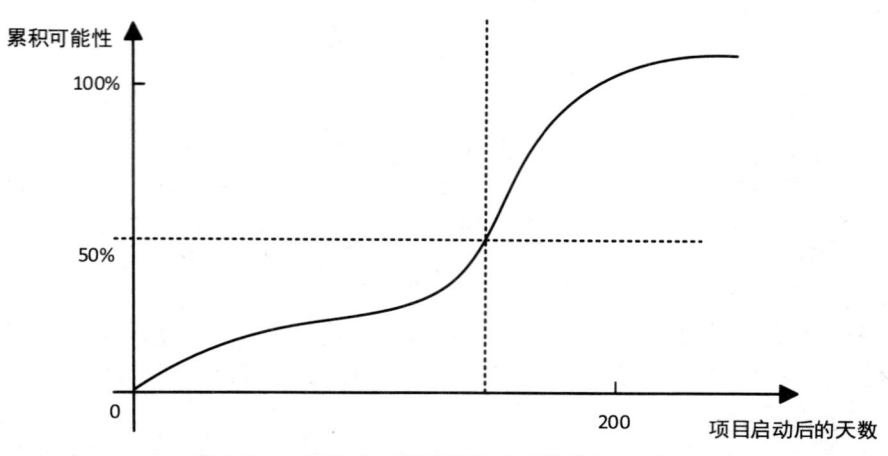

图 5-7 项目进度日程的蒙特卡罗模拟统计结果

由于计算机的运算速度非常快,因此蒙特卡罗模拟法也可以同时进行敏感性分析。

6. 故障树分析法

故障树分析法是用于对大型复杂系统进行可靠性、安全性分析和风险评价的一种方法。1961 年,美国贝尔实验室首先应用故障树分析法在民兵导弹的发射控制系统可靠性研究中获得成功。1965 年,波音公司在系统安全年会上正式发表了上述成果报告并得到科技人员的重视和应用。1974 年,美国原子能委员会发表的《核电站安全评价报告》(WASH-1400)中,主要采用的分析方法就是可靠性工程中的事件树分析法与故障树分析法,WASH-1400 在以后的核电站概率风险评估(PRA)技术的发展中起到了里程碑的作用。故障树分析法已形成完整的理论、工程分析程序和方法,并广泛应用于核、航空、航天、机械、电子、兵器、船舶、化工等工业领域。我国于 1989 年颁布了进行故障树分析的国家军用标准(GJB 768),并于 1994 年由全国军事技术装备可靠性标准化技术委员会组织编写了 GJB 768 的实施指南。

故障树分析法可用于项目的技术风险分析,分析项目的技术风险源,特别是工程项目的设计制造中可能存在的隐患和潜在故障,即风险事件,可以进行定性分析及定量分析,可计算系统及其各层次风险事件发生的概率和系统风险发生的模式,是进行风险管理的一种有效方法。

故障树分析法之所以日趋发展,是因为它具有以下特点。

(1)故障树分析法是一种图形演绎法,是故障事件在一定条件下的逻辑推理方法。它不局限于对系统进行一般的可靠性分析,可以围绕一个或一些特定的失效状态进行层层追踪分析。因此,清晰的故障树图形表达了系统故障事件的内在联系并指出了单元故障与系统故障之间的逻辑关系。

(2)由于故障树能将系统故障的各种可能因素联系起来,因此采用故障树分析法有利于提高系统的可靠性,找出系统的薄弱环节和系统的故障谱。

(3)故障树可以作为管理及维修人员的一个形象的管理、维修指南,可用来培训长期使用大型复杂系统的人员。

(4)通过故障树可以定量地计算复杂系统的失效概率及可靠性参数,为改进和评估系统可靠性提供定量数据。

(5)故障树分析法的发展与计算机技术的发展紧密相关,计算程序已经是故障树分析中不可缺少的一部分,国内外已经有一些通用的故障树分析软件。

(6)故障树分析的理论基础是概率论和数理统计,此外,布尔代数及可靠性数学中用到的数学基础同样可应用于故障树分析的定量分析。

故障树分析法一般可用于以下几个方面:系统风险分析及安全性分析;系统可靠性分析,可以进行定性分析及定量分析;在系统设计阶段找出系统的隐患和潜在故障;在系统使用阶段进行故障诊断、预测系统故障,找出最有可能造成故障的原因,以及制订维修计划等。

故障树分析法一般按如下步骤进行:建立故障树,建立故障树数学模型,进行系统可靠性的定性分析,进行系统可靠性的定量分析。其中,定性分析主要研究故障树中所有导致顶事件发生的最小割集。一般来说,一个故障树的最小割集和最小路集都不止一个,找出最小割集是非常重要的，它可以使人们发现系统的最薄弱环节，以便有目标、有针对性地进行改进设计，有效地提高系统可靠性水平。定量分析的主要任务是计算或估计系统顶事件发生的概率以确定系统的可靠性指标，确定底事件及割集的发生对顶事件发生的影响程度以分析系统的薄弱环节，改进系统的设计。

5.5 能源项目风险评价的成果

（1）项目的整体风险水平。通过比较项目各风险等级，对项目的整体风险水平做出评价。项目的整体风险水平用于支持各项目资源的投入策略制定及项目继续进行或取消的决策。

（2）风险表。风险表将按照高、中、低类别对风险和风险状况给出详细的表示。风险表可以表述到 WBS 的最底层。风险表还可以按照风险的紧迫程度及项目的费用风险、进度风险、功能风险、质量风险等类别单独进行风险排序和评估，对重要风险的概率和影响程度进行单独的评估结果并进行详细说明。

（3）风险管理策略。将高或中等重要程度的风险列为重点并进行更详尽的分析和评价，制订附加分析计划，其中应包括进行下一步所需的风险定量评价和风险应对计划。

分析案例

国际 BOT 水电项目风险分析与评价

国际 BOT 项目所需资金越多，实施时面临的投资风险也就越大，风险的妥善处置关系到项目的成败，因此需要对投资风险的管理对策进行研究。从项目跟踪阶段就应进行有效的风险分析和评价，确定风险种类，拟定相应的风险回避对策，以确保项目的顺利进行。

1. 风险综合评价层次分析法

对国际 BOT 水电项目进行风险评价可以采用层次分析法。对于一个复杂的、难以量化的问题，总是先按问题的最终目标（总目标）、分目标（中间准则）、子目标（指标层）几个层次将所要分析的问题层次化，然后进行深入的分析，以测定各因素之间的关系。建立判断矩阵，判断矩阵的元素值反映了人们对各种元素相对重要程度（同等重要、稍微重要、明显重要、强烈重要、极端重要）的认识，一般采用数字 1~9 及其倒数的度量方法，求解判断矩阵的特征值，对得到的特征矩阵进行归一化处理得到重要性的排序权值。计算同一层次所有因素对于最高层次（总目标）相对重要性的排序，称为层次总排序。为了保证结果有令人满意的一致性，要求一致性指标 CR<0.1，用层次分析法综合得出投资项目风险评价结果。

2. 国际 BOT 水电项目风险评价指标体系

由于 BOT 方式的特殊性，其风险因素也有其独特性。归纳起来可概括为政治风险 B_1、经济风险 B_2、法律风险 B_3、环境与移民风险 B_4 及经营管理风险 B_5 这 5 种风险。对这 5 种风险进行分析，得到国际 BOT 水电项目风险评价指标体系，对这些因素的综合评价结果就构成了 BOT 水电项目的风险情况。将影响项目的风险用定量方式表示，构成 BOT 水电项目风险模型（见图 5-8），作为最终是否进入该国采用 BOT 方式承包的理论依据并加以实施。

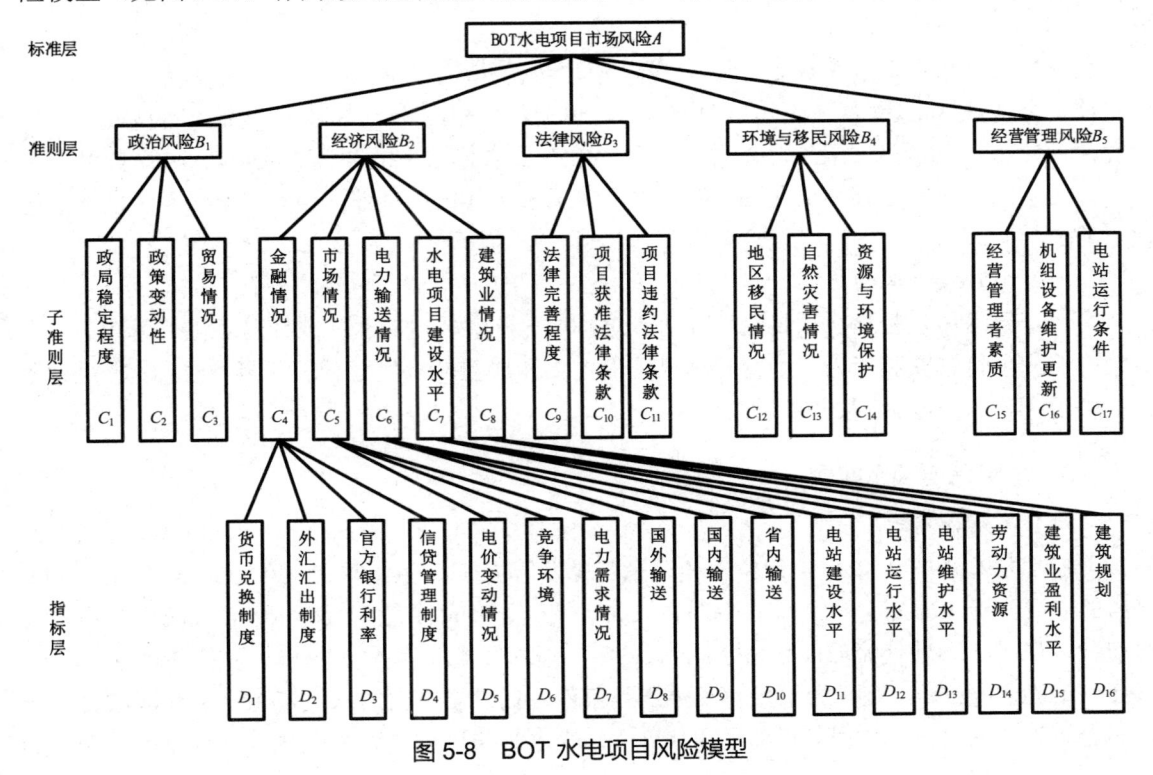

图 5-8 BOT 水电项目风险模型

（1）政治风险。

BOT 水电项目持续时间长，难免要经历东道国的不同政府执政时期，后续政府常常拒不承认上届政府的承诺，政局动荡致使项目投资回收无保证，投资者无法获取最起码的回报，迫使投资者低条件提前转让。政治风险的主要构成包括：政局稳定程度 C_1、政策变动性 C_2，以及项目公司所在国与东道国的贸易情况 C_3，如双边的贸易开放程度、是否有关税及贸易壁垒等。

（2）经济风险。

经济风险的主要构成包括：①金融情况 C_4，其中包括货币兑换制度 D_1、外汇汇出制度 D_2、官方银行利率 D_3、信贷管理制度 D_4；②市场情况 C_5，其中包括电价变动情况 D_5、竞争环境 D_6 和电力需求情况 D_7；③电力输送情况 C_6，其中包括国外输送 D_8、国内输送 D_9 及省内输送 D_{10}；④水电项目建设水平 C_7，其中包括电站建设水平 D_{11}、电站运行水平 D_{12} 及电站维护水平 D_{13}；⑤建筑业情况 C_8，其中包括劳动力资源 D_{14}、建筑业盈利水平 D_{15} 及建筑规划 D_{16}。

（3）法律风险。

法律风险是指东道国的法律完善程度和变动情况给项目带来的风险，包括专门设计和规范 BOT 所要求的法律文本，出现金融、工期和费用索赔等纠纷时能及时得到仲裁或处理，保障投资人的建设和经营权、投资收益和抵押品赎卖权，项目获准风险应注明法律条文对项目特许保障，如优选移交权、废止或拒绝续订等违约风险。法律风险的主要构成包括：法律完善程度 C_9、项目获准法律条款 C_{10}、项目违约法律条款 C_{11}。

（4）环境与移民风险。

环境包括自然环境和社会环境，自然环境一般是指气候条件、气象变化情况，如 BOT 水电项目所在地区的温度、湿度、降雨/雪量、风力、晴/雨天数，特别是自然灾害情况，如地震、洪水、风暴及海啸；社会环境是指项目对社会及人们的生活与工作环境污染的限制因素。环境与移民风险的主要构成包括：地区移民情况 C_{12}、自然灾害情况 C_{13}、资源与环境保护情况 C_{14}。

（5）经营管理风险。

经营管理风险是指在项目经营和管理过程中，外部环境的变化或经营者的行为疏忽，直接影响到项目的获利能力。经营管理风险的主要构成包括：经营管理者素质 C_{15}、机组设备维护更新 C_{16}、电站运行条件 C_{17}。

3. 国际水电项目实例

（1）工程概况。

尼泊尔 Kabeli-A 水电工程位于该国东部开发区（海拔为 400.00～600.00m），位于 Tamur 河的主要支流 Kabeli 河上，流域内降雨丰沛，多年平均降雨量为 2260mm，径流主要由降雨和融雪形成。坝址处流域面积为 864km²，多年平均径流量为 44.63m³/s，保证率为 95%，保证流量为 4.76m³/s。充足的水量和集中落差条件，提供了丰富的水电资源。工程区域内主要的岩石为花岗岩、千枚岩、石英岩和片麻岩。水电站装机容量为 30MW，年均发电量为 1.75 亿 kW·h，年利用小时数为 5830，安装 3 台单机容量为 10MW 的水轮发电机组，为跨流域引水式电站。工程主要由三部分组成：首部引水工程、长 4.43km 的隧洞引水工程和水电站厂区工程。

中国葛洲坝水利水电工程集团有限公司（以下简称葛洲坝集团公司）与尼泊尔联合开发该项目，开发的资本债务比为 30∶70，资本金占有比例分别为 80% 和 20%，占总投资 70% 的债务部分由葛洲坝集团公司负责筹集，项目所发电力由尼泊尔负责全部收购，收购电价以 2000 年的 6 美分/(kW·h)为基础电价，以后每年上涨 3%，连续上涨 15 年。

工程总成本为 5579.4 万美元，投资回收期为 7.12 年，财务净现值为 4370 万美元，财务内部回收率为 20.79%，财务指标优越。敏感性分析表明，本工程抗风险能力很强，即使在最不利的组合情况下，即投资增加 20%、电价降低 20% 时，投资回收年限只有 9.03 年，内部收益率为 16.22%，贷款偿还年限为 7 年。可见，本工程的经济效益显著。

（2）项目风险分析。

从政治上看，尼泊尔政局比较稳定，与周边国家均保持着良好的关系。尼泊尔与中国是友好邻邦，自古便有商贸友好往来，国内政局一直比较稳定，经济也呈上升趋势，这对所有外国投资者来说无疑是最具吸引力的主要条件。尼泊尔是最早实施国际 BOT 项目的国家之一，因而相应的法律法规制度较为完备，吸引了国际上许多公司在该国开展 BOT 项目，包括水电项目。在那里从事水电项目开发还是有发展前途的，因为那是一个水力资源丰富的国家，非常缺电，政府又缺少资金，因而政府出台了很多相关法律和法规，鼓励国际投资商开展 BOT 水电项目。由于尼泊尔人口并不多，民风淳朴，所涉及的移民人数并不是很多，因此问题也不是很多。尼泊尔是一个发展中国家，在环境保护等方面没有发达国家的要求高，因而有利于我国企业进入。葛洲坝集团公司能承担国内外各种大、中、小型水电项目的设计、施工，但从未经营运行过电站，因此在这方面存在一定的风险。但葛洲坝集团公司已在国内投资了两座电站，其中一座已开始产生效益，另一座正在兴建，已积累了相当多的经验。因此，从这方面来看，风险并不是特别大。

（3）风险模型与分析评价。

根据图 5-8 构建该项目的风险模型，建立其风险的判断矩阵，计算出各层权重并进行总权重排序。

按层次分析法，由专业人员组成评价小组对影响项目的风险进行打分，得到风险判断矩阵，并求得归一化相对重要性排序权值 W，如表 5-11 所示。

表 5-11　标准层 BOT 水电项目市场风险 A 的判断矩阵

	B_1	B_2	B_3	B_4	B_5	W
政治风险 B_1	1	1/3	1	5	1/3	0.14
经济风险 B_2	3	1	5	5	2	0.42
法律风险 B_3	1	1/5	1	5	1/2	0.15
环境与移民风险 B_4	1/5	1/5	1/5	1	1/3	0.05
经济管理风险 B_5	3	1/2	2	3	1	0.24

由此可得出特征值 $\lambda_{max}=5.28$，一致性指标 CR=0.05。

同理可求出每层各自的权值 W、特征值 λ_{max} 及一致性指标（见表 5-12～表 5-17）。

表 5-12　政治风险 B_1 的判断矩阵

	C_1	C_2	C_3	W
政局稳定程度 C_1	1	2	2	0.50
政策变动性 C_2	1/2	1	1	0.25
贸易情况 C_3	1/2	1	1	0.25

注：$\lambda_{max}=3$，CR=0。

表 5-13　经济风险 B_2 的判断矩阵

	C_4	C_5	C_6	C_7	C_8	W
金融情况 C_4	1	4	3	5	3	0.44
市场情况 C_5	1/4	1	3	3	3	0.24
电力输送情况 C_6	1/3	1/3	1	2	2	0.14
水电项目建设水平 C_7	1/5	1/3	1/2	1	1	0.08
建筑业情况 C_8	1/3	1/3	1/2	1	1	0.10

注：$\lambda_{max}=5.25$，CR=0.04。

能源项目风险管理

表 5-14　法律风险 B_3 的判断矩阵

	C_9	C_{10}	C_{11}	W
法律完善程度 C_9	1	2	2	0.49
项目获准法律条款 C_{10}	1/2	1	2	0.31
项目违约法律条款 C_{11}	1/2	1/2	1	0.20

注：$\lambda_{max}=3.05$，CR=0.03。

表 5-15　环境与移民风险 B_4 的判断矩阵

	C_{12}	C_{13}	C_{14}	W
地区移民情况 C_{12}	1	1/5	1/3	0.11
自然灾害情况 C_{13}	5	1	1/2	0.38
资源与环境保护 C_{14}	3	2	1	0.51

注：$\lambda_{max}=3.16$，CR=0.02。

表 5-16　经营管理风险 B_5 的判断矩阵

	C_{15}	C_{16}	C_{17}	W
经营管理者素质 C_{15}	1	2	2	0.49
机组设备维护更新 C_{16}	1/2	1	2	0.39
电站运行条件 C_{17}	1/2	1/2	1	0.19

注：$\lambda_{max}=3.09$，CR=0.05。

表 5-17　子准则层中 $C_4 \sim C_8$ 的判断矩阵

目标	权重	λ_{max}	CR
金融情况 C_4	$W_{1\sim 4}=(0.5,0.1,0.3,0.1)$	4.03	0.02
市场情况 C_5	$W_{5\sim 7}=(0.11,0.35,0.64)$	3.04	0.03
电力输送情况 C_6	$W_{8\sim 10}=(0.5,0.25,0.25)$	3.00	0.00
水电项目建设水平 C_7	$W_{11\sim 13}=(0.13,0.49,0.37)$	3.09	0.05
建筑业情况 C_8	$W_{14\sim 16}=(0.17,0.35,0.37)$	3.18	0.08

以上 λ_{max} 都经过了验证，判断矩阵符合一致性条件，于是计算出 A 的总权重：W=(0.21,0.24,0.225,0.231,0.259)。进一步求得归一化后评价指标值：f(d)=(0.18,0.21,0.19,0.20,0.22)。

明显可以看出，该项目经营管理风险最高，其次为经济风险，第三是环境与移民风险，第四是法律风险，而政治风险最低，这与尼泊尔的实际情况基本相符。可以说，该项目风险总体上均属于"小风险"范围。尼泊尔政局稳定，法制趋于完善，给投资者创造了一个良好的环境。

国际 BOT 水电项目由于承包的"建设、经营、移交"的特殊性，所以风险影响程度远远大于其他建设项目承包形式。因此，进行 BOT 项目风险分析是项目取得最大经济利益的关键，也是协调各方利益的前提。BOT 项目风险分析的现实意义是，东道国政府应创造条件完善 BOT 投融资的环境，建立完善的商业法律体系及 BOT 专项法规；项目公司则应通过风险评价，明确风险分配与加强风险管理，规避风险，从中获得经济效益和社会效益。

层次分析法不仅可将大量 BOT 项目风险定性因素定量化，而且可将评价人员的主观判断按照逻辑性、合理性、及时性加以调整，保证评价结果与实际情况相符。该方法为处理 BOT 项目风险的特殊性和复杂性提供了非常简便且操作性强的工具。

讨论题：
1. 简要分析国际 BOT 水电项目风险评价的重要性及难点。
2. 层次分析法在本案例应用中应注意的主要问题有哪些？
3. 请比较国际 BOT 水电项目与其他 BOT 项目的风险评价的相似和不相同之处。

复习思考题

1. 什么是风险评价？
2. 风险评价准则有哪些？
3. 何时应进行定性风险评价？请举例说明。
4. 何时应进行定量风险评价？请举例说明。
5. 某公司签订了一份一次性合同，要设计和生产某种新产品 10 000 件。在建议阶段，管理层认为可以较低的成本完成这份合同。生产该产品必须用到一种小部件，这种小部件可在市场上享受数量折扣之后以 60 元购得，因此购买和加工这种小部件的预算额为 650 000 元，其中考虑到了可能有一些小部件不能使用。在设计阶段，工程设计组发现，最后的设计对这种小部件的要求比原计划高，因而购买所需的小部件在享受数量折扣之后价格为 72 元，新价格比预算高出许多，成本也因此超支。你和制造组商量是否能用比在外面购买更低的价格自己制造这种小部件，制造组告诉你，他们最多可以生产 10 000 个，恰好满足合同需要，生产用的设备成本为 100 000 元，每个小部件的原材料费是 40 元。由于该公司以前从未制造过这种小部件，专家预计制造会有以下缺陷：

缺陷	0%	10%	20%	30%	40%
发生概率	10%	20%	30%	25%	15%

所有有缺陷的小部件必须挑出并以每个 120 元的成本修理。

问题：
（1）按照期望值，制造和购买这种小部件哪种方法更经济？
（2）从长远考虑，管理层为什么可能不选择最经济的方法？

第 6 章　能源项目风险应对管理

引导案例

巴基斯坦第一风力发电项目位于信德省塔塔地区 Jhimpir，西距卡拉奇市 90km，南距阿拉伯海岸 80km。项目装机容量为 49.5MW，共安装了 33 台单机容量为 1.5MW 的金风科技直驱永磁型风力发电机组。项目总投资约为 1.3 亿美元，于 2014 年 11 月 25 日进入商业运营，运营期为 20 年。自进入商业运营以来，项目运营情况良好，关键技术指标均满足或超过设计要求，年发电量超过 $1.4 \times 10^8 kW \cdot h$，机组年可利用率超过 99%。

1. 运营风险分析

项目总体运营情况良好，发电量、机组可利用率等核心技术指标均满足设计要求，但也面临汇率、通货膨胀、电费回收、风资源及高温环境下电气设备运行等运营风险。

（1）汇率风险：巴基斯坦卢比兑美元汇率的波动可能导致项目实际投资收益减少。2019年 7 月，卢比兑美元汇率约为 160∶1，同比贬值约 33%。

（2）通货膨胀风险：巴基斯坦通货膨胀率处于历史高位，2019 年 3 月上升至 9.4%，导致项目运维材料价格上涨，运维成本升高。

（3）电费回收风险：购电商未按时支付电费，影响项目现金流和投资收益。

（4）风资源风险：风资源变化可能导致项目发电量减少，影响项目投资收益。

（5）高温环境下电气设备运行风险：项目所在地气候干燥炎热，这可能导致电气设备故障率上升，影响发电量。

2. 风险应对措施

（1）汇率风险：利用汇率调整机制，发电商可以根据美元兑卢比汇率变化向巴基斯坦电力监管委员会申请调整电价中巴基斯坦境外运维成本、运营期保险、还款本金、还款利息及资本金收益。巴基斯坦境外运维成本和资本金收益按季度调整，还款本金和还款利息每半年调整一次，运营期保险按年度调整。申请调整的汇率为申请日巴基斯坦央行公布的美元兑卢比卖出汇率。汇率调整公式如下：

$$P_1 = P \times C / 101.5$$

式中，P_1——调整后的电价中巴基斯坦境外运维成本、运营期保险、还款本金、还款利息或资本金收益；

P——原电价中巴基斯坦境外运维成本、运营期保险、还款本金、还款利息或资本金收益；

C——申请调整的汇率。

（2）通货膨胀风险：采用价格指数调整机制，发电商可以基于巴基斯坦和美国居民消费价格指数的变化，向巴基斯坦电力监管委员会申请调整电价中的巴基斯坦境内、境外运维成本。巴基斯坦境内运维成本的调整基于巴基斯坦居民消费价格指数的变化进行，巴基斯坦境外运维成本的调整基于美国居民消费价格指数的变化进行。价格指数调整公式如下：

$$C_1 = C_0 \times CP/199.4$$

式中，C_1——调整后的电价中巴基斯坦境内运维成本；

C_0——原电价中巴基斯坦境内运维成本；

CP——申请调整的巴基斯坦居民消费价格指数。

$$C_3 = C_2 \times UP/238.03$$

式中，C_3——调整后的电价中巴基斯坦境外运维成本；

C_2——原电价中巴基斯坦境外运维成本；

UP——申请调整的美国居民消费价格指数。

（3）电费回收风险：建立电费回收沟通机制，与巴基斯坦政府相关部门、购电商共同商讨并解决电费回收问题，以缩短电费回收周期。购买海外投资保险，以便在购电商未能按时支付电费时，发电商可以向保险公司索赔，最高可获得95%的损失赔偿。

（4）风资源风险：依据卡拉奇气象站及多个测风塔实测的风速、温度、湿度和气压等数据，参考已投产发电的风电项目发电量数据，分析风速、风频和空气密度对发电量的影响。

计算风力发电机组轮毂高度的风速、风频和空气密度，确定项目月基准风速和基准发电量，以减少风频和空气密度对发电量补偿的不利影响。

（5）高温环境下电气设备运行风险：采用适用于高温环境的电气设备，如高温型风力发电机组和升压站电气设备，以减少高温条件下的电气设备故障。聘请具有高技术水平和丰富管理经验的专业化运维团队，提升项目运维管理水平，降低电气设备运行风险。购买财产一切险、机器损坏险等商业保险，分摊电气设备运行风险，减少电气设备损坏给项目造成的经济损失。

3. 案例分析与总结

巴基斯坦第一风力发电项目在运营过程中面临多种风险，包括汇率、通货膨胀、电费回收、风资源及高温环境下电气设备运行等运营风险。项目通过实施一系列风险应对措施，如汇率调整、价格指数调整、建立电费回收沟通机制、购买保险和采用高温型电气设备等，有效降低了这些风险对项目运营的影响。这些措施不仅保障了项目的稳定运营，也为其他类似项目提供了风险管理的参考。项目的成功运营展示了在复杂多变的国际环境中，通过科学的风险管理和应对策略，可以有效提升项目的可持续性和盈利能力。

6.1 能源项目风险应对的概念内涵

6.1.1 风险应对的含义

风险应对是能源项目风险管理活动之一，旨在增加能源项目实现目标的机会、减少能源项目风险所带来的威胁，并通过针对能源项目风险的分析制定有效的对策和采取一系列应对措施。风险应对是在对风险进行定性和定量分析后进行的，以识别并应用有效的对策来应对已经确定的能源项目风险，并在组织层面确认和指派相关人员或团队负责实施认可的风险应对措施。能源项目风险管理的关键在于风险应对。风险应对是能源项目风险管理的前期准备工作，需要提供应对风险的具体策略、流程，以及必要的资源支持，如时间、资金和专业人员支持。由于能源项目开展过程中存在着许多不确定性因素，因此风险应对需要与风险监控相配合，及时调整并与风险监控协同工作，共同完成对能源项目风险的管理。

6.1.2 风险应对的主要工作

风险应对的主要工作是根据项目的发展变化和风险情况，及时消除或降低可能出现的风险损失，积极地增加或创造可能出现的风险收益，从而在确保项目目标实现的基础上争取获得更高的风险收益。风险应对工作的具体内容分述如下。

1. 风险应对目标的确定

风险应对工作的首要任务是为人们应对项目的各种风险提供明确的目标，这种目标是制定风险应对措施和计划的重要依据。例如，要确定风险管理人员在应对风险的过程中究竟是只需要规避各种风险损失，还是要同时抓住各种风险收益的机遇。风险管理人员只有明确了风险应对所要达到的目标，才能更加合理和有效地选择风险应对措施及方法，才能优化和用好风险应对的资源，才能计划和安排好风险应对的授权和责任等，进而开展各项风险应对活动。

2. 风险应对措施的选择和制定

风险应对工作的第二项任务是依据风险识别和度量的结果，根据项目组织所具备的资源和能力及风险应对有可能采取的各种措施（如果没有相应的险种就无法采用购买保险的风险转移措施），选择和制定风险各种具体的应对措施，并且要根据风险进程性度量结果开展风险应对措施的配套和集成。例如，对于某项目的重大风险，风险管理人员不但要制定在风险潜在阶段使用的风险规避措施，而且要制定在风险发生阶段使用的风险化解、遏制或促进措施，还要制定在风险后果阶段使用的风险消减或增大措施。只有各种不同的风险应对措施都能够合理和科学地被选择并被有效地集成，风险管理人员才能真正做好风险应对工作。

3. 风险应对计划的制订

在确定了风险应对的目标和配套措施以后,风险管理人员还必须按照风险应对目标的需要制订风险应对计划。如果没有风险应对计划,那么风险管理人员不但无法进行风险应对措施的实施,而且无法分配风险应对工作所需的各种资源、责任、任务和时间等,这样风险应对工作的开展便无从谈起了。风险应对计划应该计划和规定风险应对的范围、风险应对措施的安排、风险应对措施的实施时间、风险应对措施的实施责任、风险应对措施的资源保障及其他风险应对方面的要求与安排等。总之,风险应对计划是指导风险管理人员开展风险应对工作的具体计划和安排。

4. 风险应对措施的实施

由于不同项目所面临的风险的性质不同,其发生的时间与条件也不同,因此风险应对工作实际上是一种复杂的、系统性的工作。如何及时、有效地实施每个预先制定或临时变更的风险应对措施是风险应对工作的核心和重点。其中最为重要的工作是在风险监控过程中风险管理人员发现风险征兆(风险预警信号)后如何进行应对以达到"趋利避害"的效果。当然,风险应对措施并不是都要在风险管理人员发现风险征兆后才实施,有很多风险应对措施在风险的潜在阶段就应该实施(如在风险发生之前购买保险,因为没有人在风险发生并产生后果后还会卖给你保险)。另外,风险的消减措施多数是在风险后果出现后为了减轻风险后果必须采取的一些应对措施(如消防员救火和医生救人等)。总之,风险应对工作的核心任务是积极实施风险应对措施,以实现"趋利避害"和"因势利导"的效果。

5. 风险应对经验教训的总结

风险应对工作的最后一项任务是进行风险应对经验教训的总结,并且编制出风险应对报告。这种报告可以是整个项目的风险应对报告,也可以是某项目风险应对措施实施以后的总结报告。这项任务的根本目的是使风险管理人员"吃一堑长一智"并进一步开展"亡羊补牢"的后续工作。因此,风险应对经验教训的总结还需要给出在风险应对过程中究竟规避或减少了哪些风险损失,提高或获得了哪些风险收益,再做哪些工作能够进一步提高风险管理的效益和更好地实现项目的目标。

6.2 能源项目风险应对过程

作为能源项目风险管理的一个有机组成部分,风险应对也是一种系统过程活动,可以从内部和外部两个视角来看待风险应对过程:从外部视角详细说明风险应对过程的输入、机制、控制和输出;从内部视角详细说明用机制将输入转变为输出的过程活动。

6.2.1 风险应对过程的目标

当风险应对过程达到下列目标时,就说明它是充分的。

能源项目风险管理

（1）进一步提炼项目的风险背景信息。
（2）为预见的风险做好准备。
（3）确定风险管理的成本效益。
（4）制定风险应对的有效措施。
（5）系统地管理风险。

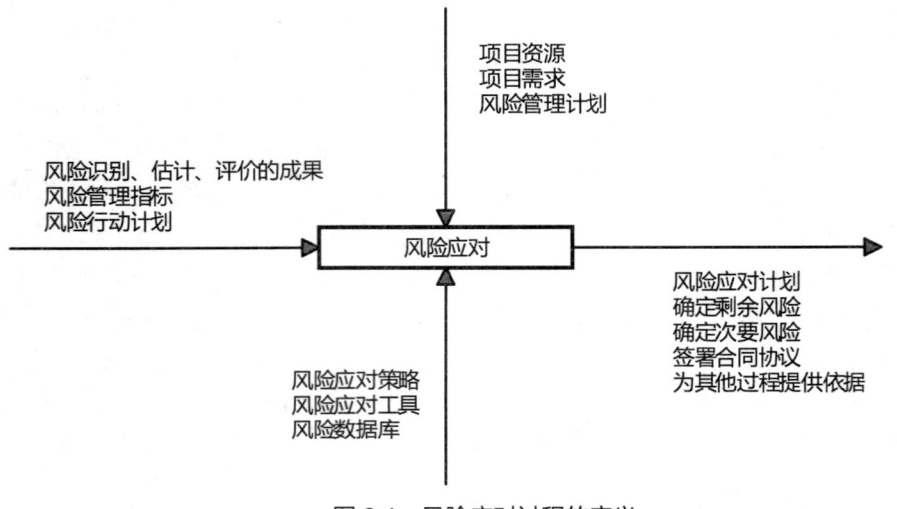

6.2.2 风险应对过程的定义

风险应对过程的定义如图 6-1 所示。

图 6-1 风险应对过程的定义

1．输入

风险行动计划是风险应对过程的输入，它包括风险应对的目标、约束和决策，记录了选择的途径、需要的资源和批准权力。风险行动计划提供了高层次的指导和达到项目目标过程中的灵活性。

2．机制

机制是为风险应对过程活动提供结构的方法、技术、工具或手段。风险应对策略、风险应对工具和风险数据库是风险应对过程的机制。

3．控制

和控制风险规划过程一样，项目资源、项目需求和风险管理计划同样控制着风险应对过程。

4．输出

风险应对计划、确定剩余风险、确定次要风险、签署合同协议是风险应对过程的主要输出。
（1）风险应对计划。风险应对计划应详细到可操作层次。
（2）确定剩余风险。剩余风险是指采取了规避、缓解或转移等风险应对措施之后依然存在的风险,也包括被接受的小风险。

(3)确定次要风险。实施某风险应对措施后直接产生的风险称为次要风险。它们应同主要风险一样来识别,并制定风险应对措施。

(4)签署合同协议。为了规避或缓解风险,可以针对具体风险或项目签署保险、服务或其他必要的合同协议,确定各方的责任。

(5)为其他过程提供依据。选定的或提出的各种替代策略、应急计划预期的合同协议、需要额外投入的时间费用或资源及其他有关的结论都必须反馈到相关领域,作为其过程计划制订、变更和实施的依据。

6.2.3　风险应对过程活动

风险应对过程活动是指执行风险行动计划,以将项目风险降至可接受的程度所需完成的任务。风险应对过程活动主要包括以下内容。

(1)进一步确认风险影响。
(2)制定风险应对措施。
(3)研究风险应对策略和工具。
(4)执行风险行动计划。
(5)提出风险防范和监控建议。

6.3　能源项目风险应对的依据

能源项目风险应对措施的选择和制定,主要依据以下4个方面的信息和情况。

1. 风险应对的目标

如前所述,风险应对的目标是开展风险应对工作的目的和要求,是进行风险应对活动的指南和规定,是选择、制定风险应对措施的大政方针和目标要求。因此,人们要正确地选择风险应对措施和制订风险应对计划,就必须先确定风险应对的目标,并在风险应对措施的制定过程中遵循这些目标。

风险应对的目标包括风险应对工作的大政方针和指导原则,风险应对工作的目标和风险应对措施的具体指标,以及风险应对工作和措施的具体要求与规定等方面的内容,具体分述如下。

(1)风险应对工作的大政方针和指导原则。首先,开展风险应对工作应该确定究竟是要规避或降低风险损失,还是要抓住或扩大风险收益。这就是风险应对工作大政方针的主要内涵,即风险应对工作大方向的规定。如果风险应对工作的大方向不对,就会出现"南辕北辙"的结果。其次,在风险应对工作的大方向确定之后还要给出按照该大方向开展工作的指导原则。即使人们要通过风险应对规避或降低风险损失和抓住或扩大风险收益,也要应对适度,不能应对过度,以免出现"过犹不及"的结果。因此,必须根据风险应对工作的大方向进一步给出风险应对工作的具体指导原则,如不能在规避或降低风险损失和抓住或扩大风险收益时出现"得不偿失"的结果或情况等方面的指导原则。

(2) 风险应对工作的目标和风险应对措施的具体指标。只有风险应对工作的大政方针和指导原则是没有办法选择、制定风险应对措施与制订风险应对计划的,人们还必须给出风险应对工作的目标和风险应对措施的具体指标。其中,风险应对工作的目标是指整个项目风险应对的目标,而风险应对措施的具体指标是指针对每个风险所需采取系列应对措施的具体指标。如前所述,这些目标和指标既不能制定得过高,也不能制定得过低。因此,风险应对工作的目标应该规定清楚整个项目的风险应对工作所要规避或降低的风险损失大小,以及所要抓住或扩大的风险收益大小。同时,风险应对措施的具体指标应该规定清楚每个风险的应对措施所要规避或降低的风险损失大小,所要抓住或扩大的风险收益大小,以及最高可能承担的风险应对费用等。所有风险应对工作的目标和风险应对措施的具体指标都应该根据风险识别与度量等方面的信息,在选择和制定风险应对措施之前给出具体的指标规定。

(3) 风险应对工作和措施的具体要求与规定。风险应对的目标还包括风险应对工作和措施的具体要求与规定方面的内容,包括对按照一定的分类给出的各类风险应对工作和措施的具体要求(如应对项目工期成本、质量、采购等方面各种风险的具体要求),已经识别和度量出的具体风险的应对要求(如应对项目需要进口设备的船运风险的具体要求),以及对整个项目的风险应对工作的一些具体规定(如项目的何种风险需要购买保险、何种风险需要进行承发包以进行转移或分担等)。这些都是在风险应对过程中必须遵循的要求与规定,是开展风险应对工作的行为准则和技术要求。

2. 风险自身的特性

开展风险应对工作还必须依据风险自身的特性,包括风险有无预警信息的特性、风险引发原因的特性、风险发展变化的特性等。

(1) 风险有无预警信息的特性。对于有预警信息的风险,人们可以根据风险的潜在阶段、发生阶段和后果阶段的进程采取不同阶段的应对措施,而对于无预警信息的风险,人们只能根据风险识别和度量的结果事先采取一些规避或转移风险的措施及事后采取一些缓解风险的措施。因此,人们必须根据风险有无预警信息的特性去制定风险应对措施。

(2) 风险引发原因的特性。如前所述,风险引发原因主要有三种:其一是项目环境发生意外的发展与变化从而引发风险,其二是项目各方面要素的集成出现问题从而引发风险,其三是项目相关利益主体之间进行博弈从而引发风险(包括风险管理人员的决策失误等)。这些不同的风险引发原因所表现出的特性直接决定了风险应对措施的选择和制定,它们是开展风险应对工作更重要的依据。

(3) 风险发展变化的特性。风险发展变化的特性是指风险发展变化的方向、速度和具体情况等方面的特性。例如,有的风险发展变化只涉及风险损失或风险收益的变化,而有的风险发展变化则会涉及由风险损失向风险收益的转化(所谓的坏事变好事)。有的风险发展变化相对快捷,因而需要紧急应对措施;有的风险发展变化相对缓慢,因而使人们可以从容应对。这些都是选择和制定风险应对措施的依据。

3. 项目组织的风险应对能力

项目组织的风险应对能力也是风险应对的主要依据之一，因为项目组织或团队的风险应对能力是开展风险应对工作的基础条件。项目组织的风险应对能力是许多方面能力的综合表现，既包括项目组织高级经理和项目经理承受风险的能力，也包括项目组织或团队队员的风险管理能力，还包括项目组织所拥有的应对风险的资源和资金等。项目组织的风险应对能力和风险所需的应对措施要求是一种供给与需求的关系，二者需要很好地平衡才能实现风险应对的目标。通常，最好是项目组织的风险应对能力（所谓的供给）高于风险所需的应对措施要求（所谓的需求），从而形成一种"供大于求"的具有充分保障能力的情况。但是在实际中，人们经常遇到的是一种"供小于求"的风险应对能力的情况，此时人们就必须根据项目组织现有的风险应对能力去选择和制定风险应对措施。

4. 可供选择的风险应对措施

项目的任何一个具体风险实际上都只存在有限种可供选择的风险应对措施，包括项目组织自身所拥有的风险应对措施和项目组织所处的社会环境所能提供的风险应对措施，这些也是风险应对的依据。例如，项目的某种无预警信息的风险需要通过购买保险去应对，但是如果社会上根本就没有这个险种，人们就无法选择和制定这样的风险应对措施。又如，如果某项目组织自己实施整个项目的风险很大，他们就需要通过承发包转交给其他项目组织去实施项目，但是他们自己并没有招投标的能力，所以他们要寻找一家专门的招投标公司代替他们进行招投标，如果社会上根本就没有这种招投标公司（十几年前我国确实没有这种公司），这个项目组织要采取承发包的方式去转移风险就很困难。因此，对于一个项目组织而言，项目某个具体的风险有多少种可供选择的风险应对措施也是选择和制定风险应对措施十分重要的依据。

6.4 能源项目风险应对的策略

为了应对风险，可从消除风险因素、降低风险发生概率和风险后果等级等方面提出多种策略。本节主要介绍风险规避、风险缓解、风险转移、风险接受、风险储备、风险利用等风险应对策略。

6.4.1 风险规避

风险规避是指当风险发生的可能性太大，不利后果也很严重，且无其他良好策略可用来减轻风险时，主动放弃项目或改变项目目标与行动方案，从而避开风险的一种策略。采取这种策略，必须对风险有充分的认识，对风险出现的可能性和后果的严重性有足够的把握。这种策略是从根本上放弃使用有风险的项目资源、项目技术、项目设计方案等，从而避开风险的一种风险应对策略。例如，对于某项不成熟的新技术，坚决不在项目中采用，这就是一种风险规避策略。如果通过风险评价发现项目的实施将面临巨大的威胁，项目管理人员又没有其他可用的风险控制措施，甚至保险公司亦认为风险太大拒绝承保，这时就应当考虑放弃项目，避免产生人员伤亡和巨大的财产损失。对于城市重点基础工程建设项目，国家重大水利枢纽工程、铁道工程、核电站、卫星发射等项目，以及一些一旦造成损失项目组织无力承担后果的项目，都必须采用风险规避策略，避免产生人员伤亡和巨大的财产损失。

在采取风险规避策略时还应考虑以下 3 个方面的因素。

（1）对项目而言，某些风险可能难以规避。例如，项目实施过程中的某些关键技术无法突破、地震、水灾、疫病、能源危机等风险可能难以规避。

（2）对某些风险采用放弃项目的方法来进行规避。项目决策者可以选择无风险或风险小的项目，放弃风险大的项目。规避风险一般是需要增加成本的，项目班子对成本和效益进行比较分析，当规避风险的成本高于规避风险所产生的社会、政治、经济效益时，如果仍采取风险规避策略，则得不偿失。

（3）规避了某个风险有可能产生新的风险。例如，放弃某个项目设计方案，达到了规避某个风险的目的，但选用替代的项目设计方案可能产生新的风险，这时要对新的风险进行分析，通过新旧风险的对比决定采用哪个项目设计方案。

综合考虑以上因素，风险规避策略适用于以下两种情况：第一，某种特定风险发生概率和损失程度相当大；第二，采用其他风险处理技术的成本超过其产生的效益，采取风险规避策略可使项目受损失的可能性最小。

风险规避是最彻底地规避重大风险的策略，但是放弃项目也会带来其他负面影响。

（1）为了规避风险而放弃项目会丢失发展机会和其他各种机会。例如，我国自行设计建造核电站，投资巨大，且没有经验可循，存在巨大风险。如果因为担心核电站事故造成重大损失而放弃核电站项目，我国就要放弃整个核电产业，放弃核能源的开发利用，就会丢失促进核技术科学研究和教育发展的机会，丢失发展与核电有关产业的机会，丢失培养和锻炼我们自己的核电建设队伍的机会，甚至会影响到全国电力行业发展，导致因电力不足而制约国民经济的发展。

（2）为了规避风险而放弃项目会抑制项目有关各方的创造力。项目管理层可以通过发挥主观能动性调动各方面的积极性，消除一部分风险因素，降低项目的风险。有些风险在一定条件下可以转化。如果不努力消除风险因素，不创造条件减小风险发生的概率和后果严重性而简单地放弃项目，会挫伤人的积极性，丢失提高技术水平的机会，对以后的发展产生不利影响。

最好在项目实施之前采取风险规避策略，以使项目的损失最小。放弃或改变正在实施的项目，付出的代价一般比较高。

6.4.2 风险缓解

风险缓解是一种积极的风险应对策略，它通过各种技术和方法减小风险发生的可能性，减小其后果的不利影响程度。例如，某项目的实施需跨越一个雨季，而雨季无法施工，这时在签订合同时一定要将雨季不能施工的因素考虑进去，据此确定项目完成的时间，从而减小项目进度风险。风险缓解策略的执行时间可分为风险发生前、风险发生中和风险发生后三个不同阶段，应用在风险发生前的风险缓解策略基本上相当于风险预防，而应用在风险发生时和风险发生后的风险缓解策略实际上是损失抑制。

1. 风险预防

风险预防是指在风险发生前，为了消除或减少风险因素，减小风险发生的概率，从化解风险引发原因的角度出发，控制和应对项目活动中的风险。通过风险识别、估计和评价，可得到项目风险源、各风险发生的概率和风险等级排序，与预先给定的风险等级要求进行比较，对超过要求的等级的风险，要采取技术措施消除风险或降低风险等级使其满足要求。例如，对飞机研制项目来说，一旦飞机的发动机发生故障，就会导致机毁人亡事故的发生。为了减小这种风险，通常民航飞机具有双发动机，当一台发动机发生故障时，另一台发动机仍可正常工作，以保证飞机正常飞行。只有当两台发动机同时发生故障时飞机才不能正常飞行，从而导致飞行事故发生。两台发动机同时发生故障的概率小于一台发动机发生故障的概率，因此飞机发生事故的概率减小了，风险等级降低。

2. 损失抑制

损失抑制是指在风险发生时或风险发生后，采取措施以减小损失范围或损失程度。风险发生时或风险发生后的损失抑制主要集中在紧急情况的处理（急救措施）、恢复计划和合法地保护等方面，以阻止损失范围的扩大。例如，当飞机在飞行过程中发生事故而无法控制时，飞行员可被弹射出飞机以保证飞行员的安全。又如，当森林起火时，设置防火隔离带阻止火势的蔓延，就是一种用于限制火灾损失范围的方法。

正确认识风险预防和损失抑制的区别有助于提升风险管理的效果。风险预防的目的在于减小风险发生的概率，损失抑制的目的在于减小损失范围或损失程度。事实上，这两个策略在风险管理中往往同时使用，综合考虑。

一个好的风险缓解策略往往既具有风险预防功能，也具有损失抑制功能。

6.4.3 风险转移

风险转移是指将项目本身面临的损失风险转移给其他人或单位。转移风险又叫合伙分担风险，其目的不是减小风险发生的概率和危害程度，而是借助合同或协议，在风险事故发生时将损失的一部分转移给其他人或单位。风险转移多数用于风险发生的概率较小但是一旦发生造成的损失很大，或者项目组织很难控制风险的场合。风险转移大多数是借助合同或协议实现的，将损失的法律责任或财务后果转移给其他人或单位。

采用这种策略所付出的代价大小取决于风险发生的概率和危害程度的大小。当项目的资源有限，不能实施风险预防和损失抑制策略，或者风险发生的概率较小但是一旦发生造成的损失很大时可采用此策略。实施风险转移主要有 5 种方式：出售、发包、开脱责任合同、利用合同中的转移责任条款、保险与担保。

（1）出售。出售是指通过买卖契约将风险转移给其他人或单位。这种方法在出售项目所有权的同时也就把与之有关的风险转移给了其他人或单位。出售有些像规避风险的放弃项目行为，但区别在于风险有了新的承担者。例如，城市重点基础项目可以通过发行股票或债券筹集资金。股票或债券的认购者在取得项目一部分所有权的同时，也承担了一部分项目风险。需要注意的是，有时出售行为并不能完全转移与所出售项目有关的损失风险。

（2）发包。发包是指通过从项目组织外部获取货物、工程或服务而把风险转移出去。例如，对于一般的建筑施工队而言，高空作业的风险较大，利用分包合同能够将高空作业的任务交给专业的高空作业工程队，从而将高空作业的人身意外伤害风险和第三者责任风险转移出去；如果承包商担心工程中电气项目的原材料和劳动力成本可能增加，则可以寻找分包商承接电气项目。

发包有多种合同形式。例如，建设项目的施工合同按计价形式划分有总价合同、成本加酬金合同和单价合同。总价合同适用于设计文件详细完备、工程量易于计算或工程量不大的项目。当采用总价合同时，承包商要承担很大风险，而业主单位的风险相对较小。成本加酬金合同适用于设计文件不完备但又急于发包、施工条件不好或由于技术复杂需要边设计边施工的项目。当采用成本加酬金合同时，业主单位要承担很大的费用风险。一般的建设项目采用单价合同。当采用单价合同时，承包商和业主单位承担的风险相差不多。

（3）开脱责任合同。在许多场合，转移带有风险的项目或活动可能是不现实的或不经济的。例如，在防洪季节承接加固河堤项目，一旦发生特大洪水，随时可能导致项目的失败，在这种情况下签订开脱责任合同就是一种解决问题的方法。在合同中列入开脱责任条款，注明在风险事故发生时不要求项目组织本身承担责任。签署了这种合同，对项目组织来说风险就被免除了。

（4）利用合同中的转移责任条款。在一些涉及经济活动的合同中，通过合法地变更某些条款或合理地运用合同语言，可以将损失责任转移给其他人或单位。例如，在工期较长的建筑项目中，承包商面临着设备、建筑材料价格上涨导致损失的风险。对此，承包商可以要求在合同条款中写明：若因发包方原因致使工期延长，则合同价格需相应上调。承包商利用该条款就可把潜在损失风险转移给发包方，这就是转移责任条款。

合同的每一方都存在着利用合同中的转移责任条款转移责任的可能性。例如，《中华人民共和国民法通则》第一百二十六条规定，"建筑物或者其他设施以及建筑物上的搁置物、悬挂物发生倒塌、脱落造成他人损害的，它的所有人或者管理人应当承担民事责任，但能够证明自己没有过错的除外"。当所有人和管理人是不同的单位或个人时，双方可以在协议中增加或修改条款，试图将对第三方的财产损失和人身伤亡的经济赔偿责任转移给对方。

（5）保险与担保。保险是一种通过转移风险来应对风险的方法。通过保险机制，社会上众多的经济单位可结合在一起，建立保险基金。面临风险的项目组织，以财务上确定的小额支出购买保险，从而将风险转移给保险公司（实际上是转移给所有向保险公司投保的投保人），当风险发生时就能获得保险公司的补偿。保险是转移纯粹风险非常重要的方法。在国际上，建设项目的业主不但自己为建设项目施工过程中的风险向保险公司投保，而且要求承包商也向保险公司投保。

6.4.4 风险接受

风险接受是指项目管理人员有意识地选择承担风险所造成的后果，当他们觉得自己可以承担损失时，就可以采取这种策略。例如，当风险发生的概率较小或后果不严重时，可采取这种策略。项目管理人员在识别和评估风险的基础上，对各种可能的风险处理方式进行比较，权衡利弊，从而决定将风险留置在项目组织内部，由自己承担风险损失的全部或部分。由于项目管理人员在风险规划阶段已对一些风险有了准备，所以当风险发生时可以立即执行应急计划。主动的风险接受是一种有周密计划、有充分准备的风险处理方式。

风险接受是处理残余风险的一种策略。例如，当对某风险采取风险缓解策略后，该风险发生的概率减小，后果减轻，但风险仍然存在，当项目组织认为此风险水平可接受时就可采取风险接受策略。有时风险转移不出去，没有别的选择，只能采取风险接受策略。例如，项目组织采用保险的方式把风险转移给保险公司，但保险合同中常常有一些除外责任，因此实际上保险公司只承担部分潜在损失，另一部分潜在损失若不能控制或无法转移给其他人或单位，则项目组织只能接受。

一般在风险造成的损失数额不大、不影响项目大局时，项目组织可将损失列入项目费用。风险接受的具体措施有将损失分摊到经营成本中、建立风险基金、借款用以补偿风险损失等。

6.4.5 风险储备

对于一些大型的工程项目，由于项目的复杂性，风险是客观存在的，因此，为了保证项目预定目标的实现，有必要制定一些风险应急措施，即进行风险储备。所谓风险储备，是指根据风险规律事先制定风险应急措施，并制订科学、高效的风险计划，一旦项目实际进展情况与计划不同，就实施风险应急措施。风险应急措施主要有预算应急费、进度风险应急措施和技术风险应急措施三种。

1. 预算应急费

预算应急费是一笔事先准备好的资金，用于补偿差错、疏漏及其他不确定性对项目费用估计精确性的影响。预算应急费在项目执行过程中一定会花出去，但用在何处、何时用及用多少在编制项目预算时并不知道。

预算应急费在项目预算中要单独列出，不能分散到具体费用项下。否则，项目管理组织就会失去对支出的控制。另外，预算人员在各个具体费用项下盲目地预留余地是不被允许的。盲目地预留余地一方面会由于项目预算估得过高而在投标中丢失机会，另一方面会使不合理预留的部分以合法的名义白白花出去。

预算应急费一般分为实施应急费和经济应急费两类。实施应急费用于补偿估价和实施过程中的不确定性对项目费用估计精确性的影响；经济应急费用于应对通货膨胀和价格波动。实施应急费又可分为估价质量应急费和调整应急费，而经济应急费则可进一步分为价格保护应急费和涨价应急费。

（1）估价质量应急费。估价质量应急费用于弥补以下原因造成的影响：项目目标不明确，项目定义不确切、不完整，项目采用的策略含混、不明确，WBS 不完全、不确切，估算时间短，估算人员缺乏经验和知识、过分乐观，估算和计算有误差。如果能够认真地了解、分析以往实施过的项目，就有可能确定以上原因对估算的项目费用偏离项目的真正费用产生多大程度的影响。必要时，可以分不同的费用项估算出应急费占直接费（人工费、材料费）、分包费、其他直接费和间接费之和的百分比。

（2）调整应急费。项目很少一次试运行成功，常常需要多次调整才能达到设计要求。调整应急费用于支付调整期间的各种开支，如系统调试、更换零部件、零部件组装的返工等的开支。

（3）价格保护应急费。价格保护应急费用于补偿估算项目费用期间询价中隐含的通货膨胀因素。当报价有效期满时，供应单位就有可能提高价格。费用估算人员应该预测涨价幅度，把可能增加的部分作为价格保护应急费。供应单位报价的增长幅度可以根据其有效期至实际订货日的时间长短，以及这段时间内的通货膨胀率逐项分别预测，不可按一笔总金额来计算，因为各种不同货物的价格变化规律不同。价格保护应急费只对一部分费用项是必要的。价格保护的第二种办法是让供应单位按延长的有效期报价，这种办法适用于购买少量货物的情况。

【例 6.1】 有一个项目需要购置新能源电池，项目组织向若干厂家询价，报价最低者为 80 万元，有效期为 60 天。项目组织从收到报价、编制项目预算到预期购买这种新能源电池需要 7 个月的时间。届时，厂家报价失效，价格可能上涨，尤其是在通货膨胀时期。假设这段时间年通货膨胀率为 10%（每月为 0.83%）、厂家报价延长期为 6 个月，试估算新能源电池的价格保护应急费。

解：新能源电池的价格保护应急费为

$$0.83\% \times (7-60/30) \times 80 = 3.32 （万元）$$

（4）涨价应急费。在通货膨胀严重或价格波动厉害时期，供应单位无法或不愿意为未来的订货报固定价，遇到这种情况就要考虑涨价应急费。与价格保护应急费一样，涨价应急费也要一项一项地分别计算，不能按一笔总金额加在估算的项目费用上，因为各种不同货物的价格变化规律不同，也并非所有的货物都会涨价。

2. 进度风险应急措施

对于项目进度方面的不确定性问题，项目各有关方一般不希望以延长时间的方式来解决。因此，项目组织就要设法制订一个较紧凑的进度计划，争取项目在各有关方要求完成的日期前完成。从网络计划的观点来看，进度风险应急措施就是在关键路线上设置一段时差或浮动时间。

压缩关键路线各工序时间有两种方法：减少工序（活动）时间和改变工序间的逻辑关系。一般说来，这两种方法都要增加资源的投入，甚至会带来新的风险。

3. 技术风险应急措施

技术风险应急措施专门用于应对项目的技术风险，它是指预先准备好一段时间或一笔资金，当预想的情况未出现，并且需要采取补救行动时才动用这段时间或这笔资金。预算应急费和进度风险应急措施很可能用上，而技术风险应急措施很可能用不上。只有当不太可能发生的事件发生，需要采取补救行动时，才采取技术风险应急措施。技术风险应急措施分为两种：技术应急费和技术应急时间。

（1）技术应急费。单从项目经理的立场来看，最好在项目预算中预留足够的资金以备不时之需。但是，项目执行组织高层领导却不愿意为不太可能用得上的技术风险应急措施投入资金。由于采取补救行动的可能性不大，所以技术应急费应当以预计的补救行动费用与它发生的概率之积来计算。

技术应急费不列入项目预算，要单独提出来，放到公司管理备用金账上，由项目执行组织高层领导掌握。公司管理备用金账上还有从其他项目中提取出来的各种风险基金，就像各个项目向公司交纳的保险费一样。

由项目执行组织高层领导统一掌握技术应急费还有如下好处：①项目执行组织高层领导可以由此全面了解全公司各项目总共承担了多大风险；②一旦真的出现了技术风险，项目执行组织高层领导容易批准动用这笔资金；③可以避免技术应急费被挪作他用。

（2）技术应急时间。为了应对技术风险造成的进度拖延，应该事先准备好一段技术应急时间。确定技术应急时间要比确定技术应急费复杂。一般可以在进度计划中专设一个里程碑，提醒项目管理组织此处应当留意技术风险。

在设计和制定风险应对策略时一定要针对项目中不同风险的特点分别采用不同的风险应对方式，而且应尽可能准确且合理地采用。在实施风险应对策略和计划时应随时将变化的情况反馈给风险管理人员，以便其能及时地结合新的情况对风险应对策略进行调整，使之能适应新的情况，尽量减小风险带来的损失。

6.4.6 风险利用

风险利用是指针对积极风险的应对策略。积极风险是指可能会对项目目标产生积极影响的风险。风险利用包括两个方面。

一方面，项目组织可以通过分配较多的资源以保证风险成为项目获得利益的机会，以便在较短的时间内完成超过最初预期质量的项目。例如，为了应对通货膨胀，提前完成工程建设投资便是一种降低消耗和提前获得收益的风险应对策略。其目标在于通过确保机会、肯定实现而消除与积极风险有关的不确定性。

另一方面，项目组织可以通过增加积极风险发生的概率和积极影响，积极促进风险发生驱动因素的产生，或者强化风险触发条件，利用风险发生过程中各环节的增强效果，增大项目成功的机会，为项目带来积极影响。

6.5 能源项目风险应对的原则与策略选择

6.5.1 风险应对的原则

1. 不冒不能承担的风险

不冒不能承担的风险这个原则有两个方面的含义。

一方面，该原则告诉项目组织，对于项目中的某些风险，项目组织要有所作为。尽管项目组织还不能确定对于一个给定的风险应该做些什么，但是至少一开始就应注意到该风险，否则面对一个已经存在的风险无所作为,项目将会面临因这个风险而产生损失的可能性。

另一方面,通过明确对于某些风险必须做点什么或不能做什么,项目组织可以确定哪些风险自己可以承担,哪些风险自己不能承担。

在确定哪些风险需要采取特殊的防范措施时,最重要的是判断哪些风险会引起最大的潜在损失。有些损失会导致项目财务上的灾难,进而逐步侵蚀企业,而有些损失就只产生一些轻微的财务后果。如果一个风险的最大潜在损失程度达到了项目组织不可承受的地步,即超过了项目组织的风险容忍度,那么承担这样的风险是不可行的。如果风险可能的损失程度不能被降低到一个可控的水平下,就必须将该风险转移。如果一个风险可能的损失程度不能被降低到一个可控的水平下,同时该风险又无法转移,就必须避免其发生。

因此,确定项目组织可以安全地承担多大损失程度的风险是一个关键问题。一方面,单一风险的承担水平直接与项目组织的总体损失承受能力有关,而后者又取决于项目组织的现金流量、流动资产和在出现紧急情况时增加现金流量的能力等客观因素。对项目组织而言,有些损失可以直接用现金流量补偿,有些损失需要动用现金储备或变卖流动资产来补偿,有些损失只能通过借贷来补偿,还有些损失通过所有这些措施都不能补偿。另一方面,项目组织可以承受的损失程度因项目组织不同而不同,有经验的项目组织能充分调动有效的资源,适时调整风险承担水平,具有主观方面应对风险的有效经验。

2. 重视风险影响的可能性

在风险型决策中,各种损失发生的概率是可以知道的,而在不确定型决策中是不知道这些信息的。决策时拥有的信息越充分,决策的准确程度就越高。因此,对风险管理决策者而言,风险型决策应该更为有效。然而,人们对这种可能性或概率重要性的理解可能会有偏差,因为损失是否会发生的可能性没有损失发生时可能造成的损失程度那么重要。人们对风险的关注程度往往首先取决于损失程度。例如,即使在损失发生的可能性很小的情况下,如果潜在的损失程度很大,那么这样的损失风险仍是必须加以关注的。当潜在的损失程度表明必须对某个风险采取什么措施时(这就是说不能承担这样的风险),这个风险引起损失的可能性对最终的风险管理决策可能会起决定性的作用。知道这个风险会引起损失的可能性大小有助于风险管理决策者决定如何处理这个既定的风险。

如果损失发生的可能性很大,那么使用保险的方式来处理风险可能就不是一种经济的方法。这是因为保险公司是基于平均损失运作的,他们会在过去经验的基础上评估为了抵消损失发生时的理赔而需要收取的费用。此外,除了抵消损失的费用,保险费还包括保险公司的经营费用。因此,最应该购买保险的是那些不容易发生损失的风险,损失发生的可能性越大,使用保险的方式来处理风险就越不适合。

最适合购买保险的风险应该具有的特征是损失发生的可能性较小,而损失程度较大。最不适合购买保险的风险应该具有的特征是潜在损失程度小,而损失发生的可能性大。对于损失发生的可能性较大的风险,最有效的处理方法是通过采取风险预防策略来减小损失发生的可能性。

重视风险影响的可能性这个原则强调了针对特定的风险,在考虑采取何种风险应对策略时必须把损失发生的可能性作为重要决策依据。那么，这个原则适合于什么样的风险呢？从逻辑上来说，在风险管理决策中对损失发生的可能性的考虑应该仅局限于不和风险应对的第一个原则（不冒不能承担的风险）这个原则相矛盾的场合。如果在风险管理决策中一个风险存在着可能导致企业毁灭的状态，则应该根据风险应对的第一个原则，将损失程度作为主要的决策依据。

3．平衡风险影响大小

风险应对的第一个原则说明了哪些风险必须进行转移（可能会引起巨额损失而损失程度又不能减小的风险），第二个原则说明了哪些风险不应该进行转移或投保（损失发生的可能性大的风险）。但是这两个原则还不能涵盖所有的风险，根据这两个原则无法对所有风险进行决策，因此还需要其他原则。

从本质上来说，平衡风险影响大小是指转移风险的代价和通过转移风险而得到保护的财产价值之间必须有一个合理的关系，它在两个方面给风险管理人员提供指导：一方面，当通过自担风险而节省的保险费不足以弥补可能的损失时，不应该自担风险；另一方面，有时保险费相对于转移风险而带来的利益来说很大，这样的风险不应该投保。

不冒不能承担的风险这个原则隐含了自担风险的最高水平，平衡风险影响大小这个原则表明有些低于最高水平的风险应该进行转移。最高自担水平对所有风险都是一样的，但对于有些风险，实际自担水平可能低于这个最高自担水平。

4．综合应对项目风险

对于不同的风险，应对方法也可能不同。有些风险应该自担，而有些风险则应该进行转移。另外，有时需要采取风险规避和风险缓解的策略。针对具体的风险，到底应如何确定所要采取的风险应对策略，继而确定项目风险的整体应对方案呢？

对于具体风险，风险的特征决定了上述风险应对策略中哪种最合适。最合适的应是不威胁项目组织财务安全、成本最低的策略，其评判标准是风险发生的频率及其影响程度。

风险的特征主要是由风险发生的频率及其影响程度决定的，可以根据风险发生的频率及其影响程度组合构造一个伴随矩阵，把风险的特征分成4种类型，如表6-1所示。

表6-1　风险特征组合及应对策略

		风险发生的频率	
		高	低
风险影响程度	高	风险缓解/规避	风险缓解/转移
	低	风险缓解/接受	风险接受

根据表6-1中的各种风险特征组合得出一些基本结论，也可以为风险应对提供依据。

（1）当可能的风险影响程度较高时，根据风险应对的第一个原则，接受风险是不恰当的，因而需要采用其他的风险应对策略。

（2）根据风险应对的第二个原则，当风险发生的频率和风险影响程度较高时，风险转移

（投保）的成本太高。通过简单分析可以得出结论：对于风险发生的频率和风险影响程度都较高的风险，恰当的应对策略是风险规避和风险缓解。

（3）当风险发生的频率和风险影响程度中至少有一个可以降低到可控的水平时，可以采用风险缓解策略；否则，只能采用风险规避策略来应对这样的风险。

（4）对于风险发生的频率较高而风险影响程度较低的风险，最恰当的应对策略是风险接受和风险缓解。接受风险是因为较高的风险发生的频率使转移风险的代价太高，而风险降低策略主要用于降低风险影响频率，以减小风险的平均损失，从而降低风险管理的成本。

（5）对于风险影响程度较高而风险发生的频率较低的风险，最好通过投保来应对。较高的风险影响程度意味着一旦发生风险可能会造成巨额风险和灾难性的后果，而较低的风险发生的频率又意味着风险的损失期望值较低，使得风险转移的成本不会太高。

（6）对于风险发生的频率和风险影响程度都较低的风险，接受是最好的应对策略。这样的风险产生损失的可能性很小，即使发生这样的风险，对财务的影响也是不严重的。

尽管并不是所有风险都可以按照表 6-1 的方法来进行分类，但该方法对许多风险还是适用的。在风险发生的频率和风险影响程度不能清楚地确定是"高"或"低"时，可以根据经验对以上的方法加以修改。

6.5.2 风险应对措施的选择和制定

所谓风险应对措施的选择和制定，是指风险管理人员在风险管理过程中通过"审时度势"地分析和研究，根据"因势利导"的原则和方法选定项目应采取的风险应对措施。很显然，这项工作包括两个部分的内容。其一是所谓的"选择"，即在有限的、可供选择的风险应对措施中找出并选择最为合适的措施，这是风险管理人员在风险应对过程中学习和借鉴他人风险应对经验教训的工作。其二是所谓的"制定"，即在选定的风险应对措施基础上进一步做出适合项目风险实际情况的改动、创新和集成设计，这是风险管理人员在风险应对过程中开展"权变"和"改进"的工作，同时也是对风险应对措施进行必要的"集成配套"的制定和安排的工作。

实际上，风险管理人员可以从不同的角度、运用各种各样的方法开展风险应对措施的选择和制定工作，其中最主要的是如下 3 个方面的角度和方法。

1. 按照风险应对措施的取向选择和制定风险应对措施的方法

按照风险应对措施的取向选择和制定风险应对措施的方法是根据采取风险应对措施所要实现的效果，按照风险应对措施究竟是正向的还是反向的，抑或是介于二者之间的（中性的）选择和制定风险应对措施的方法（见图 6-2）。这种方法的主要步骤如下：首先，确定是为获得或扩大风险收益而去应对项目的风险，还是为规避或降低风险损失而去应对项目的风险，当不能确定取向时应选择中性的风险应对措施（如风险容忍等）；其次，根据风险应对措施的取向进一步选择风险应对的具体措施，并对这些具体措施进行必要的组合和集成。

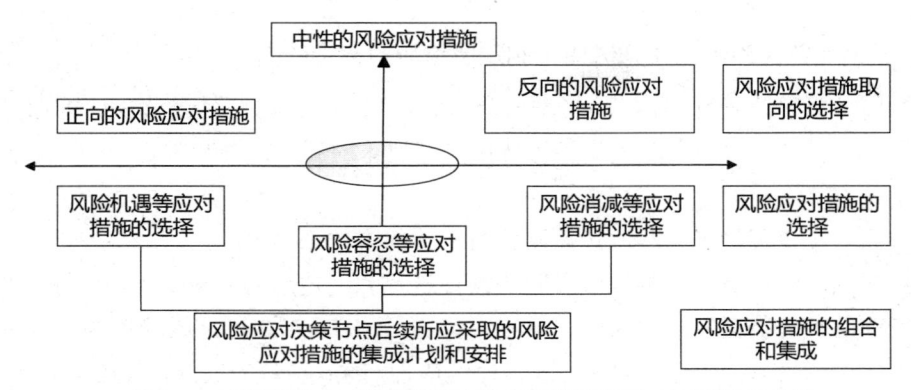

图 6-2　按照风险应对措施的取向选择和制定风险应对措施的方法

由图 6-2 可以看出，按照风险应对措施的取向选择和制定风险应对措施的方法首先要在风险应对决策节点上做出风险应对措施取向的选择；其次要根据这种取向做出风险应对措施的选择，并根据项目、项目风险和项目组织的具体情况进行必要的"修订""改进""组合""集成"的制定与安排；最后要制定并给出项目具体风险所应采取的风险应对措施的计划和安排。

2. 按照风险所处的阶段选择和制定风险应对措施的方法

按照风险所处的阶段选择和制定风险应对措施的方法是针对有预警信息的风险选择和制定风险应对措施的方法，是根据有预警信息的风险发展进程的不同阶段选择和制定风险应对措施的方法（见图 6-3）。这种方法的主要步骤如下：首先，根据风险处于潜在阶段、发生阶段及后果阶段时所需和能够采取的风险应对措施做出选择；其次，对选择的风险应对措施进行必要的"权变""改进""集成配套"的设计和安排。

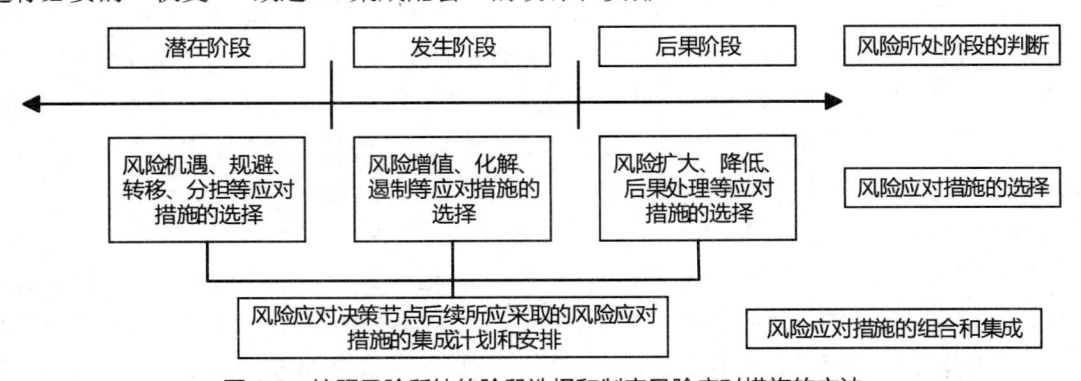

图 6-3　按照风险所处的阶段选择和制定风险应对措施的方法

由图 6-3 可以看出，按照风险所处的阶段选择和制定风险应对措施的方法首先要在风险应对决策节点上做出后续风险处于不同阶段时的风险应对措施的选择；其次要在此基础上对选择的风险应对措施（此时甚至可以称为策略）根据项目、项目风险和项目组织的具体情况进行必要的"修订""改进""集成配套"的制定与安排；最后要制定并给出项目具体风险所应采取的风险应对措施的计划和安排。

3. 按照风险特性的优先序列选择和制定风险应对措施的方法

在实际的项目风险管理中，风险管理人员还会使用按照风险特性的优先序列选择和制定风险应对措施的方法，即按照对风险各种特性所赋权重的不同选择和制定风险应对措施，具体分述如下。

（1）按照风险进程性选择和制定风险应对措施的方法。

有的人或项目组织成员主要按照风险进程性选择和制定风险应对措施，他们首先考虑对项目在近期或马上可能会发生的风险采取应对措施，而对项目在远期或较远的未来可能会发生的风险一律予以容忍而不采取措施。因为他们认为，随着项目的展开，风险会发展和变化，随着风险识别和度量的不断开展，人们对风险的认识会不断深化，有些风险会"自行消亡"或"不了了之"，所以人们应该采用"抓住眼前，放眼未来"的风险应对措施的选择和制定方法。很显然，这种风险应对措施的选择和制定方法简洁明了、切实可行，并且有自己科学的一面，但是这种方法有时不能按照"未雨绸缪"的原则尽早采取风险机遇或规避等应对措施，有时甚至会错过风险应对的最佳时机。因此，这种方法因在某种程度上违背了中国人"凡事预则立，不预则废"的风险管理原理而存在一定的问题和缺陷。

（2）按照风险后果的严重性选择和制定风险应对措施的方法。

当然，有些人或项目组织成员在制定风险应对措施时会优先考虑风险后果的严重性。他们首先会权衡风险及其应对措施的利弊，基于"趋利避害"的原则，采取一定的风险应对措施以最大化项目价值。因为他们认为，做事（项目）应确保"万无一失"，不管今后风险如何发展，人们只要已看到风险的可能后果，就应该努力应对这些可能出现的后果，并且风险的后果越严重就越应该优先应对，后果相对较轻的风险则可以容忍。这种方法虽然也有其科学的一面，但使用这种方法有时会出现"前后颠倒"或"杞人忧天"的情况，因为有些风险可能发生的时间比较远，人们对这种风险发生可能性的度量尚不甚准确，早早就按照风险后果的严重性选择和制定风险应对措施，有时会出现不必要或过早行动所带来的各种负面问题。因此，这种方法因在某种程度上违背了中国人"因势利导"的风险管理原理而存在一些问题和缺陷。

（3）按照风险发生的可能性选择和制定风险应对措施的方法。

还有很大一部分的人或项目组织成员主要按照风险发生的可能性选择和制定风险应对措施，他们首先考虑的是风险发生的可能性而不是风险的其他特性，这基本是按照"可能与否"选择和制定风险应对措施的方法。因为他们认为，风险发生的可能性是"至关重要"的，发生的可能性越大的风险越应该重视、越应该积极应对。他们认为，人们有时对风险后果情况的认识并不准确，但是人们对风险发生的可能性的认识准确性相对高得多，所以风险发生的可能性应该是选择和制定风险应对措施的主要依据。同样，虽然这种方法也有其科学的一面，但使用这种方法往往会出现"捡了芝麻丢了西瓜"的后果，因为有些风险发生的可能性虽然大，但并不见得风险后果的严重性高和风险进程性近，按照这种方法选择和制定的风险应对措施有时会出现"弄错重点"的严重问题。因此，这种方法因在某种程度上违背了中国人"突出重点"的风险管理原理而存在着较大的问题和缺陷。

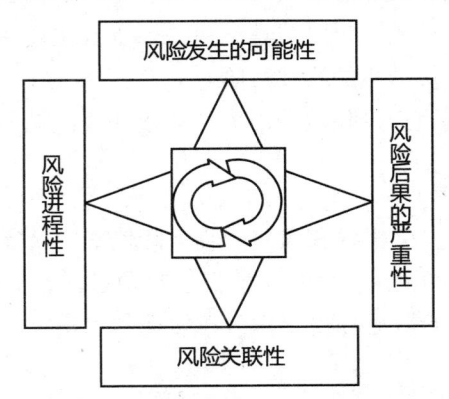

（4）综合考虑风险特性选择和制定风险应对措施的方法。

实际上正确的选择和制定的风险应对措施的方法，应该是综合考虑风险特性选择和制定风险应对措施的方法（见图6-4）。这种方法综合考虑风险发生的可能性、后果的严重性、关联性、进程性选择和制定风险应对措施。这种方法的具体公式为

$$风险应对措施=风险\times F\{\alpha/\beta/\gamma/\delta\} \tag{6-1}$$

式（6-1）中有关风险发生的可能性、后果的严重性、关联性、进程性这4个特性的权重 α、β、γ、δ 的确定需要根据项目（重要程度等）、项目风险（项目风险的各种特性等）、项目组织（风险管理能力和偏好等）和项目所处环境（发展变化速度和程度等）等因素具体确定，这4个特性之间的关系究竟是"连乘"还是"连加"，抑或是其他种类的相互关系也需要根据项目、项目风险、项目组织和项目所处环境等因素具体确定。风险发生的可能性与风险后果的严重性是计算风险期望值的必要内容，两者之间具有紧密的相关关系。

图 6-4　综合考虑风险特性选择和制定风险应对措施的方法

由图6-4可以看出，这种方法首先要综合风险的4个特性；其次要根据综合的结果选择和制定风险应对措施。通常，人们会先综合考虑风险发生的可能性和风险后果的严重性这两大特性，从而根据风险的期望值做出风险应对措施的初步选择，然后综合考虑风险进程性做出风险应对措施的选择，接着进一步综合考虑风险关联性更准确地做出风险应对措施的选择，最后按照项目、项目风险、项目组织和项目所处环境做出风险应对措施的"修订""改进""集成配套"安排。

6.6　能源项目风险应对的成果

6.6.1　更新的风险记录手册

1. 风险应对计划

风险应对计划应详细到可操作层次，即根据其描述就能采取具体的风险应对行动。它一般应包括以下部分或全部内容。

- 已识别的风险、有关风险的描述、风险所影响的项目领域及其原因（如 WBS、风险分解结构），以及风险如何影响项目目标。
- 风险负责人及分派给部门的职责。
- 风险定性与定量分析结果，包括风险优先级清单及概率分析结果。
- 风险应对计划中针对每个风险制定的应对措施，包括规避、缓解、转移、接受等。
- 实施选定的风险应对措施需要采取的具体行动。
- 风险发生的征兆和警示。
- 实施选定的风险应对措施所需的预算和进度活动。
- 在考虑项目干系人的风险容忍度的情况下预留的时间和费用应急储备金。
- 应急计划及实施应急计划的触发条件。
- 在已经发生的风险或首要风险应对措施被证明不利的情况下使用的备用计划。
- 风险应对措施实施之后预计仍将残留的风险，以及主动接受的风险。
- 实施风险应对措施直接造成的次要风险。
- 根据定量分析结果及组织风险承受能力计算出的风险储备金。

2. 应急计划

项目经理需要根据风险发生概率和风险的临界阈值确定所需的应急储备量。这通常涉及评估额外的时间、费用或资源需求，并且可能需要对项目计划进行相应的调整。这样做的目的是确保项目目标的超额风险降至项目组织可以接受的水平。

3. 新的风险

风险记录手册的更新还包括两个方面的内容：重新识别的剩余风险和次要风险排序。剩余风险是指采取了规避、转移或缓解等风险应对措施之后依然存在的风险，包括已被接受并处置过的风险，如在所允许的成本或时间中增加应急储备量。次要风险是指实施某风险应对措施后直接产生的风险，此类风险也应当识别并规划相应的应对措施。

6.6.2 更新项目管理计划

在通过整体变更控制过程审查和处理后，增加的应对活动对项目管理计划进行更新。应对规划过程的结果应反映在项目管理计划中，以保证制订的行动计划作为当前项目的组成部分得到实施与监测，为其他过程提供依据。例如，选定或提出的各种替代策略、应急计划、预期的合同协议，需要额外投入的时间、费用或资源，以及其他有关的结论都必须反馈到其他相关领域，作为这些领域过程计划、变更和实施的依据。

6.6.3 风险合同协议

签署风险合同协议可明确在具体风险发生时，各方所应承担的责任，同时还可以签署关于保险、服务及其他适当项目的合同协议，以规避或降低风险。

分析案例

巴基斯坦 SW 火电站项目风险应对管理

1. SW 火电站项目现状

SW 火电站为中巴经济走廊能源项目，位于巴基斯坦旁遮普省，是由国有电力企业 H 集团和民营企业 S 公司对等持股共同出资建设的两台 660MW 火电站项目。根据巴基斯坦预设电价政策及项目采用出口买方信贷的融资模式，最终确定项目建设采用 EPC 管理模式并充分发挥业主主导优势，超前完成项目建设并投产。SW 火电站的三大主机锅炉、汽轮机、发电机均为国产化设备。

SW 火电站目前已进入商业运营阶段。H 集团和 S 公司对等持股成立了中国香港公司，并由中国香港公司在巴基斯坦注册成立巴基斯坦公司，作为 SW 火电站的运营主体，履行经营单位的主体责任，负责项目经营及买煤和卖电，规范经营。同时，在巴基斯坦成立了 HT 公司，负责巴基斯坦员工的管理，并作为在岸运维的主体；在国内成立了 LY 公司，负责 SW 火电站的离岸运维，包括项目运营所需的备品、备件的采购和技术服务等。

本项目采用两部制的预设电价，电价分为电量电价和容量电价两部分，其中电量电价是指随着发电量的变化而变化的部分，如煤、石灰石等火电站发电的固定消耗成本；容量电价是指不随发电量的变化而变化的部分，如固定的运维成本、贷款利息、保险等。巴基斯坦电监局根据项目的电价政策、项目成本、巴基斯坦居民消费价格指数、美国居民消费价格指数、美元兑卢比汇率、煤炭指数、国际海运指数、铁路运费等因素，批复了本项目电价并发布了公告。

巴基斯坦政府为鼓励其他国家来巴投资建设，采用资本金收益率作为股东收益，本项目也是采用此种方式。项目的效益预计情况根据两部制的预设电价的原理，从理论上来说可以保证股东回报率。但是巴基斯坦的经济情况不乐观，外汇储备持续下降、汇率波动较大、港口煤炭的接卸能力有限等因素也会对最终效益产生影响。

项目的电费回收情况相对于巴基斯坦其他同类电站居于前列，但政府拖欠电费情况一直都在发生，这是因为巴基斯坦经济情况不乐观，再加上疫情、自然灾害等的影响，导致巴基斯坦经济情况一直未见好转。

巴基斯坦国内政治环境复杂，执政党每五年便会进行一次换届，新政府能否承认和继承原政府制定的政策、是否会产生新的立法、税款方面是否会有变动，这些潜在的不确定性都会使项目的运营产生风险。

项目运营人员主要由 H 集团自国内派遣技术人员及管理层负责人，同时在巴基斯坦招聘当地员工，循序渐进地促进项目运营本土化。

2. SW 火电站项目风险管理的必要性及目标

SW 火电站项目作为 H 集团唯一一个自主投资建设的海外火电站项目，其风险管理经验与风险应对措施对 H 集团进一步开展海外投资有重要参考意义，并且项目只有保持良好的运营状况才能得到可持续性发展。但由于巴基斯坦政局不稳定、经济情况未见明显好转、外汇储

能源项目风险管理

备持续下降、汇率波动，以及电费回收问题导致项目运营资金链存在重大风险，因此为了维持项目的生产经营稳定、提高项目经济效益、保障项目高效发展，必须进行有效的风险管理。

风险管理是一个过程，其目标是控制风险、减少损失，保证企业持续经营。风险管理是企业经营管理的一个重要组成部分，要达到风险管理目标，必须建立健全与之相适应的各项规章制度并严格执行，并建立有效的检查监督制度。这就要求企业各级管理者不断更新知识，提高技能水平，同时企业对各级管理者在风险管理中的目标与责任也应该做出明确规定。具体来说，风险管理的目标有三个：一是必须保证将风险控制在企业整体业务发展目标的适当和可承受范围内，并促进企业战略目标的实现；二是确保企业遵守相应的法律法规，承担应尽的社会责任；三是确保企业对每个重大风险都有应对措施，以保护企业不因灾难性风险或人为错误而遭受重大损失。

3. SW 火电站项目风险分析计划

先对 SW 火电站项目的风险管理现状进行分析，然后运用德尔菲法对项目进行风险识别，并得出 SW 火电站项目的风险清单，再运用层次分析法对 SW 火电站项目的风险因素进行评价分析，以研究出各个风险因素在项目整体风险管理中的权重，最后在风险评价结果的基础上，针对不等同风险因素提出对应的解决或防控办法，并对项目整体风险管理提出保障措施。因为本章的主要内容是能源项目风险应对管理，所以本案例中的风险识别和风险评价只说明结果，不详细介绍具体分析过程。

4. SW 火电站项目风险识别

分析 SW 火电站项目风险管理现状，运用德尔菲法对项目存在的风险进行识别并对风险因素的成因等进行分析，得到项目的风险清单，如表 6-2 所示。

表 6-2 巴基斯坦 SW 火电站项目的风险清单

风险分类	风险因素
外部环境类风险	政治经济形势风险
	民族宗教风险
	电力市场风险
财务管理类风险	汇率风险
	利率风险
	资金风险
生产运营类风险	电价调整风险
	燃料风险
	采购风险
	电费回收风险
安全保障类风险	电力安全风险
	人身安全风险
日常管理类风险	人才不足和流失风险
	信息管理风险

5. SW 火电站项目风险评价

运用层次分析法，以定量和定性的方式对项目风险进行评价，得到项目各个风险因素的权重排序，如表 6-3 所示。

表 6-3 巴基斯坦 SW 火电站项目各个风险因素的权重排序

风险分类	风险因素	权重 W_{ij}
外部环境类风险 R_1	政治经济形势风险 R_{11}	0.2380
	民族宗教风险 R_{12}	0.0721
	电力市场风险 R_{13}	0.1310
财务管理类风险 R_2	汇率风险 R_{21}	0.0722
	利率风险 R_{22}	0.0455
	资金风险 R_{23}	0.1719
生产运营类风险 R_3	电价调整风险 R_{31}	0.0231
	燃料风险 R_{32}	0.0706
	采购风险 R_{33}	0.0150
	电费回收风险 R_{34}	0.0541
安全保障类风险 R_4	电力安全风险 R_{41}	0.0117
	人身安全风险 R_{42}	0.0583
日常管理类风险 R_5	人才不足和流失风险 R_{51}	0.0274
	信息管理风险 R_{52}	0.0091

从第一层次的风险分类来看，外部环境类风险最大，财务管理类风险排第二，生产运营类风险排第三，安全保障类风险排第四，日常管理类风险最小，其权重分别为 0.4411、0.2896、0.1628、0.0700、0.0365。根据表 6-3 中各个风险因素的权重，可以得出政治经济形势风险、资金风险及电力市场风险对项目的影响程度较大，汇率风险、民族宗教风险、燃料风险、人身安全风险及电费回收风险对项目的影响程度次之，因此企业应将更多的人力、物力、财力投入到对项目的影响程度较大的风险因素中，对于其他风险因素则采取有针对性的、合理的措施进行控制。

6. SW 火电站项目风险应对措施

基于风险评价的结果和表 6-3，根据风险发生可能性的高低和对经营发展目标影响程度的大小将风险划分为第一级重大风险、第二级重要风险、第三级中等风险和第四级低风险 4 个等级。第一级重大风险需要高度关注，是需要重点防范的风险，因为其一旦发生将对项目产生严重的破坏；第二级重要风险的特质是具有高影响性和低易发性，虽然发生概率不高，但影响程度较大，因此也需要项目单位足够重视；第三级中等风险的特质是高易发性和低影响性，在进行风险应对时要及时跟踪和分析这类风险的发展趋势，重点分析降低风险发生概率的措施；第四级低风险原则上继续执行现有的制度及流程进行有效控制，不增加额外控制措施，要建立风险备案和预警机制。为了有效开展 SW 火电站项目的风险应对，根据风险因素的权重，将 14 个风险因素划分成 4 个等级，W_{ij} 大于或等于 0.1 的风险为第一级重大风险，W_{ij} 在 0.05（包括）到 0.1 范围内的风险为第二级重要风险，W_{ij} 在 0.02（包括）到 0.05 范围内的风险为第三级中等风险，W_{ij}小于 0.02 的风险为第四级低风险。需要结合风险产生的原因及企业的内、外部实际情况，合理地选用风险转移、风险规避、风险保留或风险缓解的应对措施。

（1）外部环境类风险应对措施。

外部环境类风险主要包括三类风险，即政治经济形势风险、民族宗教风险、电力市场风险，其对应的权重分别为 0.2380、0.0721、0.1310。根据风险应对原则，政治经济形势风险和电力市场风险为第一级重大风险，民族宗教风险为第二级重要风险。

政治经济形势风险警戒线为政府更迭带来的不稳定因素及爆发局部战争，项目单位要加强对政治局势的跟踪，做好战争突发的应急预案，以保证人身安全及设备安全为前提，加强与政府、使馆及上级公司等的信息报送机制和日常联系沟通机制，为工作的协调提供支持。此外，还要加强预警机制管理，有针对性地制定预警信息发布预案、通信保障预案等，并定期进行应对突发事件的演练。针对电力市场风险，可成立专门的分析小组对市场信息进行研判，定期开展专题分析会议，及时调整工作方向。针对民族宗教风险，主要采用建立健全公共安全风险防控组织机构与风险预警机制的方式，加强安保及防控，全力保障人身及财产安全。外部环境类风险的具体应对措施如表 6-4 所示。

表 6-4　外部环境类风险的具体应对措施

风险因素	权重 W_{ij}	排序	应对措施	措施
政治经济形势风险 R_{11}	0.2380	1	风险转移	一方面积极采用购买保险的方式对该风险进行转移，另一方面加强对巴基斯坦政治局势的跟踪，建立与政府、使馆及上级公司等的联系沟通机制，以保障人身安全为前提，做好政治局势突变的应急预案
电力市场风险 R_{13}	0.1310	2	风险保留	成立专门的分析小组进行市场分析，通过日报、周报及月报体系掌握市场动态，以便快速对热点、重点问题开展专题分析
民族宗教风险 R_{12}	0.0721	3	风险转移	建立健全公共安全风险防控组织机构及风险预警机制，加强安保及防控，全力保障人身及财产安全

（2）财务管理类风险应对措施。

财务管理类风险主要包括三类风险，即汇率风险、利率风险、资金风险，对应的权重分别为 0.0722、0.0455、0.1719。根据风险应对原则，资金风险为第一级重大风险，汇率风险为第二级重要风险，利率风险为第三级中等风险。

针对资金风险，应争取上级公司的支持，协调、联系银行等拓展融资渠道，在项目内部加强对资金的刚性管理及预算管理，优化资金支出结构。针对汇率风险，主要从两个方面进行防范：一是降低卢比现金的持有量和持有时间；二是在银行贷款融资方面尽可能争取用卢布贷款，以降低汇率风险。针对利率风险，应加强对美元贷款利率风险的研判，结合项目自身的融资能力，优化流动资金贷款结构，持续推动美元流动资金贷款转为卢比贷款。财务管理类风险的具体应对措施如表 6-5 所示。

表 6-5 财务管理类风险应对措施

风险因素	权重 W_{ij}	排序	应对措施	措施
资金风险 R_{23}	0.1719	1	风险缓解	拓展融资渠道，降低融资成本，强化资金刚性管理及预算管理，优化资金支出结构
汇率风险 R_{21}	0.0722	2	风险转移+风险缓解	定期开展现金流预测，防范因运营期现金流过大带来的汇率风险；加大应收电费的催收，防范账期过长带来的风险；在政策允许的情况下，及时将卢比兑换为美元，以缩短卢比持有时间；优化流动资金贷款结构，争取用卢比贷款，以降低汇率风险
利率风险 R_{22}	0.0455	3	风险规避	加强对美元贷款利率风险的研判，结合项目自身的融资能力，优化流动资金贷款结构，持续推动美元流动资金贷款转为卢比贷款

（3）生产运营类风险应对措施。

生产运营类风险主要包括四类风险，即电价调整风险、燃料风险、采购风险和电费回收风险，对应的权重分别为 0.0231、0.0706、0.0150 和 0.0541。根据风险应对原则，燃料风险和电费回收风险为第二级重要风险，电价调整风险为第三级中等风险，采购风险为第四级低风险。

针对燃料风险，一方面要加强对燃料计划的管理，以及对库存量、运输周期、采购周期、清关周期等的合理安排；另一方面要积极拓展煤源，如阿富汗煤或巴基斯坦本地的塔尔煤等，以减小对单一煤源的依赖程度，并且要提前进行掺烧这些煤类的可研性分析报告。针对电费回收风险，主要应对措施为成立专门的团队负责进行电费催缴，尽可能与购电方多沟通，及时向政府部门汇报项目经营状况，以寻求理解和支持。针对电价调整风险，需要深入研究政策，做到每个电价的修正都有政策支持。生产运营类风险应对措施如表 6-6 所示。

表 6-6 生产运营类风险应对措施

风险因素	权重 W_{ij}	排序	应对措施	措施
燃料风险 R_{32}	0.0706	1	风险转移+风险缓解	提前制订燃料需求计划，确定合理的燃料采购及运输节点；拓展煤源，避免对单一煤源的过分依赖；加强燃料码头的管理，提高码头接卸、清关、运输能力，厂区内保持合理库存量
电费回收风险 R_{34}	0.0541	2	风险规避	成立专门的团队负责进行电费催缴，确保应收电费及时收缴入账；积极收集购电方的财务状况等各项信息，及时向当地政府书面汇报公司经营状况，以寻求理解与支持，争取更多的电费支付

续表

风险因素	权重 W_{ij}	排序	应对措施	措施
电价调整风险 R_{31}	0.0231	3	风险规避	聘用有经验、熟悉电价政策且长期从事巴基斯坦电力行业财务、商务、法律顾问行业的专家,组织商业运营后电价修正申请材料,认真研读电价政策,做到每个电价的修正都有政策支持,做好书面工作,保证按照目前的电价政策得到既有政策允许的相关容量电价
采购风险 R_{33}	0.015	4	风险缓解+风险保留	严格执行采购管理制度的相关规定,强化采购流程,区分在岸和离岸采购计划,对于在岸采购要培养具备良好履约能力和实力的供应商,对于离岸采购要做好采购及运输节点安排;对于清关物流,要关注政府政策变化,做好与银行、海关等机构的联系沟通

（4）安全保障类风险应对措施。

安全保障类风险主要包括两类风险,即电力安全风险和人身安全风险,对应的权重分别为 0.0117 和 0.0583。根据风险应对原则,人身安全风险为第二级重要风险,电力安全风险为第四级低风险。

人身安全风险是项目的重中之重,必须坚持"员工人身安全高于一切"的核心理念,加强安保系统管理,定期开展反恐演习,提高员工安全防范意识。电力安全风险类易发生,但影响程度不大,因此采用一般的风险应对措施即可。根据电力安全生产规章制度,严格执行"两票三制",杜绝误操作事故发生,同时要谨慎排查机组的隐患,做到早发现、早修正,还要加强对员工的技能培训,提高其应急事故处理能力,以大大降低风险发生的概率。安全保障类风险应对措施如表 6-7 所示。

表 6-7 安全保障类风险应对措施

风险因素	权重 W_{ij}	排序	应对措施	措施
人身安全风险 R_{42}	0.0583	1	风险缓解	坚持"员工人身安全高于一切"的核心理念,加强安保系统管理,严格落实公司内部《治安保卫管理规范》,严格进行人员出入管理,定期开展反恐演习,提高员工安全防范意识
电力安全风险 R_{41}	0.0117	2	风险缓解	结合巴基斯坦电网实际情况,以防止设备损坏为重点,开展涉网保护的隐患排查,完善零功率切机保护配置,完善和优化主辅网 DCS 控制逻辑,防止设备损坏;加强运行人员的技能培训,提高其对发电机过负荷、负荷骤变等事故的处理能力;定期组织全厂员工对失电等应急预案进行演练,提高全厂员工的应急处置能力;严格执行"两票三制",杜绝误操作事故发生;加强设备的可靠性管理,加大缺陷的管理和处置力度,提高设备健康水平

（5）日常管理类风险应对措施。

日常管理类风险主要包括两类风险，即人才不足和流失风险及信息管理风险，对应的权重分别为 0.0274、0.0091。根据风险应对原则，人才不足和流失风险为第三级中等风险，信息管理风险为第四级低风险。

人才不足和流失风险通常易发性，应对此类风险最有效的方法是强化该风险的现有控制手段。在现有制度允许的情况下，建立健全员工履职待遇和薪酬管理制度，为志愿参与海外项目的员工提供平台和机会，同时要进一步推进属地化管理，给当地员工提供发展机遇。信息管理风险易发生，但是影响程度不是很大，针对该类风险采取一般的应对措施即可，要从岗位要求、部门管理方面出发，将风险扼杀在摇篮里，如在部门内部建立可互查互阅的工作台账，畅通部门内部中方与巴方员工间的沟通，制定工作标准与工作手册等。日常管理类风险应对措施如表 6-8 所示。

表 6-8　日常管理类风险应对措施

风险因素	权重 W_{ij}	排序	应对措施	措施
人才不足和流失风险 R_{51}	0.0274	1	风险缓解	建立健全境外从业人员履职待遇和薪酬管理制度；组织走出去，调研境外项目建设和运维管理模式，做好人才梯队建设，培养国际化精英团队；积极推进国际化、市场化和属地化管理，培育干事创业的平台
信息管理风险 R_{52}	0.0091	2	风险保留	建立可互查互阅的工作台账，畅通部门内部中方与巴方员工间的沟通，制定工作标准与工作手册等

讨论题：

1. 简要分析本案例中 SW 火电站项目主要风险因素的识别过程。
2. 简要描述本案例中的风险应对措施并分析其属于哪种措施选择和制定方法。
3. 实施风险应对措施后应该注意什么？出现新的风险应如何合理应对？

复习思考题

1. 描述风险应对过程的目标。为什么每个目标都重要？请为每个目标定义定量的成功标准。
2. 风险应对的两个基本组成部分是什么？为什么它们是基本组成部分？
3. 举例介绍几个风险应对策略。
4. 列出你的任务中的 5 个困难和 5 个不确定性因素。描述每个困难和每个不确定性因素中都存在的机会。你将如何利用这些机会？
5. 你所在的项目组织内，许多人跟不上新技术的发展，将新技术引入项目组织的学习过程可以视为一个风险。试指定一个风险应对措施来解除这一风险，说明项目组织发展目标、约束和取舍标准。
6. 如何理解风险与机会？

第 7 章 能源项目风险监控管理

引导案例

2022 年，中国南方电网有限责任公司（以下简称南方电网公司）防灾减灾监测预警系统覆冰模块完成改造升级，该系统首次部署了公司自主研发的导线覆冰预测模型，采用"天气预报模式（WRF）+覆冰增长物理模型（Makkonen）"预测模型，结合覆冰在线监测数据进行机器学习订正，实现未来 72h 覆冰厚度预测，可精确到杆塔。2022 年 11 月 28 日 18 时，南方电网公司发布寒潮黄色预警，提示大家提前做好各项防控措施和应急准备。

南方电网公司坚持下好能源保供先手棋，打好迎峰度冬主动仗，千方百计保障电力供应，目前已提前制定今冬明春电力供应保障工作方案，明确 8 个方面的 25 条重点举措。

南方电网公司以应对极端气候和历史最严重冰灾的标准，扎实推进防冰抗冰各项工作。公司相关单位提前与气象部门对接，开展天气趋势分析，对今冬明春供电区域发生低温雨雪冰冻灾害的可能性、严重程度进行预判；进一步完善覆冰预测及融冰资源配置，重点做好保障民生和公共安全的设备的隐患排查及整治工作；细化跨越高速铁路、高速公路的线路，以及向高铁牵引站、机场等重要交通设施供电的线路的运维工作。

南方电网公司常态化开展冰情监测和融除冰工作，冰情监测以"在线监测为主、人工观冰为辅"，同时利用无人机等技术提升特巡工作效率，交通困难的防冰重点区段则安排人员提前进驻现场。此外，根据线路覆冰速度、融冰效率、融冰装置覆盖线路、天气预测等情况，合理制订输配网融除冰计划，按照防冰调度运行方案和"一线一册"融冰方案有序实施，优化融冰策略，提升融冰效率，最大限度降低融冰对电力供应的影响。

南方电网公司预测 2022 年四季度，广东、广西、云南、贵州、海南五省用电负荷将保持较快增长趋势。对此，南方电网公司坚决落实国家能源局有关要求，提前预测、预报、预警，常态化向国家部委和地方党委政府沟通汇报，积极促成政企协同联动，全力解决电力供需矛盾。同时，深挖新增电源潜力，根据南方五省在建电源实地调研和情况摸查结果，主动对接服务，紧盯投产进度，积极做好配套工程建设，保障常规机组按期投产，充分发挥电网大平台作用，积极协调送受电双方，构建反应敏捷、调整灵活的送电机制。

资料来源：黄勇华. 南方电网公司防灾减灾监测预警系统覆冰模块完成改造升级. 南方电网报.（2022-11-30）.

7.1 能源项目风险监控的概念内涵

7.1.1 风险监控的概念

项目从策划、实施到投入使用有一个较长的过程，在这个过程中存在很大的不确定性，可能会给项目带来各种各样的风险。例如，海外石油勘探开发项目比普通的工程项目更加复杂、风险更大，而且风险贯穿项目始终，从项目开始建设到原油勘探，再到原油开发与提炼的过程中都存在各种风险。项目的风险都有一个发生、发展过程，对这个过程实施监控可以动态地掌握风险及其变化情况，实现对风险的有效管理，确保高效地达成项目目标。

风险监控是指通过对风险规划、识别、估计、评价、应对全过程的监视和控制，保证风险管理能达到预期的目标。其目的是考察各种风险控制行动产生的实际效果，确定风险减小的程度，监测残留风险的变化情况，进而考虑是否需要调整风险管理计划及是否需要启动相应的应急措施。

能源项目的风险监控是至关重要的，它涵盖对风险的监测和及时应对、控制两个主要方面。首先，对风险进行监测意味着跟踪已识别的风险的发展变化，包括在整个项目周期内风险产生的条件和导致的后果的变化。例如，在天然气管道建设项目中，对风险进行监测可能包括对工程地质情况进行监测，以及对管道建设周围环境因素进行监测，以确保项目的安全进行。同时，随着项目的进行，与风险相关的信息和资料也会逐渐积累，从而使风险管理人员对风险有更清晰的认识。其次，及时应对风险的变化情况至关重要，包括对已发生的风险及其产生的遗留风险和新增风险进行识别、分析，并采取适当的应对措施。例如，在风力发电项目中，如果出现了风机叶片的磨损问题，项目团队就需要及时采取维修或更换叶片的措施，以防止叶片进一步损坏。在风险控制方面，可以采取预防措施，如加强风电场安全监测，以及改善叶片材料和设计以提高耐久性。此外，针对工程人员的风险教育也是必要的。例如，在太阳能光伏电站建设项目中，对工程人员进行安全培训和指导，增强其对潜在风险的认识和应对能力至关重要。同时，制定严格的操作规程，以控制因疏忽而导致的不必要损失，对于能源项目的成功实施至关重要。因此，综合考虑，能源项目的风险监控需要全方位的措施和协调合作，以确保项目的顺利进行和成功实施。

7.1.2 风险监控的作用

风险监控的作用主要包括以下 5 个方面。

（1）监视风险进程和征兆。风险监控的首要作用是通过开展风险监视工作发现风险本身的发展变化。这主要是指通过对项目、项目风险、项目的环境与条件三者发展和变化的严密监视，实现在出现风险征兆后当风险进程达到一定程度时给出项目风险的预警信息，从而使人们能及时制定风险应对措施。

（2）监督风险应对工作情况。风险监控的第二个作用是通过开展风险监督工作发现和解决风险应对过程中出现的问题并尽快做出某些反应。这主要通过监视和督促风险应对措施的实施情况和效果来实现，最重要的是在监视中一旦发现问题或不当，就督促人们去改进或改善，从而确保风险应对工作的顺利进行。

（3）努力保障风险应对工作处于受控状态。这是风险监控最为重要的作用，因为任何监控工作最主要的目标都是使被监控的工作处于受控状态，风险监控工作也不例外。这主要通过开展风险应对工作的事前和事中控制来实现，具体的方法是努力开展协调和纠偏等方面的工作，设法使风险应对工作不失控或失控后能重返既定的受控状态。

（4）及时修订或变更风险应对措施和工作。在风险应对或管理过程中，人们很难使风险应对工作总是处于受控状态，因为项目、项目风险和项目的环境与条件等方面并不是人们能够控制的。因此，在风险出现失控情况时，人们要能够设法通过修订或变更风险应对措施和工作，实现在全新基础上的风险应对工作的受控状态。

（5）风险监控的其他作用。除上述 4 个方面的作用以外，风险监控还有其他作用。需要特别指出的是，风险监控不仅要监控风险应对工作，还要监控风险管理其他方面的工作，风险识别、度量等方面的工作也都属于风险监控的对象和内容，只是风险监控的主要对象是风险应对工作而已。

7.1.3　风险监控的原理

风险监控的基本原理与一般管理控制的基本原理是一致的，管理控制的基本原理示意图如图 7-1 所示。

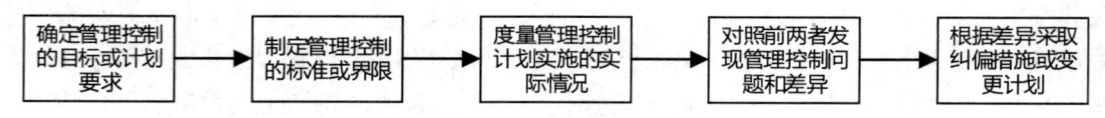

确定管理控制的目标或计划要求 → 制定管理控制的标准或界限 → 度量管理控制计划实施的实际情况 → 对照前两者发现管理控制问题和差异 → 根据差异采取纠偏措施或变更计划

图 7-1　管理控制的基本原理示意图

从图 7-1 中可以看出，管理控制的基本原理是，首先，根据管理控制的目标或计划要求制定管理控制的标准或界限，无论如何人们都不能使用管理控制的目标或计划要求作为管理控制的标准或界限，必须在管理控制的目标或计划要求与管理控制的标准或界限之间留出足够的容忍空间，否则管理控制就会变成零容忍的刚性控制。其次，管理控制的目标或计划要求也是可以变更和修订的，人们不能只是一味地在计划完成方面努力，当管理控制的目标或计划要求制定得过高或不符合实际情况时，人们必须能够变更和修订管理控制的目标或计划要求，否则人们可能会面临永远无法达到管理控制的目标或计划要求的窘况。很显然，风险监控属于管理控制的范畴，所以必须按照上述原理开展风险监控工作。

7.1.4　风险监控的内容

风险监控的核心内容包括四个方面：其一是风险监控的计划和安排工作；其二是风险的监视和监督工作；其三是风险应对措施的实施工作；其四是风险应对的控制与变更工作。风险监控的核心内容之间的关系如图 7-2 所示。

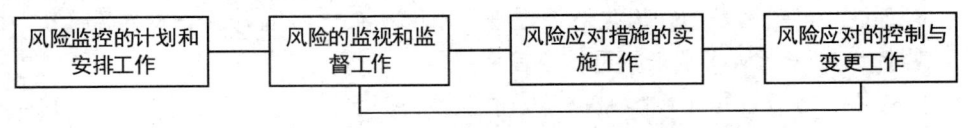

图 7-2 风险监控的核心内容之间的关系

实际上风险管理的具体实施工作就是通过风险监控开展的，所以风险监控是实现风险管理目标的核心工作之一，下面对图 7-2 中给出的风险监控的核心内容分别进行介绍。

（1）风险监控的计划和安排工作。风险监控的计划和安排工作是风险监控首要的工作，主要包括 4 个方面的内容：其一是人们必须首先计划和安排风险监控的具体工作与任务；其二是计划和安排风险监控工作所需的资源与预算；其三是计划和安排风险监控工作所需的组织保障与方法或手段；其四是计划和安排风险监控的各种变更管理办法或应急处理方案。

（2）风险的监视和监督工作。根据风险监控的计划的安排，人们就可以开展风险的监视和监督工作，主要包括 4 个方面的内容：其一是风险的监视，主要是指实时地监视风险的发展进程和征兆等情况；其二是风险的再识别和再度量，主要是指每隔一段时间（定期或不定期）人们就要根据项目、项目风险、项目的环境与条件重新识别和度量项目的风险；其三是风险应对措施实施情况的监督，即监督人们按照风险应对计划采取风险应对措施的实施工作；其四是给出风险监视和监督的反馈信息，以便人们能够更好地开展风险的后续管理工作。

（3）风险应对措施的实施工作。根据风险监视和监督所获得的信息，人们就可以基于风险应对的决策实施风险应对的具体措施，主要包括 3 个方面的工作：其一是根据风险监视所得出的信息做出采取哪些风险应对措施的决策，即根据风险监视所发现的信息决策究竟采用风险应对计划中的哪些具体措施；其二是按照风险应对计划中的应对措施方案开展风险应对的具体工作，即按照"审时度势"的结果"顺势而为"地采取最合适的风险应对方法；其三是给出这些风险应对措施实施情况的各种信息，即对各具体风险应对措施的实施情况进行收集、整理和加工工作，给出风险应对结果信息。

（4）风险应对的控制与变更工作。风险监控的最后一项内容是风险应对的控制和变更工作，也包括 3 个方面的内容：其一是努力使风险应对工作处于受控状态，即设法及时采用各种方法确保风险应对措施的实施达到目标或计划要求，这属于风险应对工作的事前控制范畴；其二是在风险应对措施实施过程中出现失控状态后，积极地采取各种各样的协调和纠偏等方面的工作，这属于风险应对工作的事中控制范畴；其三是当风险应对措施实施过程中出现的失控或偏差已经无法纠正时，必须设法更新和修订风险应对措施及风险应对与监控计划方面的各种文件，这属于风险应对工作的事后控制范畴。

7.1.5 风险监控的要求

（1）集成性。集成性是指风险监控必须从系统的角度同时监控项目的各个风险和风险的各种征兆与后果的情况，因为风险与其后果之间都是相互关联和相互影响的，每个风险的发展变化都会影响其他风险的发展变化。

（2）经济性。经济性是指风险监控必须从成本收益的角度考虑安排投入和产出，因为任何"得不偿失"的风险监控工作都是没有意义的。

（3）客观性。客观性是指在风险监控过程中不能掺杂任何偏见或个人主观臆断，否则就会使风险监控结果失真从而带来严重的不良后果。

（4）时效性。时效性是指风险监控必须根据项目、项目风险、项目的环境与条件及时开展工作，否则就会出现所做工作过了时效期而产生"马后炮"的结果。

（5）动态性。动态性是指风险监控工作必须按照风险的进程不断地进行因时、因事、因人、因地而异的权变，如当项目发展剧烈变化时，风险监控工作的周期就应该缩短，风险监控工作的力度就应该加强。

（6）相对准确性。相对准确性是指风险监控工作的结果必须准确到能够提供相对准确的信息，以满足人们进行风险管理的需要，否则人们开展风险监控工作的作用和效果就会受到影响。

7.2 能源项目风险监控过程

作为能源项目风险管理的一个有机组成部分，风险监控也是一种系统过程活动，可以从内部和外部两个视角来看待风险监控过程：从外部视角详细说明风险监控过程的输入、机制、控制和输出；从内部视角详细说明用机制将输入转变为输出的过程活动。

7.2.1 风险监控过程的目标

当风险监控过程达到下列目标时，就说明它是充分的。
（1）监控风险设想的事件和情况。
（2）跟踪控制风险指标。
（3）使用有效的风险监控方法、技术和工具。
（4）定期报告风险状态。
（5）保持风险的可视化。

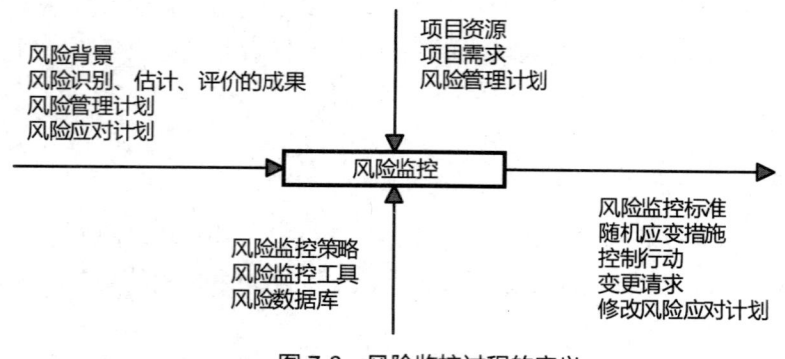

7.2.2 风险监控过程的定义

风险监控过程的定义如图 7-3 所示。

图 7-3　风险监控过程的定义

1. 输入

风险背景，风险识别、估计、评价的成果，风险管理计划，以及风险应对计划等是风险监控过程的主要输入。

2. 机制

机制是为风险监控过程活动提供结构的方法、技术、工具或手段。风险监控策略、风险监控工具和风险数据库是风险监控过程的机制。风险监控工具的使用使风险监控过程实现了自动化、高效化。

3. 控制

和控制风险规划过程一样，项目资源、项目需求和风险管理计划同样控制着风险监控过程。

4. 输出

风险监控标准、随机应变措施、控制行动、变更请求、修改风险应对计划等是风险监控过程的输出。

（1）风险监控标准。风险监控标准主要是指风险的类别、发生的可能性和后果。风险状态主要是指风险管理计划、风险应对计划等的进展及存在的问题等。

（2）随机应变措施。随机应变措施是指消除风险事件时所采取的未事先计划的风险应对措施。这些措施应有效地进行记录，并融入项目的风险应对计划。

（3）控制行动。控制行动是指实施已计划好的风险应对措施（包括实施应急计划和附加应对计划）。

（4）变更请求。实施应急计划经常导致对风险做出反应的项目计划变更请求。

（5）修改风险应对计划。当预期的风险发生或未发生，以及风险控制的实施消减或未消减风险的影响或发生概率时，必须重新对风险进行评估，对风险的发生概率和价值及风险管理计划的其他方面做出修改，以保证重要风险得到恰当的控制。

7.2.3 风险监控过程活动

风险监控过程活动包括监视风险的状况，如已经发生、仍然存在、已经消失；检查风险应对策略是否有效，风险监控机制是否正常运行，不断识别新的风险，及时发出风险预警信号并制定必要的风险应对措施。其主要内容如下。

（1）监控风险设想。
（2）跟踪风险管理计划的实施。
（3）跟踪风险应对计划的实施。
（4）制定风险监控标准。
（5）采用有效的风险监控方法、技术和工具。
（6）报告风险状态。

（7）发出风险预警信号。
（8）提出风险处置新建议。

7.3　能源项目风险监控的依据

1. 风险管理计划

风险管理计划为风险监控提供的关键依据有风险管理分配人员、风险负责人，以及时间和其他资源等。对项目计划的监测记录提供了项目绩效与风险的有关资料，通常用于监测与控制风险的报告资料包括问题记录、应对清单、危险警告、风险升级通知等，如工作结果中哪些可交付成果已全部或部分完成、哪些资源已经动用、已经执行和实现项目计划的哪些部分等。

2. 风险记录手册

风险记录手册提供的关键信息包括已识别的风险和风险负责人，制定的风险应对措施，具体实施的行动，风险征兆和警示信号，潜在风险和二次风险，低优先级风险的监测清单，以及时间和费用应急储备。项目记录手册中除包括风险计划和风险管理工作的结果之外，还包括评价项目绩效时应当考虑的有关项目环境的信息，通过对项目环境信息的监控，可以判断风险发展状况并识别新的风险。

3. 已获批准的变更

已获批准的变更包括工作方法、合同条款、范围和进度、成本计划的修订等。项目变更后，可能会引起新的风险或已识别风险的变化，需要对这些变化进行分析，评估其对风险记录手册、风险应对计划、风险管理计划的影响。同时还应该书面记录所有的变更，对于口头讨论但未形成书面记录的变更不应实施。变更获得批准后，通过规划程序反馈的变化情况、技术信息和规划文件等要根据变更需要进行更新，并适当地通知相关领域的参与者。

4. 工作绩效信息

工作绩效信息包括项目可交付成果的状态、纠正性措施和绩效数据，是项目动态监测的成果，真实反映项目管理的部分成果，可以提供项目风险的动态变化过程，是风险监控的重要依据。风险管理者通过将工作绩效信息与项目管理计划所提供的标准进行对比分析后，决定是否采取进一步的管理措施。

5. 绩效报告

绩效报告系统地提供项目工作绩效信息、实现机制、管理参数及其计算过程，以及对项目绩效和状态进行分析的文件，包括一些图形和表格，如横道图、成本曲线、进度曲线和参数表，这些图表可以综合评估项目绩效和状态。根据绩效报告可分析风险管理过程的可能影响，确定开展风险管理的时机等。

7.4　能源项目风险监控的方法、技术和工具

7.4.1　审核检查法

审核检查法是一种传统的风险监控方法，该方法可用于从项目建议书开始，直至项目结束的项目全过程。

项目建议书、项目产品或服务的技术规格要求，以及项目的招标文件、设计文件、实施计划和必要的试验等都需要审核。审核时要查出错误、疏漏、不准确、前后矛盾、不一致之处。审核还会发现以前的或他人未注意的或未考虑到的问题。审核多在项目进展到一定阶段时以会议形式进行。审核会议要有明确的目标，问题要具体，要请多方面的人员参加，参加者不要审核自己负责的那部分工作。审核结束后，要把发现的问题及时报告给原来负责该工作的人员，让他们马上采取行动，予以解决，问题解决后要签字验收。

检查在项目的设计和实施过程中进行，而不是在项目告一段落后进行。检查是为了把各方面的反馈意见及时告知有关人员，一般以完成的工作成果为研究对象，包括项目的设计文件、实施计划、试验计划、试验结果、正在施工的工程、运到现场的材料设备等。检查不像审核那样正规，一般在项目的设计和实施阶段进行。参加检查的人专业技术水平最好差不多，这样便于平等地讨论问题。检查之前最好准备一张表，把要问的问题记在上面。在发现问题方面，检查的效果非常好。检查结束后，要把发现的问题及时地报告给负责该工作的人员，使其及时采取行动，问题解决后要签字验收。

7.4.2　监视单

监视单是项目实施过程中需要管理者给予特别关注的关键事项或潜在风险的清单。这是一种简单明了且容易编制的文件，内容可浅可深，浅可只列出已识别的风险，深可列出风险顺序、风险在监视单中已停留的时间、风险处理活动、各项风险处理活动的计划完成日期和实际完成日期、对任何差别的解释等内容。监视单的示例如表 7-1 所示。

表 7-1　监视单的示例

潜在风险	风险降低活动	活动代码	计划完成日期	实际完成日期	备注
准确预测舰载设备经受冲击的环境	使用多重有限元代码和简化数字模型进行早期评估。 对简单的隔离结构、简单的隔离舱及建议的隔离结构进行冲击试验，以提高预测的置信度	SEA 03P31	2024-8-31 2025-8-31		
评价与以往设计不同的舰船系统的声学影响	对未经大尺寸试验或全尺寸试航验证的技术集中力量建立声学模型并进行缩尺试验。 将利用隔离舱得出的声音信号减弱系数纳入系统要求。持续进行模型试验，以确认对隔离舱的预测值	SEA 03TC	2024-8-31 2024-8-31		

监视单应根据风险评估的结果编制，一般应使监视单中的风险数目尽量少，并重点列出那些对项目影响最大的风险。随着项目的进展和定期评估，可能要增补某些内容。如果产生了数目可观的新风险，其影响重大，十分需要列入监视单，则说明初始风险评估不准，项目的风险比最初料想的要大，也可能说明项目正处在失去控制的边缘。如果某项风险因风险处理无进展而长时间停留在监视单中，则说明可能需要对该风险或其处理方法进行重新评估。监视单中的内容应在各种正式或非正式的审查会议期间进行审查与评估。

7.4.3 风险报告

风险报告用来向决策者和项目组织成员传达风险信息、通报风险状况及记录风险处理活动的效果。风险报告的形式有多种，时间仓促时可以采用非正式的口头形式报告，而里程碑审查时则需要提出正式摘要报告，报告内容的详略程度按接收报告人的需要确定。风险报告由风险进程管理员进行记录，必要时还应当包括风险分析与管理过程的计划和实施阶段记录的重要事件，遇到的任何问题和发生的不可预见的风险，以及风险分析的结果和后续的风险分析与管理过程及其改进方法等。

成功的风险管理工作都要及时报告风险监控过程的结果。风险报告要求包括报告格式和频率，一般应作为制订风险管理计划的内容统一考虑并纳入风险管理计划。编制和提交风险报告一般是项目管理的一项日常工作。为了看出技术、进度、费用方面有无影响项目目标达成和里程碑要求满足的障碍，将风险报告纳入项目管理审查和技术信息，对项目管理办公室和其他外围单位可能很有用。尽管风险报告可以迅速地评述已辨识问题的整个风险状况，但是更为详细的风险状况可能还需要单独进行风险分析。

下面主要介绍两类风险报告：一类是在项目实施之前根据风险分析的结果进行汇总的风险响应计划；另一类是项目实施过程中的风险报告。

1. 风险响应计划

所谓风险响应，是指对一个风险事件所采取的行动，它是为减小风险发生的可能性或降低其有害影响的严重性而采取的行动。在项目实施阶段开始时，首先需要对当时所有已识别的风险进行详细记录，以便于进行项目实施过程中的风险监控，这种用于记录风险的文件通常称为风险响应计划（Risk Response Plan），有时也称为风险注册表（Risk Register）。风险注册表的主要内容包括：风险事件的简要描述、发生原因、发生的概率、对项目目标的影响、建议的应对措施、风险的责任人等。

例如，在某军用航空工程项目中，经过风险分析确认了在工程研制阶段的 14 个风险事件。在项目实施前将这 14 个风险事件详细地记录在一个风险注册表（见表 7-2）中。

表 7-2 工程研制阶段的风险注册表

序号	风险事件	风险事件发生的概率	风险的严重性	风险的等级	风险分析方法	风险应对措施
1	战术技术指标失当	0.5	III	低	头脑风暴法、主观概率法	承担或转移
2	双三角翼布局失误	0.7	II	中	FTA 法	避免或转移
3	机动襟翼系统失误	0.7	II	中	FTA 法	避免或转移
4	发动机失误	0.3	III	低	FTA 法	避免或转移
5	订货方案决策更改	0.3	II	中	头脑风暴法、经验分布法	避免
6	进度严重拖延	0.5	II	中	风险核对表法、外推法	避免
7	发生重大事故	0.1	I	高	风险核对表法、主观概率法	避免
8	费用超支	0.5	III	低	风险核对表法、外推法	承担
9	外部采购产品价格过高	0.5	III	低	风险核对表法	承担
10	计划不周	0.5	III	低	风险核对表法	承担
11	技术问题拖延	0.5	III	低	头脑风暴法、主观概率法	承担
12	生产质量问题拖延	0.5	III	低	头脑风暴法、主观概率法	承担
13	保障条件不适用	0.5	III	低	风险核对表法	承担
14	保障条件不具备	0.5	IV	低	风险核对表法	预防

在某些大型复杂项目中，随着项目的进展，风险事件的内容和处理方式都会发生变化。因此，必要时在项目的各里程碑节点处需要重新识别、分析下一个项目阶段的风险事件、风险分析结果和风险应对措施等。例如，我国的国防项目常在论证阶段、方案阶段、工程研制阶段和生产交付阶段对项目的风险进行分析并制订相应的计划。

2．项目实施过程中的风险报告

在项目实施过程中，有些已识别的风险事件将会发生，有些风险事件则可能没有发生，没有事先预料到的一些风险事件也可能发生。在整个项目实施过程中，风险事件的发生概率和影响程度也不是一成不变的，必须实时地将这些风险变化记录下来，以便于管理人员和决策者迅速做出反应。项目实施过程中的风险报告的形式是多样的，可以采用口头形式报告、正式书面报告，其详略程度可根据需要确定。

在一般情况下，可以按照固定时间间隔进行风险报告。表 7-3 所示为项目实施过程中的风险报告示例，它报告的是在项目实施过程中的某个节点上各项风险的状况信息。

表 7-3　项目实施过程中的风险报告示例

序号	风险事件	风险变化情况	状况/意见
1	无库存编目的备件	风险得到一定缓解	数据审查中，需要指定备件号
2	工程更新	风险减轻，风险等级由"中"降为"低"	数据已经审查，无须更新
3	备件和保障	风险减轻，风险等级由"高"降为"低"	备件清单已批准，无对策计划
4	经费申请的审批周期过长	风险得到一定缓解	
5	工程索赔	风险解除	问题得到解决
6	政府提供的设备缺乏后勤保障分析记录	风险无变化	承包商后勤保障分析计划提交，第二年重新安排进度
7	零件采购时机	风险减轻，风险等级由"高"降为"低"	进行工作分析，确定购买机会
8	设计成熟性	风险减轻，风险等级由"高"降为"低"	研究民用多路调制器接口
9	系统硬件接口定义	风险加重，风险等级由"低"升为"高"	天线、电缆布局引发风险问题

这个风险报告对于项目管理者和其他项目相关者实施项目是非常有用的。

7.4.4　挣值法

20 世纪 70 年代末，美国空军参与挣值管理方法研究，将其用于工期与成本的集成化管理。挣值是专门用来有效地度量、比较已完成作业量和计划完成作业量的一个变量，又称为项目实际完成工作量的预算成本价值。其实际意义是一个以价值单位为量纲，表示计划单位价格与项目已完成作业量乘积的中间变量，是进度和费用控制的核心依据。

1. 挣值分析基本要素

（1）三个基本数据。

① 计划工作的预算费用（PV）。

计划工作的预算费用是在指定的时间内，按进度计划规定完成应当完成的工作的预算费用，是反映计划预算的指标。

② 已完成工作的预算费用（EV）。

已完成工作的预算费用是在指定的时间内，已完成的工作实际消耗的费用，是根据统计出的已完成的工作按实际价格计算的费用，是反映项目实际执行情况的指标。

③ 已完成工作的实际费用（AV）

已完成工作的实际费用是对已完成的工作按实际价格计算的费用。

（2）两个偏差指标。

挣值分析中的两个偏差指标是指进度偏差和成本偏差，它们可以用数据计算，并且可以用货币形式表示。

① 进度偏差（SV）。

进度偏差是已完成工作的预算费用（挣值）与计划工作的预算费用之间的偏差，计算公式为

$$SV = EV - PV \tag{7-1}$$

② 成本偏差（CV）。

成本偏差是挣值与已完成工作的实际费用之间的偏差，计算公式为

$$CV = EV - AV \tag{7-2}$$

（3）两个绩效指数。

挣值分析中的两个绩效指数是指进度指数和成本指数，它们是对整个项目目标的完成情况的表示，用于评价项目绩效。

① 进度指数（SPI）。

进度指数是已完成工作的预算费用（挣值）与计划工作的预算费用之比，计算公式为

$$SPI = EV / PV \tag{7-3}$$

如果 SPI 小于 1，则表示进度落后了。

② 成本指数（CPI）。

成本指数是已完成工作的预算费用（挣值）与已完成工作的实际费用之比，计算公式为

$$CPI = EV / AV \tag{7-4}$$

如果 CPI 小于 1，则表示成本提高了。

（4）两个预测成本。

挣值管理的一项重要功能是用挣值绩效来预测未来项目成本的发展变化趋势，包括项目完成成本估计和项目剩余工作成本估计。

① 项目完成成本估计（EAC）。

项目完成成本估计是指在检查时刻估算的项目范围内规定的工作全部完成时的项目总费用。

根据每个项目的具体情况，挣值管理提供了三种不同的项目完成成本估计方法，具体如下。

a. 假定项目剩余部分成本按项目已发生成本的发展趋势变化的估计方法，计算公式为

$$EAC = AV + (PV - EV) / CPI \tag{7-5}$$

b. 假定项目剩余部分成本按项目计划成本（预算）的发展趋势变化的估计方法，计算公

式为

$$EAC = AV + PV - EV \tag{7-6}$$

c. 假定项目剩余部分成本按全新发展趋势变化的估计方法，计算公式为

$$EAC = AV + NETC \tag{7-7}$$

式中，NETC——对项目剩余工作的新估计值。

② 项目剩余工作成本估计（ETC）

项目剩余工作成本估计是指项目从检查时刻起到完工所需要的项目成本估算值，计算公式为

$$ETC = EAC - AV \tag{7-8}$$

综上所述，可以将挣值管理的指标归纳到表 7-4 中。

表 7-4 挣值管理的指标体系

指标		计算公式
评价指标	成本偏差	$CV = EV - AV$
	成本指数	$CPI = EV / AV$
	进度偏差	$SV = EV - PV$
	进度指数	$SPI = EV / PV$
预测指标	项目完成成本估计	$EAC = AV + PV - EV$ $EAC = AV + (PV - EV) / CPI$ $EAC = AV + NETC$
	项目剩余工作成本估计	$ETC = EAC - AV$

2. 挣值分析图

挣值管理的指标随项目进度发展的挣值分析曲线如图 7-4 所示。

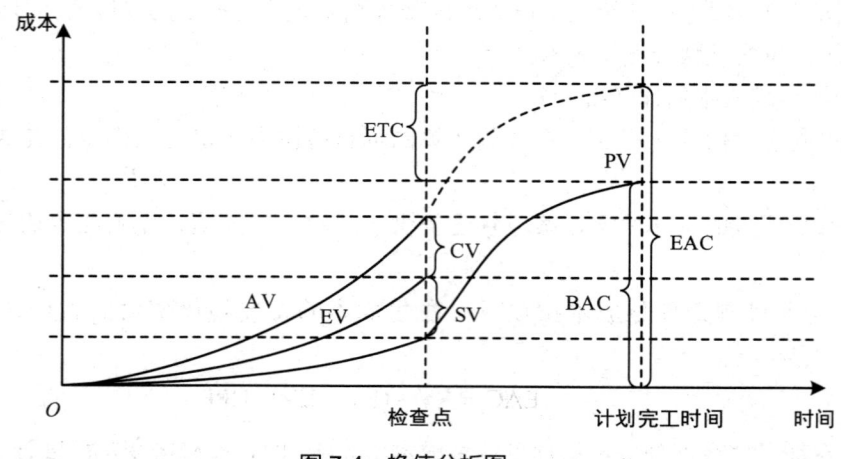

图 7-4 挣值分析图

3. 挣值管理系统的实现

（1）制订一个集成的基准计划。

根据项目工作范围内的分解结构、工作进度表和资源概算制订每个项目活动的基准计划，称为工作包成本控制计划（CAP）。整个项目的计划就是项目中每个具体 CAP 基准的总和。

（2）确定 CAP 的进度表。

所定义的每个 CAP 都应使用正式的进度制定系统来制定计划和进度表。

（3）CAP 绩效监测。

每个 CAP 都必须指定一个永久的监测人员及时、有效地监视每个 CAP 的绩效并形成报告。

（4）建立项目基准线。

项目基准线是指在各个具体的 CAP 综合的基础上，建立一个总的项目绩效测量的底线。

（5）根据项目的进度表测量项目进度绩效。

项目监测人员必须周期性地根据项目的进度表来测量项目进度绩效，即按照计划已经完成的项目活动。

（6）根据实际成本测量项目成本绩效。

项目监测人员必须阶段性地测量项目成本绩效，及时反映项目的挣值和达到此挣值的实际成本之间的关系。

（7）基于项目绩效的最终预测成本。

由于各个监测点项目绩效的变化，要求每监测一次就在项目绩效的基础上反复预测、修正最终成本。

7.4.5 风险监控系统

美国国防部从 20 世纪 70 年代起逐步建立起相对完善的风险管理流程，多年的实践使其深刻体会到：工程项目管理就是风险管理，只有使风险管理成为贯穿武器装备的整个生命周期的一个系统化过程，才能消除或最大限度地控制风险。在长期的风险管理实践中，美国国防部认识到风险监控在项目管理中的重要作用：一是通过制定采办政策和采办策略，督促承办方尽早确定风险管理策略并在整个生命周期内始终注意风险问题，积极主动地开展风险管理工作；二是为加强使用方对项目风险的监控力度，在批准进入下一个采办阶段之前，在各个里程碑决策点应对项目计划的风险和风险管理方案进行明确的评估。美国知名的跨国公司——大西洋富田公司，在确定其分承包商方式、部门职责、质量控制、进度控制、文件控制、保险等时都提出了严格的要求，以便对管理活动和施工作业进行全过程、全方位的监控。因此，针对风险贯穿项目整个生命周期的实际情况，有必要对项目实施过程中的各种风险（已识别的或潜在的风险）进行全寿命、全系统管理，建立包括组织、政策、规章、人员、技术、方法、信息系统等要素在内的风险监控系统，采用各种方法对风险进行管理，从而保证项目有效果、有效率地实现预定的目标。

所谓风险监控系统，是指依托风险监控组织及风险监控人员，按照制定的风险监控规章，

能源项目风险管理

运用各种技术、方法和手段，对项目活动中存在的各种风险因素及危机现象进行持续监测、预防、控制和应急处置的一种组织与技术系统。图 7-5 所示为风险监控系统及其作用关系。风险监控系统通过风险信息采集、风险信息分析、风险预警及风险控制决策，动态地掌握风险及其变化情况，跟踪并控制风险，确保高效地实现项目目标。

1. 风险监控组织及风险监控人员

风险监控是风险管理的有机组成部分，不是附加的或需要单独执行的工作。因此，风险监控的组织形式应与整个项目风险管理的组织形式一致。一般来说，风险管理组织形式有集中式和分散式两种，如图 7-6 和图 7-7 所示。

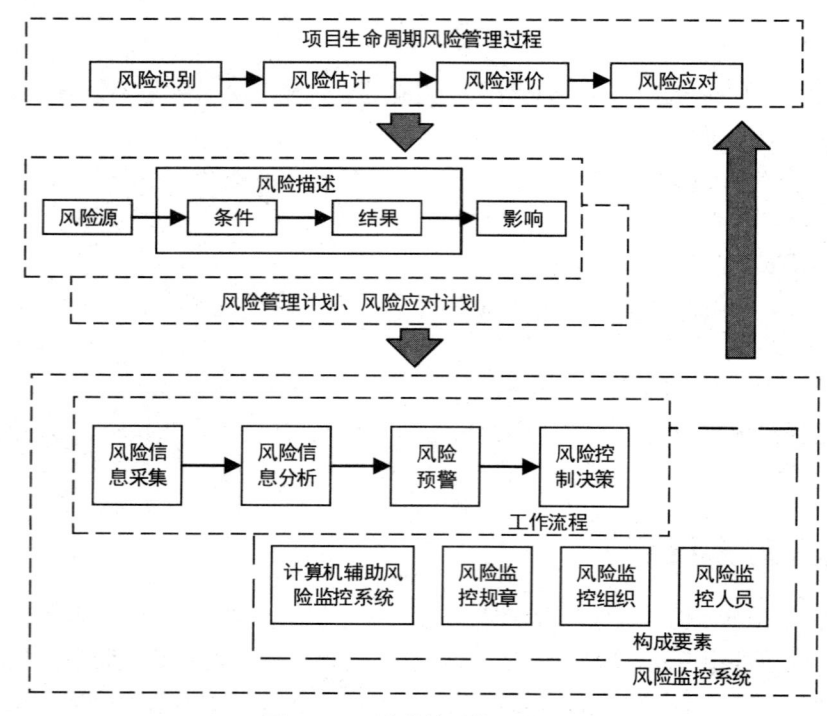

图 7-5　风险监控系统及其作用关系

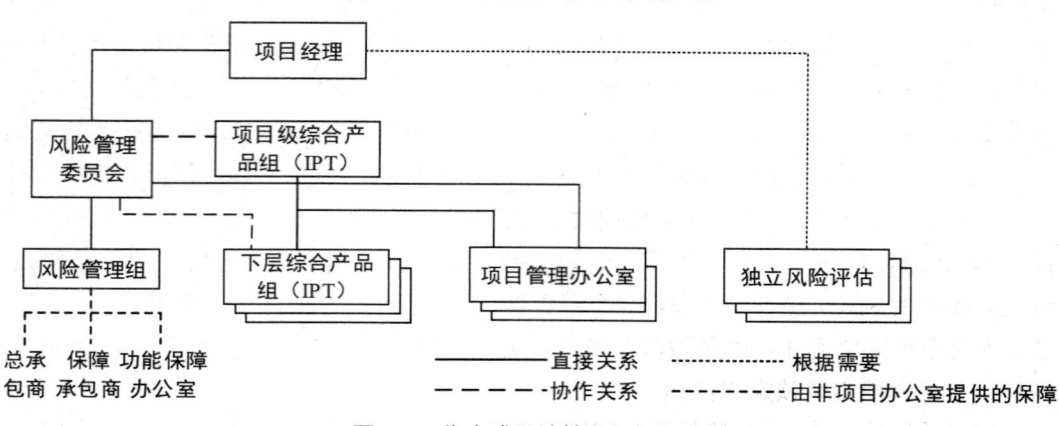

图 7-6　集中式风险管理组织形式

图 7-7　分散式风险管理组织形式

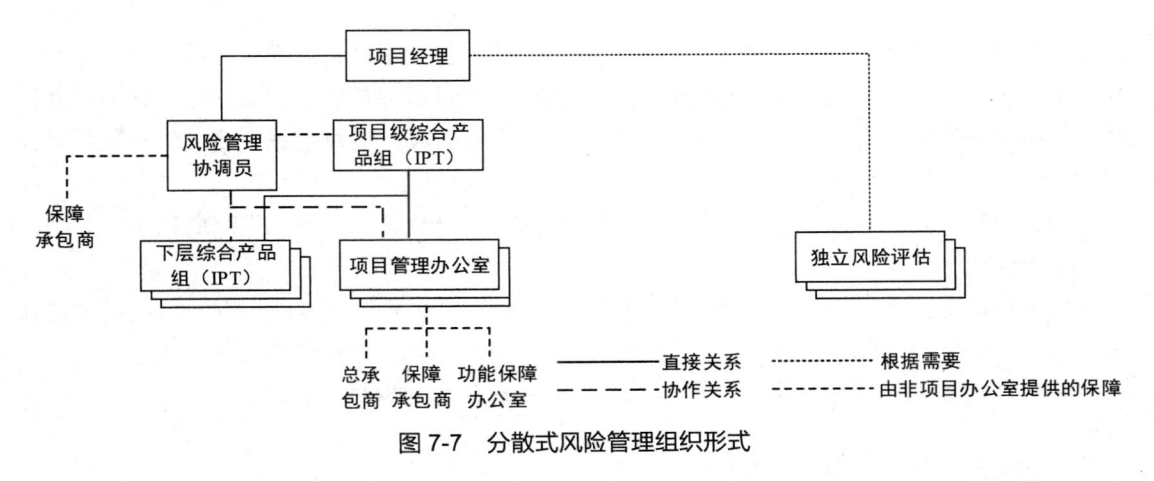

在项目管理中，由项目经理负责风险管理的实施。一般在项目开始阶段，项目经理可先选用集中式风险管理组织形式，直到所有项目组成员都熟悉项目和风险管理过程以后，再采用分散式风险管理组织形式。

在集中式风险管理组织形式中，项目经理要组建一个专门的风险管理组，以负责风险管理的所有工作，包括监控风险管理工作的进展情况。在分散式风险管理组织形式中，风险管理工作被委托给各个项目级综合产品组，要求所有人员在其日常工作中都要考虑风险管理及监控问题，设一名风险管理协调员协助项目经理履行职责，并和下层综合产品组、项目管理办公室和项目级综合产品组共同协调监控工作。

风险监控活动必须是具体的，应将责任落实到人。项目经理是进行规划、分配资源和执行风险监控的最终负责人，因此要求项目经理负责构建风险监控系统、制定风险监控规章、检查和参与风险监控过程，确保风险监控系统有效运行。同时，风险监控是一项团队工作，这是因为风险具有广泛性，并且风险监控会影响风险管理的其他计划和行动。总体来说，风险监控对所有的风险管理活动和组织都有影响，应依靠项目管理办公室各组织和总承包商的团队工作，通过加强机构、项目管理办公室各组织及总承包商之间的联系来促进团队的风险监控工作的顺利进行。

2. 风险监控规章的制定原则

风险监控要依靠人员、组织、方法及计算机信息处理技术来实施，应考虑如何将这些因素有机综合以实现风险监控的科学化和有序化。因此，在构建风险监控系统时，应同步完善相应的规章，促进风险监控系统有效地运行。一般来说，风险监控规章的制定应遵循以下原则。

（1）专业分工与协作统一。风险监控专业性很强，在明确各综合产品组的目标、任务、职责的基础上，还要强调协作，即要明确其协调关系和协调方法。

（2）权责一致。在风险监控过程中，应明确划分职责、权力范围，做到责任和权力相一致，使整个风险监控系统正常运行。

（3）经济效率。应将经济性与高效率放在重要地位。风险监控系统中每个机构、每个人为实现风险监控目标要实行最有效的协调，使各项工作简洁而正确，减少重复和推诿。

能源项目风险管理

（4）动态全过程监控。项目风险不是一成不变的，而是随项目的进展、环境和条件的变化而变化的。这就要求在风险监控过程中注意收集与项目有关的各种信息，对信息进行处理后，从中识别新的风险或排除不会发生的风险，制定新的风险应对措施，使风险监控具有针对性。

（5）对拟采用的风险防范和应对措施进行比较分析，优选"效费比"高的措施，并确保其有效性。

（6）将信息的获取与加工作为一项重要工作。能否对风险进行及时、有效的监控与信息的全面性和及时性有密切关系。尤其现代工程项目涉及的风险因素繁多，风险信息量大，因此要求在风险监控过程中各职能部门紧密合作，保证信息的流畅和共享。

3. 计算机辅助风险监控系统

风险信息及其管理利用在风险监控中起到至关重要的作用。因此，运用计算机信息处理技术开展风险监控工作成为风险管理的发展趋势之一。除具有前面介绍的风险预警功能以外，计算机辅助风险监控系统还可最大限度地实现风险监控工作的自动化，从而提高其效率和效能。具体地，计算机辅助风险监控系统应具有如下能力。

（1）对项目全生命周期风险持续监控的支持。风险是其各种影响因素的函数，由于这些影响因素在项目生命周期各阶段是动态变化的，因此风险具有时变性，要求在项目全生命周期内对其进行持续监控。特别是大型工程项目，由于新技术、新材料、新工艺及软件的综合作用，这些项目中往往包含着人类尚未把握的风险，需要通过持续监控进行发现与认识并加以控制。

（2）对项目全要素风险监控的支持。项目的风险类型众多，涉及多种多样的风险源，它们之间也存在复杂的相互关系，导致风险具有很大的不确定性。因此，应综合考虑项目关联的各种风险要素，通过建立其与项目目标的作用关系，动态监测和评估其影响，实现对风险的优化控制。

（3）对风险监控全流程的支持，主要包括对风险信息采集、风险信息分析、风险预警、风险控制决策等风险监控工作的全面支持。例如，风险信息采集包括从信息源提取数据、信息更新、信息归类、剔除无用信息等；风险信息分析包括风险来源及类型统计、风险趋势预测、风险因素影响重要度计算、风险仿真评估等；风险控制决策包括控制策略确定、控制方案评价与优化、风险管理计划调整及建议等。

（4）对风险监控技术综合运用的支持。可用于风险监控的技术很多，其应用取决于项目进展、风险类别、风险变化等条件或时机及其自身的适用性，应尽可能提供信息化的辅助工具支持各种风险监控技术的综合运用，减轻风险监控人员的负担，提高风险监控效率。

（5）对各种风险监控组织及人员的支持。使担负不同风险监控职责的组织和人员能并行工作，协作达成风险监控目标。

此外，计算机辅助风险监控系统作为风险管理系统的有机组成部分，应注意解决相关的过程和数据接口问题，以确保协同一致地开展风险管理工作，实现风险信息共享。

图 7-8 所示为计算机辅助风险监控系统的组成，该系统包括三个层次。

第一层为用户层，主要为各类风险监控人员提供使用系统的人机交互界面，满足不同的应用要求。

第二层为应用层，主要用于支持实现风险监控流程的各项工作。外部接口用于实现风险信息共享。

第三层为数据层，其中数据库用于管理风险信息，模型库用于管理风险模型，方法库用于管理各种风险监控方法。

各个层次间通过内部接口实现交互操作，支持功能模块的独立实现，这使计算机辅助风险监控系统具有开放扩充性。

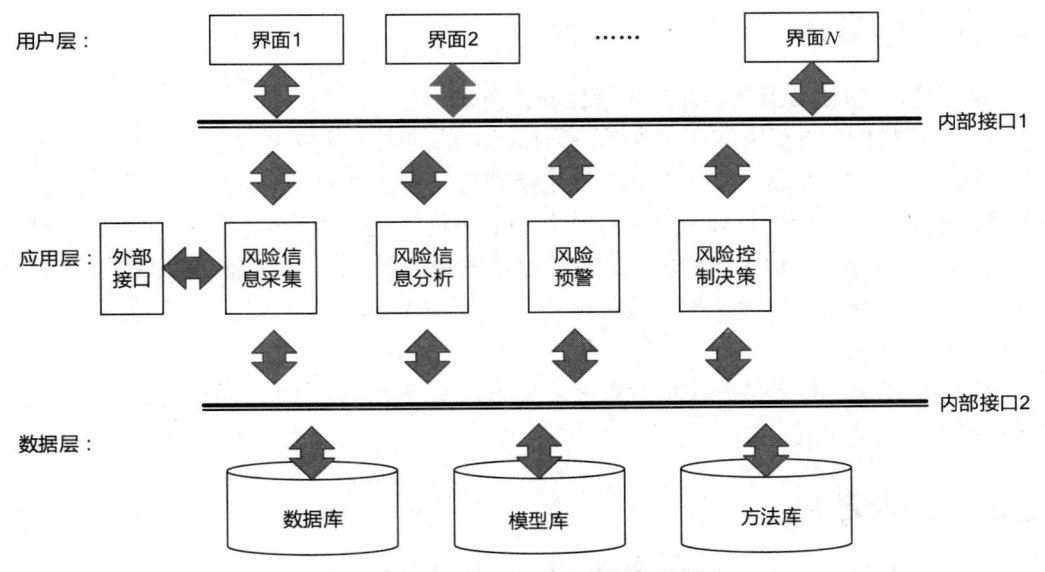

图 7-8 计算机辅助风险监控系统的组成

7.5 能源项目风险监控的成果

7.5.1 更新的风险记录手册

对前期输入的风险记录手册进行更新的内容包括以下 6 个方面。

（1）风险应对计划更新。风险可能发生，也可能不发生。当风险发生时，应当形成记录并进行评估。实施风险监控，一方面要验证已识别风险的影响或发生概率，另一方面为了恰当地控制新的重大风险，风险级别应根据监测结果重新评估。未曾发生的风险应当记录在案，并在风险应对计划中加以注销。

（2）风险数据库。风险数据库是汇集、维护与分析风险管理过程中搜集与使用的数据的存储设施。风险数据库有助于风险管理组织进行风险管理，并且随着时间的推移会逐渐形成一个包括风险管理方面所有经验教训的资料库。

（3）风险核对表更新。根据经验和实际情况更新的风险核对表有助于进行未来项目的风险管理。

（4）对相关元素进行更新后，可能会减少需要进一步监测的风险。

（5）风险监测的实际结果与采取风险应对措施后的结果之间的差异，为未来项目的风险规划提供依据。如果出现风险应对计划中未曾预计的某项风险，或者风险对项目目标的影响大于预期，则原先所制定的风险应对措施可能估计不足，有必要进行额外的风险应对规划，以控制此项风险。

（6）额外的风险识别与分析。在对项目绩效进行量度与报告时，以往未曾识别的潜在风险有可能显现出来，对这些风险应进行风险管理过程的常规分析。

7.5.2 行动措施

风险监测后的行动措施包括纠正措施和预防措施。

（1）纠正措施。纠正措施是指为了使项目活动的未来预计效果与项目管理计划保持一致而对实施的项目工作所做的书面指示。纠正措施有应变计划和权变措施。应变计划是指对以往未曾识别或未曾接受的风险采取未经计划的应对措施。权变措施是指对一个不利的风险事件的处理，它同应变计划不同，在不利风险事件发生之前，在制定风险应对措施时没有考虑到。权变措施应恰当地记载并纳入项目计划和风险应对计划。可行的纠正措施是项目整体变更控制过程的依据。

（2）预防措施。预防措施是指对未来风险的预先行动，以满足项目管理计划的变更需要和项目前馈控制的需要。

7.5.3 变更请求

变更请求是指扩大或缩小项目范围，修改方法、过程、计划或程序，修改预算费用或进度表的请求。应变计划或权变措施实施的结果往往是要求变更项目计划，以便应对风险，一般以书面的形式发出变更请求，该变更请求通过项目整体变更控制进行管理。由风险监控获得的全程变更控制的主要内容如下。

- 监控造成项目变化的主要因素，如人员、资金、材料、管理等，并尽量使这些因素向有利的方向发展。
- 根据对变更影响进行监控的结果来判断项目范围变化是否已经发生。
- 一旦项目范围变化已经发生，就要采取一系列实际的行动措施，如应变计划、基准计划修订等，以适应项目范围的变更。

7.5.4 更新的项目管理计划

如果批准的变更请求对风险管理过程存在影响，则应对项目管理计划的相应组成部分进行修改并重新签发，以反映审定的变更。

7.5.5　更新的组织管理知识

每个项目风险管理过程产生的信息都应该用于更新和补充组织管理经验库，供未来的项目使用和参考。在风险监控阶段产生的更新内容主要有以下 5 个方面。

- 风险管理模板，包括风险概率-影响矩阵和风险登记册，可在项目收尾时更新。
- 可对风险形成记录并对风险分解结构进行更新。
- 在风险管理活动中获取的经验教训，有助于使组织经验教训数据库更加丰富。
- 有关项目活动实际费用和持续时间的数据可加入组织数据库。
- 风险核对表、风险应对和应急计划等。

分析案例

石油化工智慧安监方案：AI 视频智能识别安全风险预警平台建设

石油化工行业属于高温、高压、易燃、易爆、有毒的危险性行业，具有生产装置大型化、密集化，生产工艺复杂、生产过程紧密耦合等特点。随着互联网技术的发展，运用先进的 AI、物联网、大数据、云计算等技术手段不断提高石油化工行业的安全监管水平，已成为行业的发展趋势。

基于 AI 检测技术，可以对石油化工行业监管场景中的脱岗/离岗、抽烟、防护装备穿戴、明火、液体/气体跑冒滴漏、人员入侵等危险/违规行为进行监测与自动预警。通过 AI 视频处理技术助力企业安全生产，可以及时发现安全隐患，提高管理水平，采用 AI 与人力协同的方式，可以提高监管效率、解放人力。

TSINGSEE 青犀视频智能分析系统以 AI 视频智能识别与分析能力为核心，通过对监控视频进行智能识别与分析，可提供人脸、人体、车辆、烟火、物体、行为等的识别、抓拍、比对、告警等服务，对石油化工行业监管场景中的异常及违规现象进行精准研判、辅助决策等，满足企业基于视频服务的数据感知、智能检测、智能分析、智能告警等需求。

在石油化工行业的监管场景中，TSINGSEE 青犀视频 AI 算法可对重点监控区域进行 AI 场景智能检测与分析，对未按规定佩戴安全帽并着劳保服装、单人进入危险区域、人员作业站位不规范、爆炸危险区人员接打电话、禁烟区域人员抽烟、吊装作业违规等场景实施智能分析预警、降低现场风险、分级管控等措施，通过 AI 算法达到防患于未然的目的。

1. AI 视频智能分析技术

（1）通用性智能检测。

防护装备穿戴检测：针对危化工厂场景中的工作人员防护装备穿戴是否合规进行检测，包括安全帽检测、工作服检测、安全带检测等，若检测到工作人员防护装备穿戴异常，则立即触发告警并进行记录。

车辆检测：支持对视频画面中的危化品车辆进行抓拍、检测与识别，具体包括车辆驶入、驶离、停放位置等的检测。

人员行为检测：识别人员行为，包括人员倒地、抽烟、打电话、玩手机、在岗/离岗等的检测。

消防安全检测：包括烟火识别和消防器材检测。烟火识别包括对危化企业的消防安全场景进行智能化监管，检测固定区域监控画面内是否存在烟雾、火焰等消防隐患，当识别到烟雾时，立即触发告警并进行记录。消防器材检测包括消防器材放置检测、消防器材拿出或缺失检测等。

警戒区入侵检测：检测视频划定区域内是否有人员闯入。

（2）专业性智能检测。

装卸过程安全检测：对危化品车辆的充装作业进行全流程安全检测，包括装卸前、装卸中、装卸后的检测，对操作过程中是否存在违规现象及行为进行实时检测与预警，包括挡车牌检测、装卸前阀门检查动作检测、防溜车垫木放置检测等。

跑冒滴漏检测：实时检测液体是否泄漏（可见光检测）、非常温液体是否泄漏（红外热成像检测）等。

2. 视频融合技术

安防监控/视频汇聚/视频监控 EasyCVR 视频融合平台可将化工厂内各个区域部署的摄像头快速、便捷地接入，实现分散视频监控资源的统一汇聚与集中管理，并采用设备树进行分组、分级管理，达到监控中心统一、集中、高效监管的目的。

EasyCVR 视频融合平台支持多协议（GB/T 28181、RTMP、RTSP/Onvif 协议、海康 Ehome、海康 SDK、大华 SDK、宇视 SDK、华为 SDK、萤石 SDK、乐橙 SDK），多设备接入，实现海量资源的轻量化接入、统一的设备管理、配置控制和分析应用。利用部署在各个区域的摄像头提供的监控视频，可对化工厂的充装、装卸、停泊、储存、停车等各个环节进行监管。该平台支持单画面、多画面显示，可选择任意一路或多路视频观看，视频窗口数量有 1 个、4 个、9 个、16 个可选。

将设备采集的数据经 AI 检测分析后统一汇聚至 EasyCVR，并进行数据分析与统计的可视化结果展示，构建基于 AI 视频智能识别技术的石油化工企业安全风险预警平台。

TSINGSEE 青犀视频智能分析系统基于 AI 识别技术，可自动实时检测危化品企业安全生产过程（通用安防场景、码头管理、仓库管理、SOP 全流程、装卸车流程、动火作业、高处作业等）中的人、车、物、行为等，能准确识别出异常事件并及时预警，对安全生产过程进行全面智能感知、主动预警、辅助决策。

资料来源：音视频流媒体直播. 石油化工智慧安监方案：视频 AI 智能识别安全风险预警平台建设.（2023-09-01）。

讨论题：

1. 简要分析 AI 视频智能识别安全风险预警平台的重要性。
2. 阐述 AI 视频智能识别安全风险预警平台在应用中应注意的问题。
3. 分析 AI 视频智能识别安全风险预警平台可对哪些风险进行监控，以及是怎样做的。

复习思考题

1. 什么是风险监视和风险监控？两者有什么区别？各能解决什么问题？

2．风险监控的依据和成果包括哪些内容？

3．风险监控为什么要采用系统的项目管理方法？试结合项目管理实际情况进行说明。

4．列出两种可用于提供不可接受风险通知的触发器。举例说明每个触发器是如何启动风险行动计划的，哪些人会收到通知及以何种方式收到通知。

5．某软件公司承接了某省政府机关办公自动化系统的研发项目，该系统将覆盖省政府机关各部门，以提高机关办事效率。项目研制周期为 1 年，项目总投资为 1000 万元。试对该项目进行风险管理分析，开展风险识别、风险估计、风险评价、风险应对、风险监控等研究工作，制订风险管理计划、风险应对计划。

6．你认为应如何监控风险管理储备？请说明原因。

第 8 章 能源项目技术风险管理

引导案例

干燥多风的春季是火灾多发季节,很多光伏电站,特别是单玻光伏电站要谨慎防范火灾,安全是光伏电站的根本,也是获得投资回报的前提。

2020 年 2 月 2 日,山西运城稷山县太阳能光伏电站项目所在的山坡上发生火灾;2018 年 4 月 19 日,安徽铜陵某地面光伏电站发生火灾,整个电站一片狼藉,光伏组件基本被烧光,只剩下一些凌乱散落的金属支架;2015 年 5 月,苹果公司一直引以为傲的位于亚利桑那州 Mesa 的工厂屋顶突然起火,起火点是大楼屋顶的光伏组件,现场浓烟四起,光伏组件被烧毁……

桩桩件件的火灾触目惊心!随着光伏装机容量的逐年攀升,逆变器、汇流箱、大电流光伏组件及光伏电站的应用场景越来越复杂,导致火灾潜在隐患增多。除外部原因导致的火灾以外,光伏系统自身的火灾隐患更需引起重视。

1. 火灾发生的原因分析

(1)设备演进,进一步带来火灾隐患。

为了进一步降低光伏电站的度电成本(LCOE),光伏组件呈现大功率、大电流趋势。随着硅片尺寸越做越大,以及电池效率越来越高,光伏组件电流不断增大成为必然趋势。我们看到,光伏组件电流越来越大,逆变器功率或汇流箱对应的组串数量也不断增加。随着光伏直流侧系统功率和电流增大,故障起火风险也越来越大。当发生故障时,在故障点产生的短路电流也相应增大。根据焦耳定律 $Q = I^2Rt$ 可知,电流增加 1 倍,(假设电阻值 R 和时间 t 不变)短路点热效应 Q 增加 3 倍,起火的风险也极大地增加。未来,光伏直流侧系统功率将进一步增大,传统方案的保护功能却没有得到任何的改进与升级,完全没有跟上系统功率演进的节奏。这个问题的解决,已经刻不容缓了。

(2)光伏电站的应用场景越发多样化、复杂化。

光伏电站的应用场景从荒漠走向农光、渔光、山地、屋顶,涵盖光伏+建筑、光伏+农业、光伏+山地、光伏+渔业等多个复杂场景。当"光伏+"越来越丰富时,火灾就成为最大的安全隐患。一旦光伏电站发生火灾事故,不仅会引发电站成本、发电收益损失,严重时还会造成建筑损坏及人身伤害。秋末冬初,山地电站光伏组件下方布满枯草,山火导致的损失难以估量，因此对防火的要求必然更高；农光电站、屋顶光伏等场景光伏组件通常布置在大棚或建筑物上方，且与人员的接触更加紧密，线缆或逆变器短路引发的火灾将对人身及财产安全产生极大的威胁。

2. 防患于未然，需要系统方案升级配合

如前文所述，未来光伏组件电流的增大、汇流箱对应的组串数量的增加是大势所趋。同时，随着逆变器功率密度的增加，电流反灌时的能量也增大，进而导致光伏组件—线缆—逆变器整个电站系统的安全风险增加。这倒逼系统与时俱进，进行创新，以迎合这个趋势，保障电站安全。

当前的集中式方案一般使用 16/24 路直流汇流箱对光伏组件功率进行汇集，采用支路熔丝和汇流箱断路器进行保护，由于光伏组件短路电流仅为额定电流的 1.1 倍，无法达到熔丝和断路器的保护电流，因此现有的直流保护器件均无法动作。具体原理如下。

16/24 路直流汇流箱的工作原理如图 8-1 所示，A 点发生短路故障，故障回路中 QF1 为汇流箱的断路器，额定电流为 500A，由于光伏组件的短路电流在 480A 左右，因此 QF1 一直不会脱扣，持续输出直流能量到故障点，维持电弧燃烧，扩大火灾事故范围。

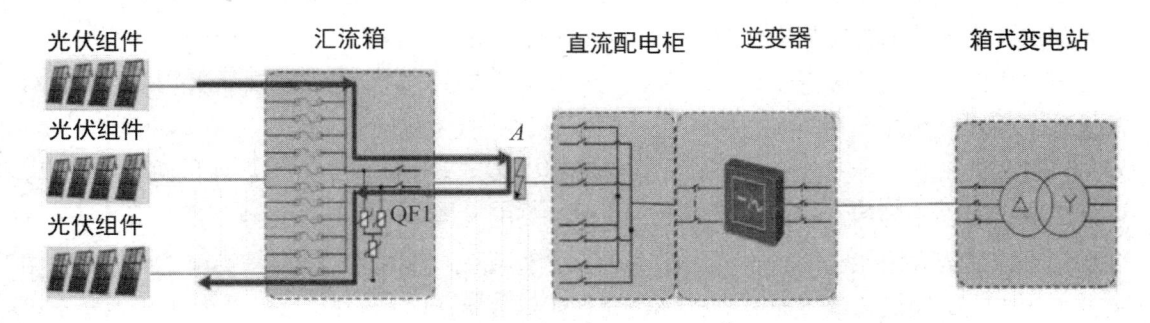

图 8-1　16/24 路直流汇流箱的工作原理

集中式方案由于直流回路长、汇流路数多、级联路数多，因此除上述短路故障点 A 以外，汇流箱、直流配电柜内部都可能发生类似故障，风险较组串式方案更大。

当前的组串式方案虽然不存在汇流箱后端短路的问题，但是当逆变器内部出现极端故障时，如内部 IGBT 故障造成直流母线短路，逆变器无法分断直流输入能量，大量的能量在故障点积累可能导致问题持续加重，严重时将导致炸机、起火等事故。

逆变器炸机、起火后，明火或高温的电解液溢出，又极易引发枯草、大棚、屋顶等起火燃烧，扩大火灾事故范围。这样的案例并不少见。

3. 光伏电力：更安全、更便宜，两手都要硬

针对户用光伏场景，部分国家、地区已经出台相关标准。国内部分省市的建筑行业也在推行类似标准，即屋顶光伏要具备 RSD 功能，在每个光伏组件后面加优化器，可以实现组件级关断，在后级出现短路等故障时，优化器可以分断光伏组件的能量，继而避免故障范围

进一步扩大。这种方案可以较显著地提高系统安全性，但是由于当前优化器成本仍然较高，因此尚无法在大型电站及较大型工商业电站上普遍应用。然而，随着光伏发电的快速发展、普及，光伏电站的火灾问题将会成为行业隐患，光伏电站的安全性必须引起全行业的高度重视。如何解决安全问题，又不提高光伏发电的 LCOE 呢？对此行业需要提出创新性的解决方案，并完善相关标准，让后续的光伏电站能真正落实相关要求，真正使光伏电站实现安心无忧，让我们的碳中和之路走得更稳、更踏实。

资料来源：瑞元天科．科普|春风起 光伏电站防火正当时．（2021-03-06）．

8.1　能源项目技术风险管理的概念内涵

8.1.1　技术风险的含义

项目目标是以规定的费用按规定的时间交付达到规定要求的产品。其中，产品能否达到规定要求即对应着项目的技术风险。具体来说，技术风险是指在预定的约束条件下，作为项目结果的产品达不到要求的性能或技术指标的可能性及差额幅度。能源项目一般涉及众多的技术问题，这些技术有些是成熟的，有些是不十分成熟的，有些是要独立研究与开发的，有些是要引进的，在运用这些技术的过程中不可避免地存在不确定性，特别是复杂技术问题常常导致产品难以满足预期的各种要求。在能源项目中，技术风险是一个极为重要的风险因素。例如，过高的性能指标可能会迫使设计余量减小，大量采用新技术会增加项目的技术风险。以太阳能光伏电站为例，一些项目可能会设置过高的发电效率目标，导致采用了成本更高、技术尚不成熟的太阳能电池技术，从而增加了技术风险。类似地，在项目实施之前，如果相关技术尚未完全突破或缺乏充分的预先研究和成熟性验证，就可能会面临生产过程中缺乏可靠技术支持的困境。

设计失误和考虑不周也是能源项目中的常见技术风险。例如，在核能发电项目中，设计失误可能导致核反应堆运行异常，从而造成严重的安全事故。此外，工艺技术水平无法保证生产需求的情况，在石油天然气开采项目中也有所体现。如果油气勘探项目中使用的注水工艺技术水平不足，或者未能达到要求苛刻的工艺技术标准，则可能会导致生产不出产品或成品率低、废品增加，甚至会对环境造成灾难性影响。

原材料和元器件质量的问题也是能源项目中不可忽视的技术风险因素。以风力发电项目为例，如果使用的风力发电机组中的关键元器件质量达不到要求，则可能会导致发电机组频繁故障，降低项目的可靠性和稳定性，增加维修成本和困难度，最终影响项目的运营效益。因此，在能源项目中，对技术风险的有效管理和控制至关重要，需要在项目实施前进行充分的技术评估和风险分析，确保项目能够顺利实施并取得预期效果。

技术风险在能源项目中是客观存在的，进行有效的技术风险分析与管理是能源项目取得成功的基本保障。

8.1.2　技术风险管理的概念

风险管理概念最早出现在第一次世界大战之后，并逐渐引起人们的重视，形成风险管理这一新兴学科，其应用范围不断扩大。1986 年，风险管理进入项目管理九大知识领域。Chicken 和 Posner 认为，风险是损害和对损害的暴露度两种因素综合的结果。杜端甫认为，风险是指损失发生的不确定性，是对未来的不确定性可能引起的后果与预定情况发生多种负向偏离的综合。风险是项目执行过程中普遍存在的现象，具有客观性、突发性、多变性、无形性等特征，按照来源可以划分为自然风险和人为风险，人为风险又可以细分为技术风险、经济风险、组织风险、政治风险等。在项目执行过程中由于技术的不足或缺陷等给项目带来的影响或危害称为技术风险。技术风险的主要表现形式为成本的增加或进度的拖延，一般采用风险时间和风险成本这两个变量来度量项目的技术风险。技术风险管理主要应用在具有复杂技术背景的工程项目中，是风险管理的重要组成部分，主要研究技术从研发、设计、实施到应用整个过程中所有可能遇到的风险识别、量化和控制问题。任何项目中都存在技术问题，尤其是创新技术工程转化类项目，涉及多种技术的集成，这些技术有些是成熟的，有些是不十分成熟的，有些是要独立研究与开发的，有些是要引进的，在运用这些技术的过程中不可避免地存在各种技术风险。可见技术风险在项目中是客观存在和不可回避的，因此进行有效的技术风险管理是项目成功的基本条件。技术风险管理是对在项目全生命周期中由于技术的缺陷或不足等给项目带来的影响或危害进行系统管理的过程，这个过程是一个连续的、动态的闭路循环过程，与一般的风险管理过程类似。从技术风险管理的特点入手，其管理过程主要包括确定风险基线、风险识别、风险量化、风险控制四个步骤。对项目实施技术风险管理，可以使风险管理人员进一步深入理解项目和风险，认识到各个方案的优缺点，还可以提高项目计划的可执行度，以及项目组织间的沟通效率，从而有助于风险管理人员更有针对性地编制应急计划，灵活组合各种风险处理方式，为以后的规划和设计工作提供反馈。技术风险管理工作的深入进行，可以使项目决策更有把握，推动项目组织积累风险相关资料和数据，从总体上减少风险事件的发生，保证项目目标的顺利实现。

根据项目的特点和要求，在技术风险管理中，通常用两个量来度量技术风险，即风险时间和风险成本。风险时间是指项目（含产品）从危害中恢复所需要的矫正时间和需要矫正行为概率的乘积，它本质上是一个数学期望（平均值），是指从危害中恢复过来所需要的平均时间。风险成本是指项目（含产品）从危害中恢复所需要的矫正成本和需要矫正行为概率的乘积，它与风险时间一样也是一个数学期望，是指从危害中恢复过来所需要的平均成本。另外还有两个基本的量，即基准时间概算和基准成本概算，它们是进行技术风险量化和控制的基础与标准。基准时间概算是指完成产品开发和生产的初始概算时间；基准成本概算是指完成产品开发和生产的初始概算成本。它们与风险时间概算、风险成本概算、风险时间及风险成本之间存在着如下的关系：

风险时间概算 = 基准时间概算 + 风险时间

风险成本概算 = 基准成本概算 + 风险成本

8.1.3　技术风险管理的作用

由于技术风险影响的广泛性，因此开展技术风险管理是十分必要的，其作用主要体现在以下几个方面。

（1）通过进行技术风险分析，风险管理人员可加深对技术风险的认识与理解，权衡各方案的利弊，了解技术风险对项目的影响，以便减少或分散技术风险。

（2）通过检查和考虑所有到手的信息、数据和资料，可明确项目的各有关前提和假设。

（3）不但可以提高项目计划的可执行度，还有利于提高项目组织间的沟通效率。

（4）编制应急计划时更有针对性。

（5）能够将处理风险后果的各种方式更灵活地组合起来，在项目管理中减小被动性，增加主动性。

（6）有利于抓住机会、利用机会。

（7）为以后的规划和设计工作提供反馈，以便在规划和设计阶段采取措施防止或避免风险损失。

（8）即使风险无法避免，也能够明确项目到底能承受多大损失或损害。

（9）为项目施工、运营选择合同形式和制订应急计划提供依据。

（10）通过深入研究和了解情况，可以使决策更有把握，更符合项目的方针和目标，从总体上减少风险，保证项目目标的实现。

（11）可推动项目执行组织和管理人员积累有关风险的资料、数据，以便将来项目管理工作的改进。

8.2　能源项目技术风险管理过程

技术风险管理是人们对由于技术上的不足或缺陷等给项目带来的影响或危害进行规划、识别、估计、评价、应对和监控的过程，它是对项目目标的主动控制。技术风险管理贯穿项目生命周期的始终，了解和掌握技术风险的来源、性质及发生规律，强化风险意识，进行有效的技术风险管理，对项目的成功具有非常重要的意义。技术风险管理是一个动态的、连续的闭路循环过程，它与一般的风险管理过程类似，也具有风险规划、风险识别、风险估计、风险评价、风险应对、风险监控 6 个阶段和环节。本节主要从技术风险管理的特点入手介绍技术风险管理过程，主要包括确定风险基线、风险识别、风险量化、风险控制 4 个步骤，如图 8-2 所示。

从图 8-2 中可以看出，技术风险管理的基本流程与风险管理的一般过程是对应的，重复的部分不再叙述。确定风险基线是在进行风险规划的前提下进行的，可以作为风险管理计划的一部分。风险识别、风险量化同风险管理的一般过程相似。风险控制包含风险估计、风险评价、风险应对、风险监控的过程。下面分别介绍各个过程的主要工作内容。

```
┌─────────────────────────┐
│      确定风险基线         │
│  建立项目的WBS           │
│  绘制项目或产品的网络图   │
│  进行网络优化            │
│  确定基准时间概算         │
│  确定基准成本概算         │
└─────────────────────────┘
```

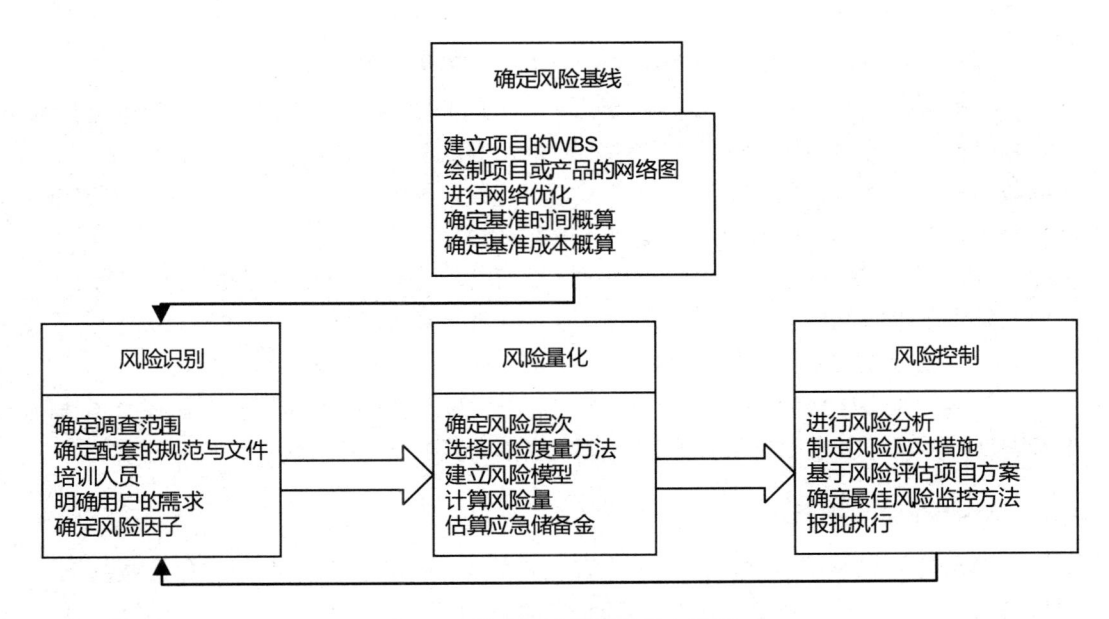

┌──────────────┐   ┌──────────────┐   ┌──────────────┐
│   风险识别   │   │   风险量化   │   │   风险控制   │
│ 确定调查范围 │ → │ 确定风险层次 │ → │ 进行风险分析 │
│ 确定配套的规范与文件│ │ 选择风险度量方法│   │ 制定风险应对措施│
│ 培训人员   │   │ 建立风险模型 │   │ 基于风险评估项目方案│
│ 明确用户的需求│   │ 计算风险量   │   │ 确定最佳风险监控方法│
│ 确定风险因子 │   │ 估算应急储备金│   │ 报批执行   │
└──────────────┘   └──────────────┘   └──────────────┘

图 8-2　技术风险管理的基本流程

8.2.1　确定风险基线

风险规划就是技术风险管理的一整套计划，主要包括定义项目组织及成员风险管理的行动方案及方式，选择合适的技术风险管理方法，确定风险判断的依据等。风险规划用于对风险管理活动的计划和实践形式进行决策，它的结果是整个项目风险管理的战略性和全生命周期的指导性纲领。本节重点介绍风险规划的核心——确定风险基线。

本书将技术风险管理的大部分内容描述为偶然事件分析，也就是说，探究将来发生的事件的 what-if（如果将来发生了某一事件会造成什么后果）推论，并且估算行为的各种不同过程。这样的任务要求以某种形式的基线作为研究的出发点。在技术风险管理中使用了两种基线：时间基线和成本基线。基线是指要开发和生产的产品、用来生产产品的步骤，以及生产产品的环境的初始定义。风险基线是进行技术风险管理的基础与标准，一个制定得很好的风险基线对于技术风险管理有着十分重要的意义和作用。

确定风险基线的主要内容是确定基准时间概算和基准成本概算，它们分别是指完成产品开发与生产的初始概算时间和初始概算成本。确定风险基线的首要工作是进行项目的 WBS（工作分解结构）分解，将项目的工作细化，并确定每项工作的工作量及资源消耗等。确定风险基线的方法有很多，如 PERT（计划评估和审查技术）、CPM（关键路径法）、顺序图法等都是比较成熟的方法。确定风险基线的基本思路是，根据项目或产品的网络图进行时间和成本的优化设计，从而科学地确定基准时间概算和基准成本概算。

另外需要说明的是，多数已经开始的项目，它的基准时间和基准成本应是已知的，因此这一步可省略。

一般说来，确定风险基线可以分为以下几个基本步骤。

（1）建立项目的 WBS：在明确项目目标的前提下，建立详细的项目 WBS。同时分解项目目标到各项工作上，并进行估算和确定各项工作的工作量与资源消耗。

（2）绘制项目或产品的网络图：在充分调查的基础上，结合相关的工艺生产文件，准确地绘制项目或产品的网络图。同时确定网络图节点时间及每项活动的成本。注意，应在充分、可靠的数据的基础上进行估计。应结合专家与第一线人员的意见，计算出网络的关键路径，以及每项活动的时差和总的时差。

（3）进行网络优化：根据关键路径优化项目网络，合理地分配现有的各项资源。

（4）确定基准时间概算：根据关键路径确定项目的基准时间概算。

（5）确定基准成本概算：根据关键路径确定项目的基准成本概算。

由于前面的章节中已经讲述了（1）、（2）和（3）的内容，所以本节主要讲述技术风险管理中普遍使用的确定基准时间概算和确定基准成本概算的方法。

1. 确定基准时间概算

确定基准时间概算的基本思路如下。首先，根据 WBS 分解图绘制项目的网络图，根据项目的网络图确定关键路线、项目时间、总时差及每项工作的单时差，并结合项目时间规划的总要求进行网络图的优化，即当关键路线时间小于项目规划时间时，可以考虑适当调整项目规划时间；当关键路线时间大于项目规划时间时，必须采取一定的方法进行网络图的优化或改变项目规划时间，以保证项目在科学的时间内完成。这样就可以最终确定项目的基准时间概算。其次，结合 WBS 分解图制订详细的项目进度计划，并设定项目进度检查点，如图 8-3 所示。

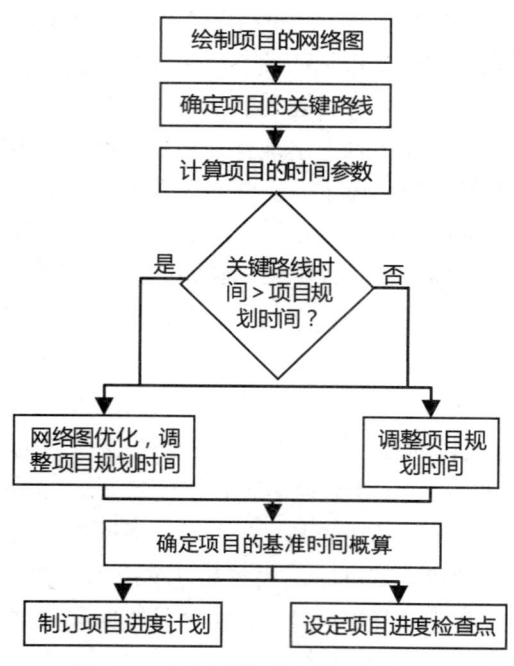

图 8-3　确定基线时间概算的流程图

在绘制项目的网络图时，对每项工作时间的估计应充分结合专家、技术人员及现场工作人员的意见，充分考虑可能发生的意外情况对项目时间的影响。定额管理对于基准时间概算的评估是很重要的，对于一些经常性的、重复的工作，其时间应有相应的定额，这样在确定项目时间时便可将主要精力放在全新的工作上。一般对于某项活动时间的估计最常用的方法为三点法，其计算公式为

$$活动时间 = \frac{最悲观时间 + 4 \times 最可能时间 + 最乐观时间}{6} \quad (8\text{-}1)$$

最悲观时间、最可能时间及最乐观时间应在充分调查与研究的基础上，采用一些数理统计方法确定。此外还可采用经验类比法、历史数据法、专家意见法、德尔菲法等方法。

2. 确定基准成本概算

对项目中的每项活动而言，成本都是一个随机量，有效地确定其成本是确定基准成本概算的主要内容。项目预算的中心任务是估计项目中各种资源的使用量，对比现在已经有许多有效的方法，如自上而下或自下而上的成本估计法、计划—规划—预算体系（Planning-Programming-Budgeting Systems，PPBS）和零基预算（Zero-Base Budgeting，ZBB）等。

这些方法的基础都是对每项活动成本的估计和量化。确定每项活动成本最有效的方法是工作成本定额管理法。该方法要求按照项目的 WBS 图及项目成本的总规划，逐步将成本分解到各个工作任务上。对于工艺已经成熟的工作应根据以前的数据进行明确的成本定额，而对于工艺不成熟或还未进行过的工作则必须进行成本估计。事实上，确定基准成本概算最困难的就是工作任务的成本确定问题。

另外，对于时间较长的项目还应考虑资金的时间价值及通货膨胀等因素。例如，某个项目要持续 10 年的时间，现在的 1 万元在 10 年后可能比现在更值钱或更不值钱，这主要是利率的变化及物价等的变化造成的。对此，一般的做法是采用一个估计的贴现率来考虑资金的时间价值。

8.2.2 风险识别

一般工程技术项目风险识别的主要过程如下。

（1）确定调查范围：确定进行技术风险管理的范围，从而有目的地开展技术风险调查活动。

（2）确定配套的规范与文件：确定与调查相关的规范、标准、文件等，以明确技术风险调查与分析的标准和要求。

（3）培训人员：培训调查所涉及的相关人员（包括调查者和被调查者），使他们具备基本的技术风险管理的知识及开展技术风险调查与分析的能力。

（4）明确用户的需求：明确用户的需求，从而可以有针对性地开展技术风险分析和控制工作，同时明确调查的重点，从而有效地提升用户满意程度。

（5）确定风险因子：这是风险识别的主要工作。根据规范、标准、文件及用户的要求，在与现场工作人员充分交流的基础上，确定相应项目的风险因子。通常从三个方面考虑：硬件、软件及服务。

8.2.3　风险量化

1. 风险量化的基本过程

（1）确定风险层次：根据风险因子对风险的影响程度确定风险层次，影响程度大的等级应高一些、权重应大一些，反之权重应小一些。权重的大小取决于所选择的方法。可选择的方法是多种多样的，如头脑风暴法、德尔菲法等。

（2）选择风险度量方法：选择适当的、科学的风险度量方法，真实反映项目的技术风险状态。比较常用方法是二进制加权法和固定加权法。

（3）建立风险模型：建立进行风险度量的基本模型，主要是指确定风险因子之间的相互关系，包括它们之间独立与否、风险层次如何、不同层次的风险如何进行综合等。

（4）计算风险量：根据所选择的风险度量方法分别计算出各个风险因子的风险量，并根据建立的风险模型进行各个风险因子的风险量的综合，最终得到项目总的技术风险。

（5）估算应急储备金：根据项目总的技术风险估算应准备的应急储备金，并估算进度拖延时间。

风险量化是技术风险管理的主要内容，现有许多方法可用于进行风险量化。由于人们对风险本身的理解不同，因此人们对风险量化问题一直有不同的意见。下面着重介绍两种较为简单、有效的风险度量方法：二进制加权法和固定加权法。

2. 二进制加权法

二进制加权法的基本要求是对所有风险因子有一个重要性的排序，将对风险影响大的因子排在前面，将对风险影响小的因子排在后面。另外，二进制加权法还要求，在对每个风险因子进行调查时，所有的问题都应只有两个答案：是和否。

在二进制加权法中，我们让答案为"是"对应"1"，答案为"否"对应"0"，那么对于某个风险因子的调查结果而言，一些"0"和"1"序列就可以构成一个二进制数，我们将这个二进制数转化为十进制数，把这个十进制数称为该风险因子的实际得分。另外，所有答案为"是"同样对应一个十进制数，我们把这个十进制数称为该风险因子的最大可能得分。有了这两个数以后我们就可以计算该风险因子的风险量了。

当某个风险因子包含多个因素时，必须考虑这些因素之间的关系。如果这些因素相互关联，则计算公式为

$$风险量 = 1 - \frac{所有因素实际得分之和}{所有因素最大可能得分之和} \tag{8-2}$$

如果这些因素相互独立，则计算公式为

$$风险量 = 1 - \frac{\sqrt{所有因素实际得分的平方和}}{\sqrt{所有因素最大可能得分的平方和}} \tag{8-3}$$

3. 固定加权法

固定加权法也是进行风险量化经常使用的一种方法。它与二进制加权法的基本要求是一致的，即对所有风险因子有一个重要性的排序，将对风险影响大的因子排在前面，将对风险影响小的因子排在后面。同样，在对每个风险因子进行调查时，所有的问题都应只有两个答案：是和否。

在固定加权法中，如果在某个风险因子（因素）的调查中共有 N 个问题，那么我们将第一个问题的权重定为 N，将第二个问题的权重定为 $N-1$……依次类推，最后一个问题的权重为 1。调查问卷回来以后，我们将所有答案为"是"的问题的权重加在一起，称为该风险因子的实际得分；将所有问题的答案都为"是"时的权重加在一起，称为该风险因子的最大可能得分。这样就可以运用固定加权法来计算该风险因子的风险量了，其计算方法与二进制加权法的计算方法是一样的。当某个风险因子包含多个因素时，同样要考虑这些因素之间的关系。如果这些因素相互关联，则计算公式为

$$风险量 = \frac{所有因素实际得分之和}{所有因素最大可能得分之和} \qquad (8-4)$$

如果这些因素相互独立，则计算公式为

$$风险量 = \frac{\sqrt{所有因素实际得分的平方和}}{\sqrt{所有因素最大可能得分的平方和}} \qquad (8-5)$$

8.2.4 风险控制

1. 进行风险分析

首先，对风险量化的结果进行分析，最简单、最有效的方法是，对风险因子的风险量进行排序。在排序的过程中需要注意，二级风险因子必须在乘以 k 因子后才能进行排序。其次，结合表 8-1 可以定性描述风险。

表 8-1 风险的定性描述

定性描述	量化度量	定性描述	量化度量
必然	1.00	中等	0.40~0.75
高	0.75~1.00	低	0.00~0.40

2. 制定风险应对措施

可以从改变风险后果的性质、风险发生的概率和风险后果大小三个方面制定多种风险应对措施，如减轻风险、预防风险、转移风险、规避风险、自留风险和后备措施等。对于不同的风险，可采用不同的处置方法和措施，对同一个项目所面临的各种风险，可综合运用各种措施进行处理。

3. 基于风险评估项目方案

基于风险评价基准，项目整体风险水平可分为三种类型：风险可接受、风险不能接受、

项目不可行。当项目整体风险小于或等于风险评价基准时，风险是可以接受的，项目可以按计划继续进行。这时如果有个别单风险大于相应的风险评价基准，则可以用成本效益分析法或其他方法权衡是否有其他风险小的替代方案可用。当项目整体风险比风险评价基准大很多时，风险是不能接受的，这时就要认真考虑是不是要放弃这个项目。如果项目整体风险大出风险评价基准不多，则可以考虑拟定新的项目整体方案。

4. 确定最佳风险监控方法

不管预先计划好的策略和措施是否付诸实施，风险监视都一日不可缺。如果发现已做出的决策是错误的，一定要尽早承认，立即采取纠正行动；如果做出的决策正确，但是结果却不好，这时不要过早地改变决策。频繁地改变主意不仅会消耗应急的后备资源，还会大大增加项目阶段风险事件发生的可能性，加重不利后果。

风险控制是指为了最大限度地减小风险事件发生的概率和损失程度而进行风险处置。对于风险控制，一般认为可采取以下措施：根据风险因素的特性，采取一定措施使其发生的概率减小至接近零，从而预防风险因素的产生；减少已存在的风险因素；防止已存在的风险因素释放能量；改善风险因素的空间分布，从而限制其释放能量的速度；在时间和空间上把风险因素与可能遭受损害的人、财、物隔离；改变风险因素的基本性质；加强风险部门的防护能力；做好救护受损人、物的准备。恰当地采用这些措施可以使风险得到有效的控制。

5. 报批执行

全面的技术风险管理计划是进行强有力的技术风险管理的关键依据，经过风险识别、风险量化、风险分析，并提出最佳风险监控方法后，应该形成技术风险管理的报告，提出技术风险管理的方案，报批后执行。

事实上，在实践中风险识别、风险量化和风险控制均是动态的过程，不断循环进行。在风险识别的基础上，先进行风险量化，进而制定有效的风险控制措施并实施，然后进行风险识别和风险量化，再进行风险控制，如此反复。

为了有效地进行技术风险管理，我们应该建立风险管理的组织，负责风险管理的计划、组织与实施等工作。在风险识别、风险量化的基础上，应对量化结果进行确认，即进行审计跟踪，检验计算得出的风险量、风险成本概算和风险时间概算是否合理，根据计算的结果制定相应的风险应对措施、确定规避风险的办法，并准备风险储备金，全面提高项目的风险抵抗能力。

8.3 能源项目技术风险分析

8.3.1 技术风险分析报告的形成过程

技术风险分析报告的形成过程包括以下 7 个步骤。

（1）确定调查范围：确定拟进行技术风险分析的调查范围，调查范围应是明确有效的、可实施的。

（2）培训相关人员：培训与本次调查相关的人员，包括相关的协调人员，使他们了解调查的目的和意义，并且具备基本的技术风险知识。

（3）与相关人员进行交流，确定风险因子及风险因子的层次关系：与相关人员进行充分的交流，了解项目的状况，从而比较准确地确定风险因子，以及它们的层次关系，为下一步的调查工作和技术风险分析打下良好的基础。

（4）设计调查表格，然后进行调查：根据与相关人员交流的结果，科学、合理地设计调查表格，调查表格应表意清楚，没有含混之词，并且应切合实际情况。发放调查表，并对被调查对象做必要解释。

（5）回收调查表格并计算风险因子的风险量：回收调查表格，选择适当的方法来计算风险因子的风险量。要注意忠实于原始数据，不得随意篡改或推想。

（6）计算风险时间概算和风险成本概算：在各风险因子的风险量的基础上，根据风险因子的层次关系，计算风险时间概算和风险成本概算。

（7）撰写技术风险分析报告：在上述工作的基础上撰写技术风险分析报告，报告应客观、科学地反映项目的真实情况，并有根据地提出建议或意见，从而为决策或管理机构提供真实可信的数据和建议。下面给出了技术风险分析报告的一般格式，仅供参考。

8.3.2 技术风险分析报告

技术风险分析的结果用报告的形式体现出来，以反映项目的技术风险状况，为决策或管理机构提供制定风险应对措施的建议和意见，并为对技术风险进行监控提供基本依据。技术风险分析报告可以按设计、试验、生产、设施、保障、管理等不同类别或按不同管理级别撰写，最后汇总形成整个项目的报告。表 8-2 所示为技术风险分析报告的一般格式。

表 8-2 技术风险分析报告的一般格式

××项目技术风险分析报告
1. 引言 （对编写技术风险分析报告的目的及其范围进行说明）
2. ××项目概述 （对项目的基本情况进行说明，包括项目目标、项目的组织管理形式、产品用途、技术状态和工作方式、产品需求量、进度安排等）
3. 技术风险分析方法 （对开展技术风险分析所采用的方法进行说明） 　3.1　基本定义 　（对报告所涉及的专业术语进行定义说明） 　3.2　技术风险分析的基本流程 　（对风险规划、风险识别、风险量化、风险控制的一般过程和方法进行说明） 　3.3　计算方法 　（介绍风险量化的基本原理和方法，主要介绍二进制加权法和固定加权法）

续表

4. 实施情况 　4.1 概述 　（对本次分析的目标、时间安排、组织管理、预期成果等进行说明） 　4.2 风险识别 　（对潜在风险事件或条件进行说明） 　4.3 风险估算 　（对定性、定量地度量风险进行说明） 　4.4 风险综合 　（对风险排序、归并等综合处理过程进行说明）
5. 总结及建议 　5.1 结论 　（基于技术风险分析的结果，给出技术风险状况的结论） 　5.2 建议 　（对风险控制建议或措施进行说明）

8.4　能源项目技术成熟度

8.4.1　技术成熟度的概念内涵

在不同的国家或地区，人们对技术成熟度理论的研究略有差异，不同时期技术成熟度的名称或叫法也不同，如在美国、欧盟、英国等国家或地区，以技术成熟度等级（Technology Readiness Levels，TRLs）研究为主；在加拿大，以技术成熟度体系（Technology Maturity Level System，TML System）研究为主等。不同国家或地区对技术成熟度的定义也有所不同，国内外对于技术成熟度的定义可以分为以下几种。

1. 从技术就绪水平角度定义

国内学者朱毅麟认为，技术成熟度就是技术就绪水平，包括技术完备等级和技术准备度，是指某项技术或某个产品在开发过程中可达到的可用程度。

2. 从项目目标满足程度角度定义

美军国防采办指南中对技术成熟度的定义是，技术成熟度是项目中的关键技术元素满足项目指标程度的一种度量指标，而且是项目风险的主要因素。国内学者也做了相关研究，刘旭蓉等认为，技术成熟度可以用于评价采用的项目关键技术能满足预期指标的程度。安茂春等认为，技术成熟度是评价技术对项目目标满足程度的一种度量指标，是风险管理的重要内容。

3. 从市场占有率角度定义

张玉杰从市场占有率角度定义了技术成熟度，他认为企业运用技术生产出某个社会需要的产品（或服务），技术成熟度高低可以用产品或服务的市场占有率上升或下降表示。若产品或服务在连续的生产周期内市场占有率下降，则说明技术成熟度低。

4. 从产业化实用程度角度定义

顾宏等从科技成果转化的角度研究认为，科技研究成果的技术水平、工艺流程、配套资源和技术生命周期等方面所具有的产业化实用程度就是技术成熟度。

5. 从技术生命周期角度定义

任何技术都有一个发展的生命周期，技术成熟度指的就是技术在该生命周期中所处的位置。

综合以上定义，技术成熟度是指在项目管理或产品研发的过程中，关键技术水平能够达到某种有用水平；为了满足项目管理或产品研发需求，技术成熟度包含工艺流程和配套资源等；技术成熟度可以用于评价技术满足项目指标的程度，是风险管理的重要内容。

8.4.2 技术成熟度评价与风险管理

技术成熟度评价（Technology Readiness Assessment，TRA）的本质是，利用技术成熟度这把尺子对技术研究的最终成果或阶段性成果进行衡量，以反映技术研究成果处于何种状态。技术成熟度评价过程国内外大体相同，一般包括评价启动、评价实施和评价后续工作三大步骤。

技术成熟度评价的结果是得到技术成熟度，从感性认识方面来看，技术成熟度与项目成功与否有很大关联，采用成熟的技术可以降低项目风险。因此，可以判定技术成熟度与风险管理有关。关于技术成熟度评价，国内外都存在一个认识误区，认为技术成熟度评价等同于风险管理，或者等同于风险大小评价。对此，美军官方认为，技术成熟度评价不能代替风险管理。美国空军则认为，技术成熟度评价有助于识别项目的风险区，但不是一种风险管理的方法。

1. 涉及的对象不同

风险管理涉及影响项目的所有因素，包括项目各个方面及各项关键技术。美国国防部认为，采办项目存在 13 个关键风险源或风险区，技术只是其中一项。技术成熟度评价对象仅限于技术，不考虑其他项目因素。

2. 工作过程不同

风险管理覆盖了风险因素从识别到应对、跟踪的全过程，是一个持续性的工作过程。技术成熟度评价的工作过程相对简单，仅包括得到技术成熟度等级结论的系列工作。至于技术成熟度评价的后续工作，如技术成熟度增长工作，作为技术成熟度评价与技术研究工作的接口，其实质内容应当属于技术研究工作范畴。

3. 工作结果不同

风险管理对于每个风险因素都要评价其风险等级（发生的后果、发生概率）及应对措施。技术成熟度评价的结果是给出关键技术的成熟度。

4. 作用不同

风险管理用于识别项目的风险，应对风险，尽量避免或减小损失，保障项目的正常运行。技术成熟度评价的主要作用是定量化技术成熟度，方便管理人员与技术人员之间的沟通，以及高层决策人员对技术状态的掌控。技术成熟度不等同于风险大小。

8.4.3 基于技术成熟度的风险管理分析

由上述分析可知，技术成熟度评价对象仅限于技术，不考虑其他项目因素，而且技术成熟度评价的工作过程、工作结果及作用与风险管理也有较大差异。虽然技术成熟度评价不能代替风险管理，技术成熟度不等同于风险大小，但从工程实践来看，技术成熟度与项目能否成功密切相关，而且技术风险是项目的关键风险。在风险管理过程中，技术成熟度可以为风险管理提供有力支撑，如可以为风险源识别提供输入，也可以将技术成熟度作为变量之一，对技术风险进行量化分析，进一步明确技术风险管理需求。随着科技的发展和工程项目建设的大型化，特别是在军事工程领域，技术成熟度理论研究与应用实践得到了快速发展。由上述分析可知，技术成熟度在风险管理中的应用主要体现在两个方面：一是风险识别，二是风险量化。

1. 技术成熟度应用于风险识别

在项目实施过程中，通过对当前的技术成熟度等级与目标等级进行比较，可以得到技术成熟度等级差距的信息，进而可以定性判断哪项技术存在风险。能否做出这样的定性判断取决于在项目实施过程中技术成熟度等级目标设定的合理性和科学性。

技术成熟度虽然是简单的数字，但其中包含了丰富的信息，是多种因素的综合反映，这源于技术成熟度等级评判条件的设置。通过技术成熟度评价可以查找出技术研究中哪些地方存在问题、问题是什么。因此，技术成熟度可应用于风险识别，在具体识别时，可以将与目标等级有较大差距的被评技术及不满足等级条件的领域作为风险源。

2. 技术成熟度应用于风险量化

自技术成熟度理论被提出以来，技术成熟度与技术风险的关系一直是人们关注的重点。但是研究和实践表明，技术成熟度与风险大小之间不能完全画等号。为了利用技术成熟度评价的结果，需要研究构建技术成熟度变量的风险量化模型，曼金斯（J. Mankins）提出了技术成熟度风险评价（Technology Readiness and Risk Assessment，TRRA）模型。TRRA 模型重点关注关键技术性能指标，以及通过研发技术提升这些性能指标的过程，主要依据技术成熟度等级及技术研发难度重新构建风险评价矩阵，从而计算技术的风险指数。风险指数的计算公式为

$$风险指数 = R\&D^3 \times \Delta TRL \times TNV \tag{8-6}$$

式中，ΔTRL——技术当前的成熟度等级与目标等级的差值；

$R\&D^3$——技术研发难度，用于测量一项特定技术成熟的预期难度，又称技术创新难

度，R&D[3] 分为 5 级；

TNV——技术需求值，是评价一项特定技术重要性的最佳衡量指标，TNV 分为 5 级。

由于项目管理的复杂性，研究借鉴国内外先进的风险管理方法，大力推进技术成熟度的应用，对于提升风险管理水平、保证项目成功具有十分重要的意义。

分析案例

福岛核电事故分析及其启示

2011 年 3 月 11 日 13 时 46 分（北京时间）在日本本州东海岸附近海域（北纬 38.1°，东经 142.6°）发生里氏 9.0 级地震，震源深度为 24km，东京有强烈震感。地震及其所致的大规模海啸，引发了日本福岛第一核电站发生核泄漏事故。日本原子能安全保安院 3 月 13 日按照"国际核能事件分级表"（核事件按严重程度分为 0 至 7 级），把核电站爆炸泄漏事故定为 4 级。到 5 月 11 日之时，NISA 的评估为，1 号、2 号、3 号机组为 7 级（福岛第一核电站的辐射总量已经达到了 7 级的水平），4 号机组为 3 级。

1. 日本电力工业概况

当时，日本全国由 10 个电力公司供电，其中北部频率为 50Hz（北海道、东北和东京），南部频率为 60Hz，由关西 60Hz/50Hz 变频站交换功率。日本电网最高电压等级为 1100kV（目前以 550kV 降压运行），以下依次是 500kV、275kV、220kV、187kV、154kV、132kV、66kV、22kV、6kV，共 9 级，民用电压为 110V。10 个电力公司为北海道、东北、东京、中部、北陆、关西、中电、四国、九州、冲绳。其中东京电力公司装机容量最大，超过 50GW，占全国总装机容量的 1/4，各电力公司供电范围内的最大负荷和电力公司间的联网如图 8-4 所示。

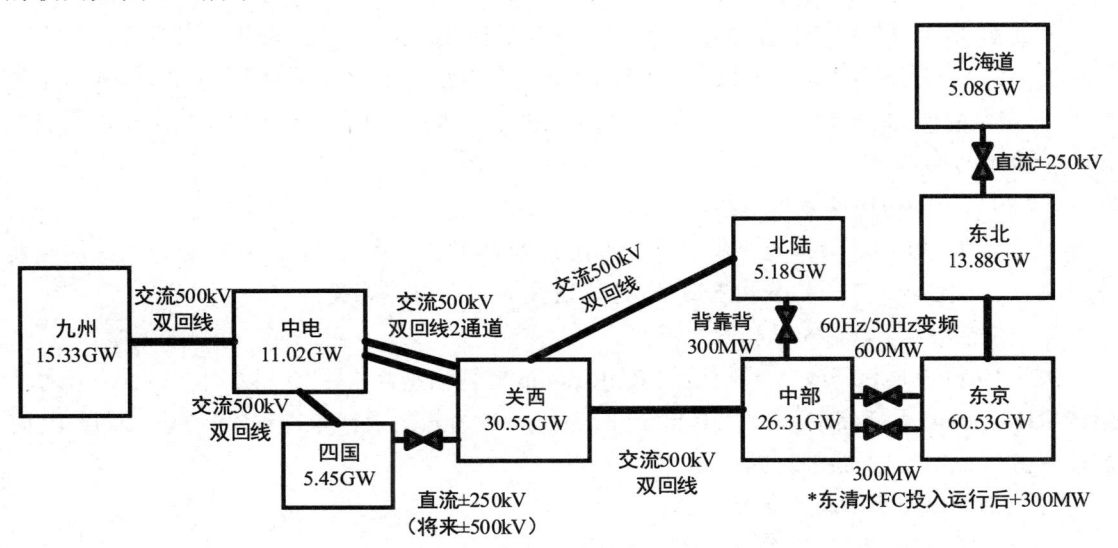

图 8-4 各电力公司供电范围内的最大负荷和电力公司间的联网

[各公司的数值为 2002 年度的最大负荷（送电端）]

2. 日本核电站概况

日本福岛第一核电站位于福岛县双叶郡大熊町沿海,有 6 台机组。1 号机组:439MW,BWR-3 型,1970 年下半年并网发电,1971 年投入商业运行。2 号至 5 号机组:760MW,BWR-4 型,1974—1978 年陆续投产。6 号机组:1067MW,BWR-5 型,1979 年投产。这 6 台机组全是沸水堆,属于东京电力公司,装机容量占现役核电装机容量的 9.33%,发电量占日本总发电量的近 6%,主要经由 500kV 网络向东京送电。

3. 福岛核电事故概况

(1) 福岛核电事故重要事件节点。

福岛第一核电站作为福岛核电事故主体,共拥有 6 台服役的核电机组,其中 1 号至 4 号机组在地震及海啸中受影响深重,部分机组甚至发生氢气爆炸,致使厂房设施严重受损。以下是福岛第一核电站机组事故重要事件节点回顾。

① 福岛第一核电站 1 号机组。

当地时间(下同)3 月 11 日 15 时 42 分,失去电力;3 月 11 日 16 时 36 分,I 堆芯冷却功能无法注入水;3 月 12 日 0 时 49 分,安全壳压力异常上升;3 月 12 日 15 时 36 分,氢爆;3 月 12 日 20 时 20 分,海水注入反应堆压力容器;3 月 22 日 11 时 20 分,反应堆压力容器温度升高。

② 福岛第一核电站 2 号机组。

3 月 11 日 15 时 42 分,失去电力;3 月 14 日 13 时 25 分,尚失反应堆冷却功能;3 月 14 日 16 时 34 分,海水注入反应堆压力容器;3 月 14 日 22 时 50 分,安全壳压力异常上升;3 月 15 日 6 时 10 分,听到爆炸声,抑压池损毁;3 月 15 日 8 时 25 分,冒出白色烟雾。

③ 福岛第一核电站 3 号机组。

3 月 11 日 15 时 42 分,失去电力;3 月 13 日 5 时 10 分,尚失反应堆冷却功能;3 月 13 日 8 时 41 分,开始排气;3 月 13 日 13 时 12 分,海水注入反应堆压力容器;3 月 14 日 7 时 44 分,安全壳压力异常上升;3 月 14 日 11 时 01 分,氢爆;3 月 15 日 10 时 22 分,辐射剂量为 400mSv/h。

④ 福岛第一核电站 4 号机组。

3 月 14 日 4 时 08 分,乏燃料存储池温度升到 84℃;3 月 15 日 9 时 38 分,第 3 层楼发生火灾(自然熄灭);3 月 16 日 5 时 45 分,发生火灾(自然熄灭)。

⑤ 福岛第一核电站 5 号和 6 号机组。

3 月 19 日 5 时 00 分,5 号机组的 RHR-pump 重新启动;3 月 19 日 22 时 14 分,6 号机组的 RHR-pump 重新启动;3 月 20 日 14 时 30 分,5 号机组反应堆冷停堆;3 月 20 日 19 时 27 分,6 号机组反应堆冷停堆。

(2) 福岛核电事故机组最新状态。

截至 2011 年 5 月 11 日的最新状态如下。

① 福岛第一核电站。

1 号机组开始喷水;2 号至 4 号机组持续喷入或注入水;5 号和 6 号机组恢复池冷却功

能。1号至4号机组由于缺乏交流电力，条件较差，但控制室照明系统在使用中；5号和6号机组预计未损毁。NISA评估：1号至3号机组为7级；4号机组为3级。

② 福岛第二核电站。

每台机组进入冷停堆状态。NISA评估：1号、2号、3号、5号、6号机组为3级。

③ 女川核电站和东海第二核电站。

这些核电站的所有机组均已冷停堆。

4．福岛核电事故分析

（1）日本福岛核电二代技术——"危险的沸水堆"。

福岛核电站采用沸水堆，属于二代核电技术。采用二代核电技术存在以下安全问题。

① 采用单回路循环，放射性物质直接进入汽轮机常规岛，容易泄漏，问题严重。

② 控制棒从堆芯底部往上插，一旦断电，就会失效，引起事故。

③ 沸水堆蒸汽回路的压力较小，所以整个蒸汽回路的抗压能力小于压水堆，容易引起失水事故（LOCA）。日本福岛核电站采用二代核电技术"危险的沸水堆"是产生此次事故的技术层面原因。

（2）日本福岛沸水堆存在设计问题。

① 抗震能力设计不足。可以初步认定福岛第一核电站1号机组发生的放射性物质泄漏事故是核电站抗震能力不足和设备老化所导致的。民间组织原子能资料信息室共同代表伴英幸认为，发生事故是因为东京电力公司没有充分考虑核电站应对海啸的能力。

福岛第一核电站1号机组在设计时考虑了防震问题，但显然没有充分考虑应对如此高强度地震的能力，这次地震的强度远远超出1号机组的抗震能力，所以才会出现冷却系统问题，导致堆芯熔毁和放射性物质泄漏的事故。

② "海啸"等设计基准事故安全裕度不足。此次地震的断层达到400km，并且产生了大海啸。但福岛核电站的设计单位东京电力公司只设想了断层几十千米、海啸数米的情况。福岛第一核电站放射性物质泄漏的最主要原因是海啸超出了设想的水平，设备因遭海啸破坏而丧失功能。因此，日本福岛沸水堆核电站抗震能力等设计不足是导致事故的设计层面原因。

（3）日本福岛沸水堆设备老化问题。

福岛核电站是目前世界上最大的核电站。位于日本福岛工业区，由福岛一站、福岛二站组成，共10台机组（一站6台，二站4台），均为沸水堆。其中福岛一站1号机组于1971年3月投入商业运行，二站1号机组于1982年4月投入商业运行。1号机组已建成40多年，是福岛第一核电站中最早完工的，各种设备和管道都已老化，甚至存在锈蚀状况，所以最容易出现问题。设备老化也是此次事故的重要原因之一。

（4）日本福岛沸水堆带"病"延期运行。

对于二代核电技术来说，一般堆芯设计寿命都是40年。其实福岛核电站1号机组今年已经到了在役运行寿期。因此，日本福岛沸水堆目前是处于延寿运行期。今年2月7日，东京电力公司和福岛第一原子力发电所刚刚完成了一份对于福岛一站1号机组的分析报告，指出这一机组已经服役40年，出现一系列老化的迹象，包括压力容器的中子辐照脆化，压力抑制室出现腐蚀，热交换区气体废弃物处理系统出现腐蚀等。

可是，他们仍为其制定了长期保守运行的方案，计划将这一机组延寿 20 年，正式退役需要到 2031 年。但是，福岛沸水堆在此前已经发生过两起事故。所以，日本福岛沸水堆本身已到 40 年设计寿期，地震前是带"病"延期运行，这也是造成此次事故的内在原因之一。

5. 福岛核电事故影响

（1）环境影响。

日本政府与东京电力公司的联合应急指挥中心 5 月 6 日公布了由日本文部科学省和美国能源部根据飞机监测数据绘制的地表附近辐射量污染地图。显示核电站西北 30km 范围以外的大片区域 1 年累计辐射量可能超过 100mSv。在核电站 30km 以外的福岛县浪江町和饭馆村部分区域，辐射强度达到 19μSv/h，1 年累计辐射量可能超过 100mSv。在核电站 30km 以外的其他几座城市的部分区域，1 年累计辐射量可能超过 20mSv。

（2）各国对事故的政策反应。

欧盟目前已启动核安全早期预警系统。芬兰辐射与核安全中心将对全国所有核电站反应堆的安全系统进行全面检测。瑞士暂停其境内正在进行中的 5 座老化核电站的更新换代计划，检查国内核电站的安全状况。俄罗斯对核能应用现状进行评估，但不会发生方向性改变。英国继续利用核能。德国暂停延长核电站运营期限计划。印度重新审查现有的核能发展计划。法国政府表示将不会考虑修正以核电为主的能源政策。美国可能会改变其核计划发展。韩国启动紧急监测室，对核辐射进行全天候监测，将审视自身的核计划。日本福岛核电站核泄漏事故发生后，我国政府决定，对我国核设施进行全面安全检查，调整完善核电发展中长期规划，在核安全规划批准前暂停审批所有核电项目。此次危机必然促使我国核电安全监管从严，核电设备市场准入门槛提高。

讨论题：

1. 试分析福岛核电事故发生除了技术原因，还存在哪些方面的原因。
2. 分析应对技术风险的重点及难点。
3. 分析福岛核电事故给我们带来什么启示。

复习思考题

1. 什么是技术风险管理？它有哪些特点？
2. 描述技术风险分析报告的形成过程。
3. 什么是技术成熟度、技术成熟度评价？
4. 简单介绍技术风险管理的过程。

第 9 章 能源项目群风险管理

引导案例

水利水电项目建设一般包含大大小小的许多项目，其共同组成一个项目群。在该项目群管理的过程中，风险管理非常重要。

1. 水利水电项目中的风险概述

水利水电项目建设之所以具有风险，是因为其工程规模大、建设周期长，而且设计、施工、承包等各个环节都存在极大的风险，稍有不慎就会给水利水电项目造成巨大的损失。总的来说，水利水电项目的风险可分为两类，即人为可规避风险和不可规避风险。

（1）人为可规避风险。

人为可规避风险是指通过人的主观努力、精心运作可以规避的风险。这类风险的产生完全是人主观不努力造成的，人的智力因素或非智力因素都会引发项目风险。根据调查和分析，施工质量差为水利水电项目埋下了较大的安全隐患，而项目设计不科学则是导致施工质量差的主要原因。

① 设计方案考虑不周，勘探不充分。因为工程设计是工程建设的基础，所以设计人员必须全面考虑项目中可能存在的风险及风险的破坏程度。这就要求所有的建筑设施都要经过科学预算，使其能够真正承受预测的风险。因此，当设计师预测到地震、泥石流、洪水等自然灾害时，要求前期勘探工作准备充分，调查要到位。只有这样，才能避免这些灾害给水利水电项目造成难以估量的损失。

② 建设或监督过程疏于管理。虽然我国加大了水利水电项目的投资力度，但是却疏于对项目建设过程和监督过程的管理。尽管在项目建设方面建立健全了多项管理制度，但是由于工作人员的责任心不强、监督不到位，风险依旧存在。受客观因素的限制，有个别的水利水电项目在施工过程中成立了一个临时指挥部来负责管理工作。这种陈旧的管理模式决定了项目存在风险的必然性。

③ 水利水电项目建设质量不过关。水利水电项目建设是一项非常重要的工作，水利水电管理部门为了做好这项工作可谓是费尽心血。但是，在个别项目施工过程中依然存在粗制滥造、违规操作的情况，最终导致桥梁坍塌、河堤决口等。

（2）不可规避风险。

不可规避风险是指人力没办法避免的各种风险，包括地质灾害、自然灾害、战争等。这些

能源项目风险管理

风险具有不可避免和破坏程度大的特点，出现最多的是地质自然灾害对水利水电项目的破坏。

2. 水利水电项目风险识别系统的建立

在水利水电项目风险管理中，建立水利水电项目风险识别系统是非常重要的一项工作。各级管理者要进一步解放思想，全力以赴。在工作过程中，相关人员要做好以下 3 个方面的工作。

① 明确水利水电项目从设计到施工的各个环节存在哪些潜在的风险。在工作过程中，项目的主要领导要及时召开会议，集思广益，分析工作中可能遇到的风险，包括引发风险的原因、风险的破坏程度和风险的具体位置等。

② 识别引发这些风险的各种因素。在增强工作人员责任意识的前提下，要正确把握项目建设预知风险的变化规律，明确项目是否存在风险和风险的破坏程度，从而在项目工程建设环节实现对项目风险的控制。因此，水利水电项目各级管理者必须认真研究每项风险，明确风险的构成因素，包括影响方式、影响方向和影响力度等。同时，在明确项目风险的相关内容后，要形成书面材料存档。

③ 掌握项目风险可能导致的后果。识别水利水电项目中可能存在的风险因素，确保项目建设的质量。与此同时，要结合风险因素完成项目成本核算工作，牢固树立安全观念，切实做好工程质量保障工作。只有这样，才能基本控制项目风险可能导致的后果。但是，要做好这项工作并不容易。因此，在工作中，必须加强项目管理人员队伍的建设，加大他们的业务培训力度，要求他们具备一专多能的素质，从而保证项目的顺利进行。

3. 水利水电项目风险管理措施

水利水电项目与人们的日常生活息息相关。所谓"饮水思源"，人们在充分享受水利水电项目带给生活的便利之后，要向奋战在水利水电行业第一线的工作人员致敬。水利水电项目具有规模大、技术含量高的特点。鉴于水利水电项目中存在的风险，管理人员要采取行之有效的风险管理措施。

（1）严把项目工程设计关。

设计师在设计、规划项目时，必须综合考虑水利水电项目中存在的各种外在风险和内在风险，设计出一套安全、有效的建设方案。同时，要做好施工过程中的监管工作，杜绝粗制滥造和偷工减料的情况发生。

（2）要有团队协作意识。

水利水电项目规模较大，工作分工细致、环环相扣、关系密切，工作人员要共同面对风险、承担风险。这就要求工作人员有团队协作意识，不断完善风险管理机制，任何一个部门存在风险都会影响全局工作。要以预防为主，针对不同风险采用不同的控制措施，切实掌握规避风险、缓解风险、转移风险和自留风险的方法。

（3）尽可能控制内在风险。

水利水电项目的内在风险相对较多，所以对风险的控制也相对容易一些。因此，要健全信息沟通机制，制定相应的风险管理制度，要求承包商进一步完善安全施工责任制和各种规章制度，切实做到安全施工。

水利水电项目建设是一项关系国计民生的工程，项目的风险管理是一项任重道远的工作。项目风险的复杂性和项目管理工作的艰巨性对从事水利水电项目风险管理的工作人员提出了较高的要求，即要求工作人员提高业务素质，增强工作责任心，牢固树立"安全第一"的思想。这样才能将风险控制在最小的范围内。

9.1 能源项目群的概念内涵

9.1.1 项目群的含义

格雷戈里 T. 豪根定义项目群为"一组以协调方式管理的相关项目。项目群可以包括正在进行的工作要素，直到其项目群的生命周期结束"。该定义涵盖了由多个项目构成的项目群的两种一般类型："生命周期"项目群和"多项目管理"项目群。

Gray 从项目群的目的出发认为，项目群是仅以协调管理或集成战略层面的报告为目的而进行的项目集合。

Ferns 指出，项目群对项目以协调的方式进行管理，通过对相关项目的结构和过程进行组织，获得比单个项目管理更大的整体利益。

Archer 和 Ghasemzadeh 将项目群的定义与项目组合的定义相联系，指出项目群通过对项目组合协调管理、改变组织获得战略意义。

Thiry 等从战略角度指出，项目群是所有变更行动（包括项目和运作活动）目标的集合，意在实现战略或战术的利益。

项目群是对现有的和将开展的一些项目进行集群的一种框架，这些项目基于项目组织的战略建立共同的目标体系，以适应项目组织内部、外部环境的方式相互关联，最终创造超出集群个体项目价值总和的价值。

9.1.2 项目群的类型

项目群管理是指为了实现项目组织的战略目标和项目群的共同目标，应用知识、技能、技术、方法和工具，对项目群进行协同管理。项目群管理注意组织层次的变化，体现了项目组织的战略目标，其内涵超出了共有资源的管理。

项目群有三种基本类型：面向约束型、面向客户型和面向产品型。

（1）面向约束型项目群。面向约束型项目群是受共同约束条件限制的一些项目的集群，通过对项目的协调，改善项目的执行，这里的约束条件可以是合同、资源（人力、技术、资金和设备等），期望的利益可能是合同的更好履行、资源的更优利用、个人的发展及新技术的研究与应用等。项目群以共同的主题——约束条件为纽带，通过资源整合和优化，实现项目群的管理目标。

（2）面向客户型项目群。这类项目群中项目的特点是对象是一致的，项目目标是使共同客户满意。项目群通过对客户需求的理解和把握,有效地识别工作范围,建立迅速、准确的沟通机制,使各项目形成一个有机的整体,以综合的、统一的界面开展项目群管理,以达到或超过客户的期望。

(3)面向产品型项目群。这类项目群的共同点是产生同质化的产品(或称交付物)。产品可以是有形的,也可以是无形的(服务或科研成果)。项目群可能是成熟产品多地点或多客户的交付,也可能是新产品的研究开发或商业应用等。

9.2　能源项目群风险管理的概念内涵

9.2.1　项目群风险管理的基本含义

简单地说,项目群风险管理(Risk Management of Programs)是指项目群的风险管理,是为了达到项目群风险预防或消减的目的而进行的计划、组织、控制、激励和领导活动的统称,它由一系列集群风险管理技术、方法组成。项目群风险管理是项目风险管理理论在项目群环境中的应用和体现,它包括传统单项目风险管理的内涵,而且由于项目群环境的存在,各分项目在进度、资源、人力等方面的冲突加剧,进一步增大了风险识别和风险分析的复杂性,也为风险控制带来一些新的课题。

项目群风险管理所界定的项目群主要是指同一业务范围内的多个项目,和项目群风险管理类似的一个概念是项目组合风险管理(Portfolio Risk Management),它是指为了实现一定的企业战略目标而对正在实施的项目群、项目和其他工作进行风险管理。项目组合风险管理重点关注由项目优先次序、投资和资源分配等问题带来的风险。

从本质上说,项目风险管理、项目群风险管理、项目组合风险管理三个概念的内涵是项目管理、项目群管理、项目组合管理三种管理活动在风险管理领域的映射。三种管理活动之间的区别与联系如图 9-1 所示。

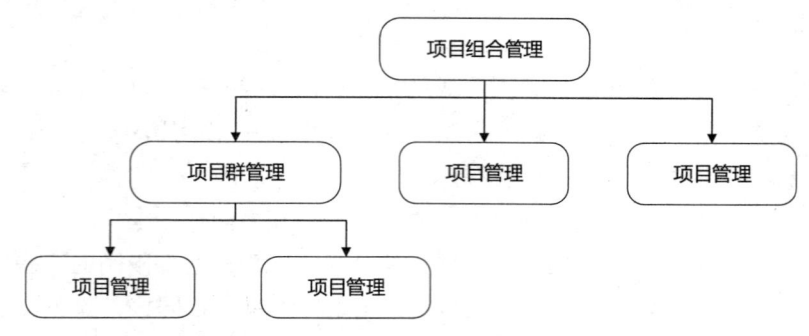

图 9-1　三种管理活动之间的区别与联系

按照管理项目的范围不同,项目风险管理、项目群风险管理和项目组合风险管理具有一定的逻辑包含关系,如图 9-2 所示。

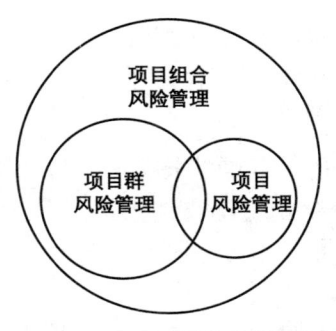

图 9-2 三个层面的风险管理

9.2.2 项目群风险管理的目的和内容

项目群风险管理的目的和内容主要有以下 3 个方面。

（1）企业为项目群设立共同风险管理组织的理论与原则，即如何设计项目群的风险管理组织才能保证企业在人力资源的约束条件下使费用最小、效益最大。

（2）项目群中在进度、费用、组织、质量等方面具有互动关系的各项目，它们之间的各种耦合关系应采用什么分析方法和手段，以使分析结果具有更强的客观性。

（3）如果把项目群看作一个系统，那么该系统的风险识别、风险分析、风险评价与风险控制应如何界定，应以什么工具和手段作为其理论支撑。

9.2.3 项目群风险管理的适用对象

项目群风险管理不直接参与每个项目的日常管理，它所做的工作侧重于在整体上进行风险规划、控制和协调，指导各个项目的具体风险管理工作。一般来说，具有以下特征的项目集群可按项目群进行风险管理。

（1）一个企业同时有若干个正在开发的项目，出于组织、费用和效率等方面的考虑，该企业为这些项目设立共同的风险管理组织，对各个项目的风险进行集中管理。

（2）一些大型复杂项目，含有若干个相对独立的子项目，这些子项目之间有着错综复杂的包括进度、费用、组织、质量等方面的互动关系，在这些项目的管理中，风险的产生和发展会相互影响、相互制约。

（3）在一些合同管理中，甲方必须对众多乙方项目的风险管理进行监视、控制和协调。

（4）在职能式风险管理组织形式下，负责风险管理的职能部门管理着一定数量存在相互依存关系的项目。

9.2.4 项目群风险管理的组织形式

项目风险管理需要建立专门的组织机构以执行风险管理的各项职能。在我国，传统意义上的项目管理基本上是以贯彻 TOC（进度、质量和花费）为核心的三要素管理，存在回避甚至否定风险管理的倾向，直接的表现就是企业中缺少项目风险的分析人员和职能人员，由于缺少必要的风险预测和控制，因此往往会造成项目在进度、质量和花费上的"拖、降、涨"现象。

能源项目风险管理

推行风险管理就要求在组织机构上有一定的保证，国外流行的做法是设置一定数量专职或兼职的风险管理人员，全权、全过程地进行风险识别、分析、评估与控制，并定期地给出风险评估报告和风险处理报告。

项目群中风险管理组织机构的设置可以采取多种不同的组织形式，这取决于项目群组织机构的规模及职权关系、各项目风险危害的规模及风险管理的思想等。和单个项目风险管理组织形式相似，项目群风险管理组织形式一般有以下4种。

（1）直线式风险管理组织形式。

直线式风险管理组织形式是最早使用也是最简单的一种风险管理组织形式，它一般适用于规模很小的企业，不需要设置专门的职能部门，也没有相应的项目组织和项目风险管理组织，项目管理、项目风险管理的任务都用一种直线的方式进行管理和控制。我国的风险管理实践中很少有项目采用这种风险管理组织形式。

（2）职能式风险管理组织形式。

职能式风险管理组织形式与直线式风险管理组织形式的最大区别是通过设置各种职能部门来协助行政负责人进行管理。采用这种风险管理组织形式，风险管理人员比较容易控制，同时项目的资源容易约束，但存在项目凝聚力不够、项目资源不够集中等缺点。我国的传统风险管理实践中采用过这种风险管理组织形式的项目比较多，但随着现代企业制度和项目风险管理理论的逐步发展，大多数企业抛弃了这种风险管理组织形式，慢慢地过渡到矩阵式或项目式风险管理组织形式，但某些项目单一的企业仍采用这种风险管理组织形式。

（3）矩阵式风险管理组织形式。

矩阵式风险管理组织形式是一次性工程项目管理中采用较多的一种风险管理组织形式，它可以将按工程项目划分的横向部门管理机构与按职能、专业划分的纵向部门管理机构的优势结合起来，构成矩阵风险管理系统。矩阵式风险管理组织形式在项目较多、结构和工艺复杂、小批量生产时尤其适用。

（4）项目式风险管理组织形式。

项目式风险管理组织形式是项目管理最理想的一种风险管理组织形式，它把项目从公司管理中分离出来，作为独立的单元，并拥有自己的技术人员和管理人员，项目经理对项目全权负责，风险管理人员（如风险经理）行使风险管理的各项职能。

这4种项目群风险管理组织形式各有优缺点，没有适用于所有风险管理情况的全能形式。选择项目群风险管理组织形式，可以参考表9-1。

表9-1 决定项目群风险管理组织形式的主要因素

主要因素	直线式风险管理组织形式	职能式风险管理组织形式	矩阵式风险管理组织形式	项目式风险管理组织形式
技术复杂度	低	一般	高	一般
技术创新度	低	一般	一般	高
项目不确定性	很小	小	大	大
项目群规模	小	一般	大	一般
项目耦合程度	低	一般	高	一般
项目持续时间	短	短	中等	长

9.3 能源项目群风险管理的过程与方法

9.3.1 项目群风险规划

项目群风险规划不但要制定单个项目的风险规划，还要制定整个项目群的风险规划，它除了要阐明单个项目风险管理计划的内容，还要阐明各项目之间的风险耦合关系及其危害程度。

项目群风险规划是项目群风险管理非常重要的一个环节，它不但是风险管理的依据，而且可为风险管理提供策略的支持，从而保证在项目群风险管理过程中处理冲突问题时有章可循。

在制定项目群风险规划时，要考虑如下依据和因素。

（1）项目群风险管理所处的内外环境，如项目目标、项目规模、项目利益相关者情况、项目复杂程度、所需资源、项目时间段、约束条件及假设前提等。

（2）项目管理组织及个人所经历和积累的风险管理经验及实践。

（3）承包方及业主对项目群中风险危害的敏感程度及承受能力。

（4）可获取的项目风险管理数据及管理系统情况。丰富的数据和严密的管理系统，有助于风险识别、估计、评价及风险应对措施的制定。

（5）项目群风险管理的实践经验及历史数据。

9.3.2 项目群风险识别

项目群风险识别是指，通过分析项目之间的相互关系来进行综合的风险识别，特别要注意的是由于项目相互影响而产生的新风险，要将项目群中风险的因子要素归类和分层地查找出来。项目群风险识别包括确定风险的来源、确定风险产生的条件、描述风险特征和确定哪些风险事件有可能影响项目。

对项目群可能面临的风险进行识别是项目群风险管理的基础。项目群风险识别要回答以下问题：项目群中有哪些潜在的风险因素？这些风险因素会引起什么风险？这些风险的严重程度如何？

项目群风险识别的一个重要方面是，通过一定的方法或工具识别出项目群中各项目相互作用所引起的新的风险因子，常见的方法有德尔菲法、头脑风暴法、情景分析法、检查表法和面谈法等，在使用以上方法的同时，还可以将项目风险耦合表格作为辅助的识别工具。

项目风险耦合表格是识别一个项目群中各项目由于项目要素相互影响而产生的新风险的表格工具，它采用两两比较的方式来判断项目之间的关系和评估两者之间互动的情景，从而给出由于两者相互影响而产生的风险的识别结果。某项目风险耦合表格示例如表 9-2 所示。

表 9-2　某项目风险耦合表格示例

项目	A	B	C	D
A				
B	√			
C		√		
D	√		√	

注：√表示项目具有进度耦合关系，在实际操作中，表格中还可以直接标记出识别出的风险因子及其危害程度等级。

9.3.3　项目群风险估计

项目群风险估计是在项目群风险规划和识别之后，通过对项目群所有不确定性和风险要素进行充分、系统且有条理的考虑，评估单个项目风险的大小。

和项目风险估计一样，项目群风险估计主要包括如下几个方面的内容。

（1）风险事件发生的可能性大小。

（2）风险事件发生可能的结果范围和危害程度。

（3）风险事件预期发生的时间。

（4）一个风险因素导致风险事件发生的频率。

同时，项目群风险估计还应在项目群统一的评估标准上对单个项目风险进行估计和量化，尤其要考虑这些风险被同一个项目群主体认可的程度。

9.3.4　项目群风险评价

项目群风险评价是指对项目群中各风险要素进行分析和评价，主要有如下一些工作。

（1）对项目群各风险要素进行比较和评价，并确定它们的先后顺序。

（2）探索风险之间的相互转化、衍生关系。例如，在项目群风险管理实践中往往存在如下情况：表面上看起来不相干的多个风险事件常常是由一个共同的风险来源造成的，在进行风险评价时要注意从项目群整体出发，弄清各风险事件之间确切的因果关系。

（3）项目群风险评价不仅包括单个项目风险的评价，还包括项目群内项目的综合评价，并且要寻找风险最严重的若干项目的风险要素，因为这些要素往往对项目群的风险影响较大。

（4）项目群风险评价要考虑各种不同风险之间相互转化的条件，研究如何才能化威胁为机会，还要注意原以为的机会在什么条件下会转化为威胁。

（5）项目群风险评价包括项目群所有阶段的整体风险，以及在这些阶段各项目风险之间的相互影响、相互作用。

作为风险管理中非常重要的一个阶段，风险评价是风险控制策略制定不可或缺的环节和基础，这样的一个重要阶段同样离不开相应的方法和工具的支撑。

对项目进行风险评价的方法有很多，如故障树分析法、层次分析法、蒙特卡罗模拟法、外推法、决策树分析法、计划评审技术、主观概率法、效用理论、灰色系统理论、模糊分析法、影响图分析法等。对项目群进行风险评价，可以使用或借鉴以上的各种方法。同时，项目群风险评价还有自己专门的方法与工具，常用的项目群风险评价方法有以下两种。

1. 多层次风险因子专家评判法

多层次风险因子专家评判法是在项目群环境下对风险进行分析和评价的一种有效方法，具体步骤如下。按照风险管理的一般程序，首先，对项目群中的重大风险因子进行识别，得到一个多层次的风险因子体系，这个风险因子体系是把所有项目作为一个集群、一个系统得到的，其中包含所有项目的重大风险及其相互影响所产生的风险。其次，用比较矩阵的方法分析处于同一层次的风险因子之间的相对权重。再次，选择相当数量的专家，从型号的项目经理到一般技术人员，从生产车间的负责人到普通员工，从研发项目的甲方到乙方，让这些专家从不同的侧面来评判各风险因子的大小。最后，对应每个专家的评估，使用层次分析法可以得到一个项目群风险的一个特征标量。

多层次风险因子专家评判法具有操作性强、客观、准确的特点。它以不同层次的各风险因子作为专家评判的单元，用层次分析法来综合权衡各位专家的最终评判结果，能尽量避免评判过程中的不客观因素，减小盲目性。同时，该方法目标明确，过程精确，在工程项目群风险管理中有较多应用。

2. 蒙特卡罗模拟法

在项目群风险管理中，许多风险的产生都是由项目之间的耦合引起的，这种耦合关系往往是非常复杂的，如前一个项目进度的推迟可能导致后一个项目进度风险的增大，但前一个项目进度的推迟仅是一种潜在的可能性，它可能发生，也可能不发生。如果它不发生，对后一个项目的进度风险就没有影响，这种概率性的耦合关系如何来描述和分析，是项目群风险分析中的一个重要课题。

蒙特卡罗模拟法是一种利用重复的统计实验来求解具有随机特性问题的方法，也称为随机模拟法或随机抽样技术。具体来说，它是从一个概率分布中使用随机数或伪随机数来进行抽样的。这种抽样技术是完全随机的，即任意给定的样本可能落入输入分布范围的任何地方。当然，更多的样本是提取自有较大发生概率的分布区域内的。

9.3.5 项目群风险应对

项目群风险应对的任务是，根据项目群中各项目风险大小和排序的结果制定不同的协调和控制措施。

（1）对于风险较大的项目，应采取特别措施，对项目进行综合评估，实事求是地按规律办事，该调整的要调整，该降指标的要降指标。

（2）对于风险一般的项目，应该认真分析、查找原因、制定措施，努力减小风险，在计划上要控制环节，同时加强管理和指导，及时解决存在的问题，争取按时完成任务。

（3）对于风险较小的项目，要加强跟踪检查，及时发现和解决出现的问题，力争避免风险发生。

（4）除了要考虑项目风险的大小，还要选择风险监视和控制的重点。有的项目虽然风险很大，但对项目群总体的影响不大；有的项目虽然风险不大，但对项目群总体的影响很大。同时，风险监控还要注意综合平衡，要根据项目群风险规划，全面地分析各项目的风险情况，特别要注意关联部分的影响，做好综合平衡和协调。

9.3.6 项目群风险监控

项目群风险管理是一个复杂的、庞大的、动态的系统工程，涉及不同层次的多个部门、多个环节、多个领域，风险管理团队对风险的识别和分析是一个需要在实践中不断完善的过程。同时，风险因子体系及其危害程度都随着时间和项目的推移而不断发生变化，这也要求风险管理团队不能以一种静止的、一成不变的观点来看待风险的管理要素和过程。

作为一项管理活动，项目群风险监控是一个动态的过程，必须坚持不懈地跟踪项目的进展情况，重视风险的监视和反馈，逐步形成项目群风险管理的闭环系统。项目群风险监控的动态过程如图 9-3 所示。

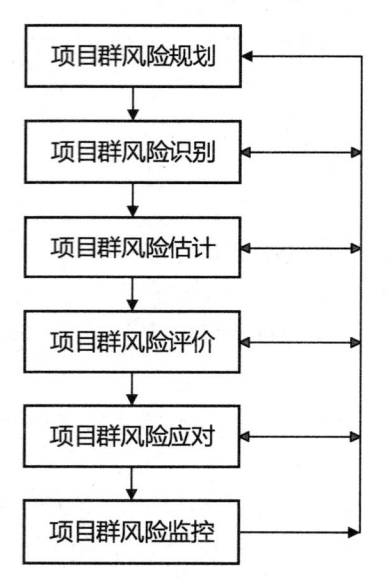

图 9-3 项目群风险监控的动态过程

项目群风险监控的基本目的是以某种方式驾驭风险，保证可靠、高效地达到项目群目标。由于项目群风险具有耦合性、传递性、复杂性、变动性、突发性、超前性等特点，因此其风险监控应该围绕项目风险的基本问题，制定科学的监控标准，采用系统的管理方法，建立有效的风险预警监控闭环系统，制订应急计划，实施高效的风险监控。

项目群风险监控的技术、方法和工具有很多，如核对表、挣值法、监视单、项目风险报告、费用偏差分析法等。挣值法是将计划的工作与实际已完成的工作进行比较，确定是否符合计划的费用和进度要求的方法。如果偏差较大，则需要进一步进行项目群的风险识别、评估和量化。

与一般的项目风险监控类似，项目群风险监控的工具也有很多，包括直方图、因果分析图、帕累托图等。

第 9 章 能源项目群风险管理

分析案例

"三维管控"电网工程项目全过程财务风险管理

1. 背景介绍

随着"新电改"序幕的拉开,电网企业面临更加激烈的市场竞争。有效资产作为准许收益、准许成本核定的主要参数,是支撑公司输配电价核价的基础。提高计划转资效率、确保投资纳入有效资产获得足额回报成为电网企业经营管理新目标。

而在实际管理过程中,电网工程项目投资大、建设周期长,各环节存在较大管理风险,工程进度执行缓慢,"投转固"效率低,导致有效资产还存在较大缺口。国网天津市静海供电有限公司(以下简称国网天津静海公司)以风险为导向,以 COSO《全面风险管理框架》为基础,围绕工程项目全生命周期过程管理,将风险管理过程、财务风险管控贯穿项目建设全过程,创建了财务视角下工程项目全过程的风险管理框架,从"项目生命周期""全面风险管理流程""财务管理"三个维度实现工程风险的"业、财、控"融合,进一步巩固工程财务基础管理,提升项目计划转资效率,促进有效资产形成。

2. 总体设计

国网天津静海公司基于对电网工程项目建设过程的分析、应用、整合、提炼,以 COSO《全面风险管理框架》为基础,实施"三维管控"电网工程项目全过程财务风险管理。这个框架中含有的三个维度工程项目管控(见图 9-4)分别如下。

第一个维度是项目生命周期,即项目建设的全过程,包括从施工准备、计划设计、实施控制,一直到竣工验收移交的各阶段。

第二个维度是全面风险管理,即风险识别、风险分析与评估、制定风险管理策略、实施解决方案、监督与改进。

第三个维度是财务管理,针对电网工程项目从财务管理的角度分析各个项目阶段的财务风险管控方法。

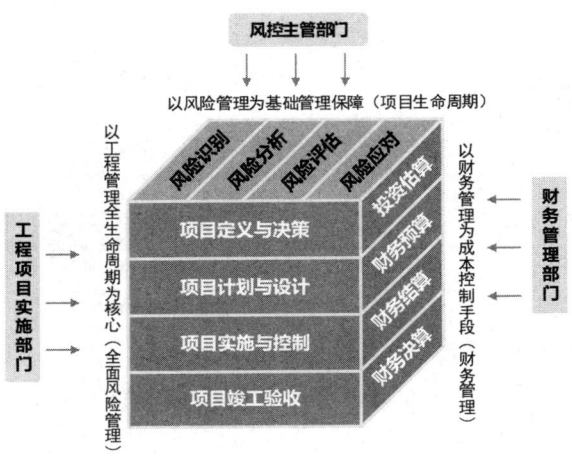

图 9-4 三个维度工程项目管控

能源项目风险管理

（1）以工程管理全生命周期为核心（见图9-5）。

以工程管理全生命周期（包括定义、决策、计划、设计、实施、控制和竣工验收等阶段）为核心，开展项目生命周期各阶段的风险识别、风险分析与评估、制定风险管理策略、实施解决方案、监督与改进等工作。

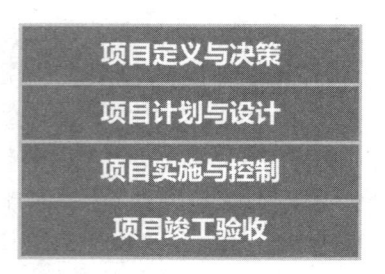

图9-5 工程项目全过程管理

（2）以全面风险管理为基础管理保障（见图9-6）。

电网工程项目风险管理一般分成五个阶段：风险识别、风险分析与评估、制定风险管理策略、实施解决方案、监督与改进。这五个阶段渗透到项目的每项活动中，有助于实现项目各阶段的目标。

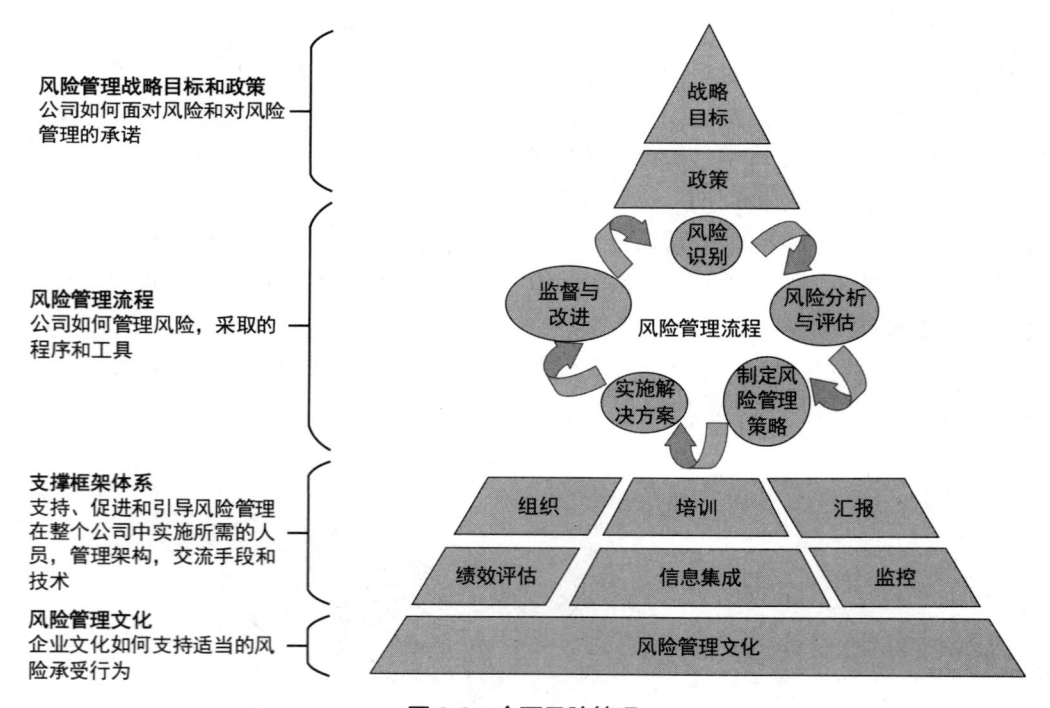

图9-6 全面风险管理

（3）以财务管理为成本控制手段（见图9-7）。

在项目各个阶段进行财务风险管控分析，并重点从投资能力测算、工程财务检查、过程管理、考核评价等方面开展相关工程项目财务风险管控工作，实现对电网工程项目全过程管理质量和资本效率的提升。

图 9-7　财务管理

3．实施过程

以国网天津静海公司的实践经验为例，介绍财务管理视角下电网工程项目全过程风险管理的"三维管控"融合思路和做法。

（1）项目定义与决策阶段的"业财控"融合。

国网天津静海公司结合工程项目风险识别及财务分析，得出项目定义与决策阶段的风险识别清单，如表 9-3 所示。

表 9-3　项目定义与决策阶段的风险识别清单

阶段	风险名称	描述	风险因素	风险承担主体
项目定义与决策阶段	政策风险	法律制度、环境保护、资源主权等与项目相关的敏感性问题方面的立法是否健全、完善	1. 对国家的能源政策、电网发展政策研究不够深入。 2. 对政策预期不够敏感。 3. 对新政策的理解滞后	建设方、承包商、监理人
	外部环境风险	可能影响公司实现其目标的能力，甚至对公司的生存构成危险的外部因素	1. 可行性研究阶段取得协议的深度不够。 2. 外部环境变化造成协议失去效力。 3. 外部环境复杂多变，造成设计方案变更	建设方、承包商、监理人
	技术风险	所需要的相关技术不配套、不成熟，技术创新所需要的相应设施、设备不够完善	1. 对项目立项技术环节的考虑不够充分。 2. 设计单位不能准确把握新技术、新工艺等技术环节	建设方、承包商、设计人
	市场风险	市场经济、供需环境的变化影响决策的因素	1. 宏观经济发展趋势的预测偏差导致电网规划布局难以确定。 2. 项目负荷预测准确率偏低	建设方、承包商、监理人、设计人
	资产风险	资产价值的不确定性影响项目顺利开展的因素	1. 资产负债率高。 2. 成本费用和效益测算缺乏依据	建设方、承包商

在项目定义与决策阶段,针对涉及的财务风险,采取、实施了以下风险管控措施。

严格的项目可研评审规范。结合公司财务状况开展投资能力测算,做好投资能力与工程年度投资计划衔接,保障公司财务状况稳健。参加工程项目储备库建立及动态管理,优化工程项目储备库结构。参与工程投资估算审查,配合做好方案经济效益评估。2017年审减不合规支出1421.2万元,在提升储备项目财务合规率的同时,有效提升了工程项目投资决策风险管控能力。

(2)项目计划与设计阶段的"业财控"融合。

国网天津静海公司在经过工程项目风险识别、分析与评估后,得出项目计划与设计阶段的风险识别清单,如表9-4所示。

表9-4 项目计划与设计阶段的风险识别清单

阶段	风险名称	描述	风险因素	风险承担主体
项目计划与设计阶段	设计风险	设计、勘探、论证等失误造成的与实际情况偏离、设计变更和漏项等原因产生损失的可能性	1. 项目管理策划未真正有效开展。 2. 设计单位能力不足、业务不熟练。 3. 未严格执行相关规程、规范、合同	建设方、设计人
	合同管理风险	贯穿合同从签订到履行的每个阶段的风险因素	1. 合同文件缺陷。 2. 合同流转滞后。 3. 合同执行过程中纠纷处理不当,产生仲裁和诉讼	建设方、承包商
	财务风险	企业资金在循环过程中,由于各种难以预料或无法控制的因素产生的风险	1. 资金链断裂。 2. 利率上涨。 3. 原材料价格的变化	建设方、承包商

国网天津静海公司财务资产部在项目计划与设计阶段主要实施了以下具体工程财务风险管控措施。

① 严格进行工程前期费用管理,强化设计、财务风险管控。

把工程前期费用支出计划纳入公司财务预算管理范围,严格审核工程前期费用支出计划并做好核算。加强过程管控,降低工程设计及实施风险。前移工程成本管控节点,合理控制工程支出,有效降低计划与设计阶段中的财务风险。

② 提高合同审批效率,有效降低合同流转滞后风险。

重点加强了对合同流转情况的实时跟踪,并联合公司合同主管部门限定合同在每个部门流转的时限,制定了合同经办部门流转时限不得超过3天的考核标准,有效提高了公司整体合同签订完成率。

(3)项目实施与控制阶段的"业财控"融合。

在项目实施与控制阶段,国网天津静海公司识别的风险初始清单如表9-5所示。

表 9-5 国网天津静海公司识别的风险初始清单

阶段	风险名称	描述	风险因素	风险承担主体
项目实施与控制阶段	施工技术风险	施工技术标准和规范正确性及有效性、施工设计变更不确定性因素	1. 施工技术的合理性、成熟性及先进性达不到要求。 2. 设计单位对规范规定以外的特殊工艺,没有制定明确的标准、规范。 3. 设计变更	承包商、设计人、监理人
	工程成本风险	因成本的不确定而引起的成本额外增加因素	1. 设备供应商的财务实力、施工承包商资金垫付的能力、业主的财务状况不佳。 2. 电网建设项目不确定性因素多。 3. 实施期内利率水平变化。 4. 工程成本预算调整十分频繁。 5. 原材料价格变化	承包商、监理人
	物资供应风险	影响项目正常施工的物资供应不合格、延迟等因素	1. 物资入库验收审核不严格、不规范或未能及时、正确入账。 2. 出库单据、手续不完备、不合规。 3. 物资配送延期或停滞,降低施工效率	承包商
	工程质量风险	影响工程质量的设计、组织管理、施工程序等因素	1. 设计方案审查不严或更改设计未履行相关手续。 2. 对于从未使用过的创新技术方案或新材料的应用论证不充分。 3. 施工方案不够合理,现场施工组织管理不够完善。 4. 施工单位入围及评标分析不深入。 5. 人员配置不强,施工机具配备不能满足工程需要。 6. 分包队伍素质低、管理不规范。 7. 监理单位工作不到位或失职	承包商、监理人
	工程进度风险	施工过程中计划不足、组织管理不到位导致的影响进度正常的因素	1. 项目核准手续或相关政策对工程建设形成外部限制。 2. 主机设备到货滞后。 3. 施工单位入围及评标分析不深入。 4. 人员配置不强,施工机具配备不能满足工程需要。 5. 工程入账进度与形象进度偏差较大。 6. 施工方案不够合理,现场施工组织管理不够完善	承办商、监理人
	安全风险	影响项目正常施工的有害、危险等因素	1. 高空坠落。 2. 物体打击事故。 3. 发生因触电导致的人身伤亡事故	建设方、承包商、监理人
	施工管理风险	施工过程中管理不当造成的危险及损失	1. 导线展放中断股、断线事故,造成设备、材料损坏。 2. 施工受阻,航运、交通受阻等	承包商、监理人

能源项目风险管理

国网天津静海公司在项目实施与控制阶段主要实施了以下工程财务风险管控措施。

① 监督项目计划执行，有效降低工程进度风险。

联合发展策划部监督投资计划执行，跟踪分析项目实际成本与投资计划的差异，并根据分析结果向相关部门提出改进建议，实现投资计划执行率达到100%的目标，有效降低了因计划不足、管理不到位引起的进度风险。

② 严格进行工程预算编报、调整，提升工程成本风险管理水平。

监督工程成本入账进度、加强预算编报和调整的审核、严禁随意调整预算等措施，强化了财务预算管理的严肃性，提高了项目预算完成率，细化了工程成本管控维度，实现了工程管理各环节、各流程的有效连接、有机融合，加快了工程实施进度，解决了工程入账进度与形象进度偏差较大的问题，降低了公司工程成本风险。2016年项目预算完成率为96%，在供电单位中排名第一。

（4）项目竣工验收阶段的"业财控"融合。

项目竣工验收阶段是电网建设工程基本建设的最后阶段，也是工程造价管理的收尾阶段，是对建设成果与投资效果进行总体检验的阶段。在项目竣工验收阶段，工程项目主要存在竣工验收风险和竣工决算风险。

国网天津静海公司在项目竣工验收阶段主要实施了以下工程财务风险管控措施。

① 加快工程结算进度，及时清理工程资金，消除工程结算问题造成的竣工验收滞后风险。

加强对工程结算的督导，积极跟踪结算审批进度，严格落实竣工项目结算的时限要求等措施，加强了对竣工项目成本入账、尾款支付的及时性、规范性的管控能力。及时清理了工程资金，加快了工程结算进度。2017年清理应付款项21154.1万元，往来存量清理率为99.53%，有效提高了工程结算完成率，促进项目结算与项目决算的有效衔接，针对竣工验收风险提供了有效的应对措施。

② 加快历史项目清理，提升项目关闭率，有效降低竣工决算风险。

加快历史项目决算清理，联合项目主管部门按月梳理应关闭的工程项目清单，根据清单指定项目关闭节点，加强项目闭环管理，完成项目全过程管理流程。在采取相应财务风险管控措施后，2017年决算完成率最高达99.66%，提升了公司工程项目竣工决算风险的整体管理水平。

③ 开展工程投入产出评价，有效降低投资效益低的风险。

国网天津静海公司针对工程投入产出效率低等财务风险，建立了工程财务考核和评价体系，根据管理需要逐步将主要管理指标纳入公司资产经营考核范围，同时财务资产部积极研究分析电网企业投入产出特点，选取典型项目，开展了工程投入产出评价验证工作，为公司后续基本建设工程的规划、立项、投资决策提供了科学的参考依据。

4. 取得成效

（1）管理效益。

通过风险管控体系的推广应用，国网天津静海公司项目管理精细化水平得到有效提高。一是大大提高了业务之间耦合度。二是提升了电网工程项目管理效率，以及有效资产创建效率。2017 年投资计划转资完成率对标指标处于 A 段水平。三是工程项目管理质量取得了整体的提升。

（2）经济效益。

通过体系的实施，工程造价控制水平得到明显提高，批准概算与可研、决算等与上一年相比分别有了不同程度的下降。工程结算价与合同价的偏差明显减小，设计变更和签证增加的造价比之前下降了 5.09%，节约投资金额 886.34 万元。

（3）社会效益。

实施"三维管控"电网工程项目全过程风险管控，不断提升工程项目管理水平，2016 年至 2017 年国网天津静海公司电网建设投资完成 4.82 亿元；新增输电线路 51.19km、配电线路 185km，售电量 124.72 亿 kW·h，同比增长 1.22%，农村电网供电能力进一步加强，供电可靠性得到了极大的提高，有效解决了 2.25 万户低电压问题，保障民生工程，助推农村经济发展，企业形象得到提升。

5. 经验总结

国网天津静海公司基于工程项目全过程周期，实施项目风险管理，通过风险识别、风险分析与评估，深度挖掘工程项目管理重点风险及潜在风险、制定风险管理策略、实施解决方案、监督与改进等措施，将工程项目管理财务风险控制在一定的范围之内，确保工程项目全过程中存在的风险得到有效控制，促进"投转固"流程高速运转，提升工程项目全过程管控质量与投入产出水平，提升有效资产形成效率，更好地服务输配电价改革，进一步巩固、提高公司经营发展质量和效率效益。

思考题：

1. 试分析本案例实施的重点及难点。
2. 分析本案例从哪几个方面进行风险管理。
3. 分析本案例在哪几个方面可以进行优化改进。

复习思考题

1. 什么是项目群？
2. 什么是项目群风险管理，它与单个项目风险管理有什么不同？
3. 举例说明项目群风险管理组织形式。
4. 如何理解项目群风险管理是一个动态的过程？

能源项目风险管理

5. 某项目群进度管理的网络图如下，图中的各工序表示项目群中的重大或关键工序，试用蒙特卡罗模拟法计算项目群总工期的风险值。

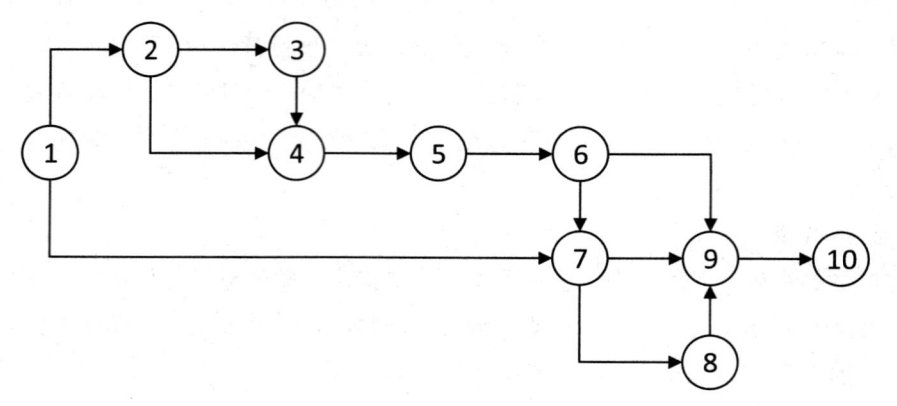

参考文献

[1] 管道工程建设项目风险管理编委会. 管道工程建设项目风险管理[M]. 北京：石油工业出版社，2012.

[2] 郭波，龚时雨，谭云涛，等. 项目风险管理[M]. 2 版. 北京：电子工业出版社，2018.

[3] 韩龙芝. 中油燃料油黄岛油库项目大气环境风险评价及风险防范措施研究[D]. 青岛：中国海洋大学，2012.

[4] 李百胜，戚蓝. 国际 BOT 水电项目风险分析与评价[J]. 水利发展研究，2002（7）：15-17.

[5] 刘晓红，徐玖平. 项目风险管理[M]. 北京：经济管理出版社，2007.

[6] 吕明巍. 基于 AHP 的 Z 新能源公司 T 光电工程项目投资风险评估研究[D]. 沈阳：东北大学，2017.

[7] 戚安邦. 项目风险管理[M]. 天津：南开大学出版社，2010.

[8] 戚安邦，孙贤伟. 中国式项目风险管理[M]. 北京：机械工业出版社，2021.

[9] 沈建明. 项目风险管理[M]. 3 版. 北京：机械工业出版社，2018.

[10] 沈元钦，蒯琳萍，尹向勇. 模糊层次综合分析法在核电项目社会稳定风险评估中的应用研究[C]//中国核学会. 中国核科学技术进展报告（第四卷）——中国核学会 2015 年学术年会论文集第 9 册. 北京：中国原子能出版社，2016：77-81.

[11] 史嘉贶. 巴基斯坦风电投资项目运营风险应对措施分析[J]. 国际工程与劳务，2019（10）：50-51.

[12] 宋金俐. S 公司菲律宾 B 输变电 EPC 总承包项目风险管理研究[D]. 济南：山东大学，2023.

[13] 王长峰. 现代项目风险管理[M]. 北京：机械工业出版社，2007.

[14] 王磊，王恺. 水利水电项目风险管理浅析[J]. 科技与创新，2015，(23)：53，55.

[15] 王庆红，龚婷. 福岛核电事故分析及其启示[J]. 南方电网技术，2011，5（3）：17-22.

[16] 王清黎. 海外工程总承包项目政治环境风险可能性估计方法[J]. 项目管理技术，2017，15（3）：88-92.

[17] 魏进惯. S 集团 P 光伏项目风险管理研究[D]. 昆明：昆明理工大学，2023.

[18] 杨琳，陈晓华，杨海红. 国际工程风险管理[M]. 武汉：武汉大学出版社，2020.

[19] 张欣莉. 项目风险管理[M]. 北京：机械工业出版社，2008.

[20] 周琳. 巴基斯坦 SW 火电站项目风险管理研究[D]. 济南：山东财经大学，2023.

[21] 周鹏，付芳，马志强. 工程项目管理[M]. 杭州：浙江大学出版社，2021.

反侵权盗版声明

电子工业出版社依法对本作品享有专有出版权。任何未经权利人书面许可，复制、销售或通过信息网络传播本作品的行为；歪曲、篡改、剽窃本作品的行为，均违反《中华人民共和国著作权法》，其行为人应承担相应的民事责任和行政责任，构成犯罪的，将被依法追究刑事责任。

为了维护市场秩序，保护权利人的合法权益，我社将依法查处和打击侵权盗版的单位和个人。欢迎社会各界人士积极举报侵权盗版行为，本社将奖励举报有功人员，并保证举报人的信息不被泄露。

举报电话：（010）88254396；（010）88258888
传　　真：（010）88254397
E-mail：　dbqq@phei.com.cn
通信地址：北京市万寿路 173 信箱
　　　　　电子工业出版社总编办公室
邮　　编：100036